KB271278

고전서당

고전서당

옛 성현들의 삶과 글 톺아보기

ⓒ이은봉, 2013

초판 1쇄 펴낸날 2013년 11월 5일

지은이 이은봉
펴낸이 이건복
펴낸곳 도서출판 동녘

전무 정락윤
주간 곽종구
책임편집 현의영 윤현아
편집 구형민 이정신 조유나
미술 조하늘 고영선
영업 김진규 조현수
관리 서숙희 장하나 김영옥

인쇄·제본 영신사　**라미네이팅** 북웨어　**종이** 한서지업사

등록 제311-1980-01호 1980년 3월 25일
주소 (413-756) 경기도 파주시 문발동 파주출판도시 532-5
전화 영업 031-955-3000　편집 031-955-3005　**전송** 031-955-3009
블로그 www.dongnyok.com　**전자우편** editor@dongnyok.com

ISBN 978-89-7297-699-8　03150

고전서당

古書堂

옛 성현들의 삶과 글 톺아보기

이은봉 지음

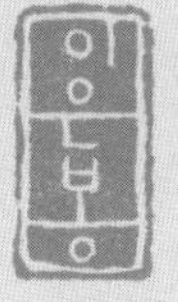

동녘

일러두기

1. 본문에 사용한 기호의 쓰임새는 다음과 같다.
   《 》: 단행본, 신문명, 잡지명
   〈 〉: 단편, 논문
   〔 〕: 원래 한자를 병기함
   ° : 본문 이해를 돕기 위해 지은이가 추가한 개념 설명

2. 맞춤법과 띄어쓰기는 '한글 맞춤법'에 따랐다. 그러나 국내에서 통용되는 외국어는 국내 상황에 맞게 바꿨다. 특히 이 책에 등장하는 학자들의 이름은 최대한 원어를 번역하려고 노력했으나, 기존에 많이 다뤄져 관용적으로 굳어진 경우에는 기존의 표기를 따랐다.

3. 본문에 나오는 인물들은 문맥에 따라 이름을 쓰기도 했고, '호'를 쓰기도 했다.

옛 성현들의 공부와
빼기의 철학

우리는 태어나는 순간부터 누군가와 비교되는 삶, 그것도 내가 만든 대상이 아닌 남이 만든 대상에 따라 움직여 사는 삶, 그리고 그 기준에 도달하지 못하면 루저loser라 낙인찍히는 삶을 살고 있습니다. 몇 해 전 "한 살에 걸음마가 늦으면 지는 걸까?"라는 카피로 시작되는 모 통신회사의 광고는 남이 만든 기준에 도달하지 못하면 진다고 생각하는 우리 사회를 단적으로 보여주었습니다. 그렇다면 이 세상에서 이기는 삶이란 어떤 것일까요? 광고는 "생각대로 해! 그게 답이야"라고 말합니다. 하지만 생각대로 한다는 것이 그렇게 쉬운 일은 아닐 것입니다. 제도권 안에서 언제나 누군가에 의해 만들어진 규범대로 살던 우리들이 광고의 말처럼 생각대로 살 수 있을지 의문입니다. 자신에 대한 믿음이 없다면 생각대로 하는 그 순간부터 우리는 불안해 안절부절못할 것입니다.

이렇게 우리는 자신에 대한 믿음 없이 하루를 살고 있습니다. 자신을 철저히 소외시키면서 말이지요.

사람들은 지는 것을 싫어합니다. 왜냐하면 지는 것은 곧 실패고, 실패는 곧 능력 없음으로 평가되기 때문입니다. 다른 사람이 만들어 놓은 규범에 도달하지 못하면 지는 사회. 이를 바꾸어 말하면 '가난'이라고 할 수 있을 것입니다. '가난'은 돈에 대한 개념만이 아니라 어떤 것에 비교되어 미치지 못한 것 모두 해당합니다. 광고에서처럼 네 살에 영어 유치원에 못 가면 결국 영어 유치원에 다니는 아이에 비해 가난한 것이고, 여덟 살에 반장이 못 되면 결국 반장이 된 아이에 비해 가난한 것입니다. 따라서 '지는 것'과 '가난'은 대상에 대한 상대적 결핍이라는 차원에서 같습니다. 타자에 의해 만들어진 대상 때문에 느껴지는 상대적 결핍감, 이것 때문에 우린 늘 '패자'가 되고, '빈자'가 됩니다. '승자' 아니면 '패자'가 되는 사회, '부자'가 아니면 '빈자'가 되는 사회. 이러한 이분법 속에서 사람들은 당연히 '승자'가 되고 싶고, '부자'가 되고 싶어 합니다. 하지만 '승자'든 '패자'든, '부자'든 '빈자'든 모두 자신으로부터 소외되어 있습니다.

그렇다면 옛말처럼 지는 것이 이기는 것일까요? 부자가 되겠다는 욕망을 버리고 가난하게 살면 되는 것일까요? 이런 말은 실질적 대안이 될 수 없습니다. 인간의 욕망은 쉽사리 제거되지 않습니다. 열다섯 살에 영어 발음이 유창하면 스물여섯 살엔 대기업에 가고 싶을 것이고, 서른네 살엔 외제차가 타고 싶을 것입니다.

이것이 욕망입니다. 그런데 사람들은 동양철학에서 말하는 "천리를 보존하고 인욕을 제거한다〔存天理 去人慾〕"라는 말 때문인지 억지로 자신의 욕망을 제거하려다가 결국은 제풀에 지쳐 이 마음을 접습니다. 앎과 행동을 일치해야 한다는 것을 알면서도 실천하지는 못하는 것이지요. 현대의 학문이란 대개 이렇습니다. 알지만 실천할 수 없는, 아니 실천하려고도 하지 않는 지행분리의 학문을 하고 있습니다. 대학에서 수업을 하다 저는 간혹 학생들에게 '학문'을 한자로 써 보라는 퀴즈를 내곤 합니다. 그런데 많은 학생들이 학문을 '배울 학學'에 '글월 문文'으로 쓰더군요. 물론 이렇게 쓴다고 해서 틀렸다고 할 수는 없지만, 이렇게 쓴 학문學文은 경서 따위를 배우는 것을 의미합니다. 다시 말해 고정된 텍스트만을 익힌다는 뜻이지요. 사실 학생들이 생각하는 학문이라는 것이 딱 이 정도이기 때문에 놀랄 일도 아닙니다. 학생들에게 공부란 교육과정에서 정해진 텍스트만을 배우고, 자신들이 배운 것을 확인하는 테스트가 끝나면 동시에 자신의 기억마저도 답안지와 함께 제출해버리는 것이지요. 남는 것이라곤 오직 점수와 자격증뿐, 텍스트에 대한 깊이 있는 성찰은 사라진 지 오랩니다. 누가 더 높은 점수를 받았고, 누가 더 많은 자격증을 가졌는가만이 이들의 앎을 저울질할 뿐입니다. 그러니 앎에 대한 실천은 결여되고 타자가 만든 욕망의 수렁에서 허우적거릴 수밖에요.

하지만 옛 성현들의 책을 읽다보면 그들의 공부는 이렇지 않았다는 것을 쉬 발견할 수 있습니다. 그들은 자연과 벗하며 자신의 삶을 뒤돌아보는 공부를 통해 앎과 삶을 일치시켰습니다. 다시 말해 남에게 잘 보이기 위한 공부가 아닌 안으로는 자신을 수양하고, 밖으로는 사물의 이치를 궁구하는 공부를 했지요. 때문에 책을 읽다가도 뜻이 밝혀지지 않으면 자연을 유상하며 스스로에게 묻고 또 물었습니다. 우리가 '학문에 힘쓰다' 혹은 '학문에 정진하다'는 말을 할 때 쓰는 학문의 한자는 '글월 문文'이 아닌 '물을 문問'입니다. 현대의 공부가 어두운 방안에서 혼자 하는, 그래서 몸과 마음을 병들게 하는 것이라면, 옛 성현들의 공부는 세상과 소통하며 더불어 했기에 몸과 마음을 건강하게 했습니다. 변화무쌍한 자연과 일상을 텍스트로 삼는 그들의 공부는 《중용》에서 말하는 널리 배우고〔博學〕, 자세히 묻고〔審問〕, 신중히 생각하고〔愼思〕, 밝게 변별하고〔明辯〕, 돈독히 행하는〔篤行〕 공부였지요. 그런데 오늘날의 공부는 돈독히 행하기는커녕 앎이 무엇인지도 모른 채 그저 책상에 앉아 주어진 텍스트의 글자만을 외우고, 이것이 공부의 전부인 양 자랑하고 있으니 집은 윤택하게 할 수 있을지언정 몸을 윤택하게 할 수는 없는 것입니다. 이렇게 자신으로부터 멀어진 공부를 하고 있으니 아무리 공부를 해도 채울 수 없고, 채울 수 없으니 더 큰 욕망만 키울 수밖에요. 하지만 옛 성현들은 자신을 위한 공부를 했기에 타자가 만들어 놓은 욕망에 휘둘리지 않았습니다.

동양철학에서 말하는 "인욕을 제거한다"는 말은 아마도 욕망의 고리를 끊으라는 말이지 욕망 자체를 없애라는 말은 아닐 것입니다. 그렇다면 어떻게 이 욕망의 고리를 끊을 수 있을까요? 그건 부자가 아니면 가난하다거나, 이기지 않으면 지는 것이라는 이분법적 사고의 대상을 무너뜨리는 것입니다. 어떤 것도 정해진 것은 없습니다. 다시 말해 어떤 것도 세상에 기준이 되지 않는다는 말이지요. 예컨대, 선과 악의 이분법이 그것입니다. 기준이 바뀌는 순간 선은 악이 될 수도 있고, 악은 선이 될 수도 있습니다. 때문에 세상엔 절대적인 선도 절대적인 악도 존재하지 않습니다. 그것은 단지 대상에 대한 상대적 기준일 뿐 그 기준이 사라지는 순간 선도 악도 사라지게 되는 것입니다. 대상을 판단하는 기준이 사라졌는데 무엇으로 선과 악을 구별할 수 있겠습니까? 마치 따뜻함이 좋다고 봄을 늘리지 않는 스스로 그러한 자연自然처럼 타자에 의한 어떤 것도 자신의 기준이 될 수는 없습니다. 옛 성현들이 자연을 벗 삼아 공부한 이유가 바로 여기에 있으며, 스스로를 갈고닦은 이유 또한 여기에 있습니다. "용기 내어 그대가 생각하는 대로 살지 않으면, 머지않아 그대는 사는 대로 생각하게 될 것이다"라는 프랑스 작가 폴 발레리의 말처럼 타자가 만들어 놓은 허울 좋은 기준에 얽매여 노예처럼 살 것이 아니라 내 삶의 주체가 되어 자유롭게 살아야 할 것입니다. 때문에 빼기의 철학이란 욕망을 뺄셈하는 것이 아니라 욕망하는 대상을 뺄셈하는 것입니다. 그러기 위해서는 내가 욕망하는 것이 무엇인지, 무엇 때문에 결핍감을 느끼는지 알아야 할 것입니다. 그리고 그 결핍감의 대상을 뺄셈하는 것, 타자에 의해 만들어진 규범적 척도에 자신의 몸을 맡기는 소외된 형태가 아닌 자신의 삶을 주체적으로 살아가는 것이 바로 빼기의 철학이고, 옛 성현들이 했던 공부입니다.

 '빼기의 철학'이라는 말은 몇 해 전 부탁받은 월간《사과나무》라는 잡지의 그 달의 테마였습니다. 당시 저는 '수유머너 길'이라는 연구실에서 밤에는《논어》를 강독하고, 낮에는 미셀 푸코의《주체의 해석학》을 읽고 있었지요. 때문에 글은 자연스레 이 두 권의 책에서 영감을 받아서 쓰게 되었고, 이 글을 계기로 고전을 통해 현재를 살고 있는 사람들에게 삶의 지혜를 주는 글을 연재해보지 않겠냐는 제안을 받았습니다. 그리고 꼬박 2년을 '고전의 숲에서 놀다'라는 제목으로 연재했지요. 그리고 이것이 이렇게《고전서당》이라는 책으로 만들어졌습니다. 잡지에 연재할 당시 글들은 어떤 주제를 가지고 쓴 것이 아니었기 때문에 24꼭지의 글을 모아 책 꼴을 갖춘다는 것이 여간 어려운 일이 아니었습니다. 빼고, 덧붙이고, 다시 쓰는 작업을 반복했지만 워낙 잡문이어서 옛 사람들이 공부했던 '서당'이라는 제목을 붙이기에는 부족해 보였습니다. 다만, 이 책을 통해 자기 수양과 세상을 바라보는 눈 그리고 스승을 찾는 독서 등 옛 성현들의 공부가 어떠했는지는 알릴 수 있을 것 같아 항아리 뚜껑으로 삼기에도 부족한 글들을 모았습니다. 이 자리를 빌려 제 글에 아낌없는 조언을 해주고 책 꼴을 만들어 준 도서출판 동녘 윤현아, 현의영 선생께 고마움을 전합니다. 그리고 동양고전을 바라보는 저의 사유에 가장 많은 도움을 주신 오래전 함께 공부했던 '수유너머' 선생님들께도

감사드립니다. 끝으로 공부한다는 핑계로 항상 신경도 못 쓰는 가
족들에게도 감사의 마음을 전합니다.

응봉동 독서당로에서

2013년 10월

이 은 봉

차례

진짜 같은 거짓 이야기, 거짓 같은 진짜 이야기

역사

歷史

김부식

역사로 국가의
구심점을 만들다

김부식(金富軾, 1075~1151) 고려 중기의 유학자이자,
역사가이며, 정치가였다. 자는 '입지(立之)'이고, 호는
'뇌천(雷川)', 시호는 '문열(文烈)'이다. 그의 문집은 남아 있지
않으나 많은 글들이 《동문수》와 《동문선》에 전하며, 저서로
《삼국사기》가 남아 있다.

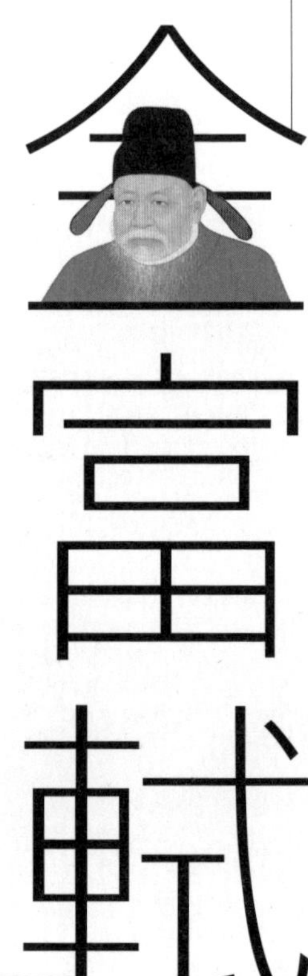

삼국시대를 기술한 역사책 하면, 생각나는 두 권의 책이 있습니다. 하나는 김부식의 《삼국사기》이고, 다른 하나는 일연의 《삼국유사》이지요. 그런데 이 두 책은 같은 역사를 기술하였는데도 사뭇 다른 느낌이 듭니다. 그 이유는 당연히 저술자의 역사관 때문이겠지요. 재미있는 것은 《삼국사기》는 읽었어도 읽지 않은 느낌이 들고, 《삼국유사》는 읽지 않았어도 읽은 느낌이 든다는 것입니다. 그것은 아마도 정사처럼 여겨지는 《삼국사기》는 왠지 딱딱하고 어렵게 느껴지지만, 야사처럼 여겨지는 《삼국유사》는 대중들에게 재미와 흥미를 더하기 때문입니다. 그리고 또 다른 이유는 우리들 마음속 어딘가에 자리 잡고 있는 선입견도 한몫 했을 것입니다. 그 선입견은 바로 "역사라는 것은 아我와 비아非我의 투쟁이다"라는 명제를 내걸고 민족사관을 수립한 단재 신채호가 한 말에서 비롯되는 김부식의 사대주의적 모화사관慕華史觀° 때문일 것입니다. 신채호는 김부식의 역사 기술에 대해 다음과 같은 맹비난을 퍼붓습니다.

차호라, 김부식도 호종단의 심리를 받아 외국 문화로써
본국을 정복하여 유교로써 국교를 대신하려 하여 그 지
은바, 소위 《삼국사기》가 이 꼴이 되었도다. 김부식의 고

° 중국의 문물과 사상을 흠모하여 따르려는 역사관.

기□記를 산삭한 심리는 곧 호종단의 고적古蹟 없앤 심술을 가졌음이요, 화랑전기를 감손함은 호종단이 사성비四聖碑 부수던 버릇보다 더 심하다 할지로다. (중략)《삼국사기》를 지을 때의 김부식 씨의 마음에, 이를 독립의 조선사로 지은 것이 아니라 지나 중국 역대사 가운데 〈동이열전〉의 주석으로 자처함은 명백하도다. (《조선상고문화사》)

호종단胡宗旦은 고려 중기에 송나라에서 귀화한 사람으로, 예종의 후대를 받아 벼슬을 받은 뒤 전국을 순찰하면서 가는 곳마다 비갈碑碣°을 가져다가 글자를 긁어버리고, 부수고 혹은 물속에 넣었으며, 이름난 종들은 쇠를 녹여 틀어막아 소리가 나지 못하게 하였다고 합니다. 그런데 신채호는 이렇게 우리 민족의 정기를 짓밟은 호종단을 거론하며 《삼국사기》는 이보다 더 심한 천인공노한 것이라고 말합니다. 때문에 신채호 이후 자주적 민족사관 입장에서 《삼국사기》는 매국의 역사요, 민족정신을 말살한 역적의 역사가 되었습니다. 하지만 역사 기술에 있어 누구나 자신의 사관이 있는 것이고, 시대적 요구도 따르기 마련입니다. 근대 제국주의의 광풍이 몰아치던 20세기 초, 신채호에게 필요한 것은 자주적 민족사관이었을 테지만, 고려 중기 약화된 왕권을 되돌리기 위해 필

° 사적을 후세에 전하기 위하여 쇠붙이나 돌에 글자를 새겨 세우는 것.

요한 것은 김부식이 제시한 것과 같은 국가 구심점을 만드는 유교사관이었을 것입니다. 그런데 이것을 20세기의 시대적 잣대로만 평가한다는 것은 무언가 찜찜합니다. 굳이 니체Friedrich Wilhelm Nietzsche(1844~1900)의 철학을 끌어오지 않더라도 역사는 어떤 사물, 어떤 관습, 어떤 기관의 '발전'이라는 하나의 목적을 향한 진보 과정이 아니라 다양한 힘들의 투쟁에 따라 새로운 의미와 목적이 부가되는 복합적 과정이기 때문입니다.

김부식이 살던 고려는 출신에 따라 신분이 정해지는 골품제가 폐지되고 과거를 통해 인재를 등용하는 사회였습니다. 누구나는 아니지만 적어도 양인良人이면 모두가 과거에 응시할 수 있었고, 재능만 있다면 얼마든지 관직에 나갈 수 있었지요. 하지만 과거는 지공거知貢擧라는 시험관에 의해 운영되었기 때문에 이들과의 친분이 과거급제의 실질적 조건이 되었으며, 5품 이상 관원의 자제에게는 과거를 통하지 않고도 관직에 오를 수 있는 음서제도가 있어서 정권 장악의 기회는 몇몇 가문으로 집중될 수밖에 없었습니다. 게다가 왕실과의 혼인을 통해 누대로 권세와 부를 누리는 가문도 생겨났습니다. 그중 인천 이李씨는 문종 이후 7대 80여 년 동안 왕실과 중복되는 혼인관계를 맺어 왕권을 능가할 만큼 세력을 키워 갔으며, 이자겸李資謙 때 와서 절정을 맞습니다. 이자겸은 어린 외손자 인종을 왕으로 옹립하고 자신의 두 딸과 결혼시켜 권력을 장악합니다. 그리고 당시 유행하던 이씨가 왕이 된다는 '십팔자도참설十八子圖讖說'을 믿고 왕위마저 찬탈하려는 마음을 먹지요. 하지만 동조 세력이던 척준경拓俊京의 배신으로 반란은 실패하고, 이자겸은 유배지에서 죽습니다.

이로써 외척 세력은 몰락하고 왕정이 어느 정도 복고되었지만 국내외 정세는 극도로 불안하였습니다. 안으로는 이자겸의 난으로 궁전이 불타며 정치 기강이 해이해졌고, 밖으로는 여진족의 외교적 압력이 심해졌습니다. 이 시기에 서경 출신의 승려 묘청이 풍수지리설에 의거해 고려가 어려움을 겪게 된 것은 개경의 지덕이 약하기 때문이라고 역설하면서, 나라를 중흥하고 국운을 융성하게 하려면 지덕이 왕성한 서경으로 수도를 옮겨야 한다고 주장하였습니다. 이것이 바로 신채호가 '조선역사상 일천년래 제일대사건'이라는 제목으로 연구한 '묘청의 난'입니다. 묘청은 인종의 총애와 함께 백수한白壽翰, 정지상鄭知常 등 많은 사람의 지지를 받으며 서경에 대화궁을 지으면 천하를 통일할 수 있고, 금나라도 항복할 것이며, 많은 나라가 조공할 것이라고 했습니다. 그러나 대화궁이 세워진 뒤에도 달라진 것은 없었으며, 오히려 궁 근처 30여 곳에 벼락이 치고, 인종의 서경 나들이 도중 갑작스런 폭풍우로 수많은 인마가 살상됩니다. 이에 묘청 일파를 배척하는 소리가 높아졌고, 김부식은 그 대표적 인물로 반란 진압의 책임을 맡았습니다. 김부식은 먼저 묘청의 일파 중 개경에 있던 백수한, 정지상 등을 처형하여 후환을 없애고 난을 진압합니다. 신채호는 이를 낭불郎佛 대 유가儒家, 국풍國風 대 한학漢學, 진취 대 보수의 싸움이라고 말하면서 만약 묘청이 승리했다면 "조선사가 독립적,

진취적 방면으로 진전하였을 것"이라고 주장하였습니다. 하지만 김부식이 보기에 묘청의 난은 그저 고려의 수도였던 개경의 운세가 다했다는 항간에 떠도는 도참사상°과 풍수사상에서 비롯된 허황된 것에 불과했습니다. 때문에 자신이 믿고 있던 유가적 통치 이념으로는 이런 터무니없는 사상을 용납할 수 없었지요.

고려는 이자겸으로 대표되는 외척 세력의 발호와 묘청으로 대표되는 서경 세력의 반란을 겪으면서 지배 이데올로기를 강화하기 위한 새로운 조치가 필요했습니다. 김부식이 기존의 역사를 두고 새로운 역사를 쓴 것 또한 이러한 이유 때문입니다. 다시 말해 《삼국사기》는 지난 역사를 정리해 새로운 전범을 만들어 체제를 강화하려는 의도에서 쓰였던 것입니다. 《삼국사기》를 임금께 올리며 쓴 〈진삼국사표進三國史表〉에서 김부식은 인종의 입을 빌려 《삼국사기》를 편찬한 이유에 대해 다음과 같이 말합니다.

> 지금의 학사·대부는 오경이나 제자서, 진한의 역대 역사
> 에 대해서는 두루 통하여 자세히 설명하는 자가 더러 있
> 는데, 우리나라의 일에 대해서는 그 시말도 알지 못하니
> 매우 한탄스럽다. 더구나 신라·고구려·백제 삼국이 정립
> 鼎立하여 예로써 중국과 교통했기 때문에 범엽의 《한서》

라든지 송기의 《당서》에는 모두 삼국의 열전이 있지만, 그 사서들같은 자기 나라에 관한 일은 자세히 기록하고 외국에 관한 일은 간략히 하여 자세히 싣지 않았다. 또 삼국의 고기라는 것도 글이 거칠고 졸렬하며 사적이 빠진 것이 많아서 임금의 선악이라든지 신하의 충사忠邪, 나라의 안위, 인민의 치란에 관한 것을 모두 드러내어 후세에 권계를 보이지 못했다. 그러니 재주와 학문, 식견을 갖춘 인재를 얻어 일가의 역사를 이루어서 만세에까지 해와 별처럼 빛나게 해야 한다. (〈진삼국사표〉)

인종은 공부하는 사람들이 중국의 역사에는 정통하지만 우리나라 역사에 대해서는 그 시말도 알지 못함을 한탄합니다. 더구나 중국의 역사책 귀퉁이에 기록된 우리의 역사는 너무도 소략해 읽을 것이 없었으며, 전해지는《삼국사》는 글이 거칠고 졸렬할 뿐만 아니라 사적이 빠진 것이 많아 후세에 권계로 삼기에 불충분했습니다. 때문에 재주와 학문, 식견을 갖춘 이가 새롭게 역사를 기술해 만세에까지 해와 별처럼 빛나게 해야 한다는 것이 임금의 생각이었습니다. 김부식의 《삼국사기》는 바로 이러한 취지에서 쓰였으며, 후세에 권계를 보이기 위한 선악, 충사忠邪, 안위, 치란에 관한 것들이 특히 강조되었지요. 때문에 단군신화를 위시한 여러 건국신화와 같은 믿기 힘든 이야기들은 생략되었습니다. 이에 대해 이규보는 〈동명왕편〉에서 "김부식 공이 국사를 중찬重撰할 때에 자못 그 일을 생략하였으니, 공이 생각하기에 국사는 세상을 바로잡는 글이니 크게 이상한 일은 후세에 보일 것이 아니기 때문에 생략한 것이 아닌가?"라고 서술했습니다. 혼란한 세상을 바로잡기 위해 김부식은 믿기 힘든 일들은 과감히 생략하고, 드러내 높여야 할 일들은 아무리 천한 사람의 행적일지라도 찾아내 기술하였습니다. 후대의 사람들이 이를 유가적 합리성에 의한 사대적 역사 기술이라 비판하더라도 당시 김부식의 입장에서는 최선의 선택이었지요. 왜냐하면 국왕을 위시한 지배층은 나라의 기강을 바로잡기 위한 새로운 구심점이 필요했고, 김부식은 이에 응해야 한다고 생각했기 때문입니다.

　이러한 이유에서 《삼국사기》는 시간의 흐름에 따라 역사를 기술하는 편년체 서술을 버리고 한나라 무제 때 사마천이 창안한 역사 서술 방식인 기전체를 따릅니다. 인간의 행위를 중심으로 기술하는 기전체 역사 서술은 시간의 흐름을 해체해 편찬자 혹은 역사의 중심자인 국왕의 의도대로 역사를 집필할 수 있다는 장점이 있습니다. 따라서 김부식은 《사기》를 참조하여 역대 제왕의 일대를 기술한 〈본기〉, 각국의 주요 연표를 적은 〈연표〉, 제도와 문물, 지리 등을 서술한 〈잡지〉, 시대를 대표하는 탁월한 인물을 다룬 〈열전〉의 순으로 역사를 서술하였습니다. 그리고 당시 지배 세력이었던 개성의 귀족들의 요구에 따라 신라 정통론을 기저로 후세에 귄계가 될 만한 일들을 뽑아 역사를 편찬합니다. 특히 명장 名將과 명신名臣, 학자, 충절, 효자 그리고 반신叛臣과 역신逆臣 등 총

69명의 인물이 입전되어 있는 〈열전〉을 보면, 그 첫 편에 〈김유신전〉을 두고 마지막에 〈궁예전〉과 〈견훤전〉을 두어 삼국통일의 역사적 과정과 그 의미를 드러내고자 하는 편찬자의 의도를 여실히 보여줍니다. 게다가 총 10권의 〈열전〉 중 3권을 차지하는 〈김유신전〉은 삼국통일의 기반을 만든 김유신의 위업뿐만 아니라 그것을 가능하게 한 태종 무열왕의 아낌없는 배려와 신뢰를 기술함으로써 임금의 선행까지도 보여주고 있지요. 또한 권8에 기록된 11명의 인물들은 향덕向德을 제외하고는 《삼국유사》를 비롯한 그 어떤 역사책에도 보이지 않는 김부식만의 역사관에 의해 선발된 사람들이어서 그 특징이 확연합니다. 김부식은 이들의 삶 자체보다는 뛰어난 효행, 지조, 검소, 예술, 절행 등에 초점을 맞추어 유교적 덕목을 강조하였습니다. 허벅지 살을 베어 부모를 봉양하는 향덕과 성각, 다른 사람의 모함에도 굴하지 않고 자신의 소임을 다하는 실혜實兮와 물계자勿稽子, 가난한 삶 속에도 욕심내지 않는 백결선생百結先生과 검군劍君, 글씨와 그림에 뛰어난 김생金生과 솔거率居 그리고 한 남자만을 섬기는 설씨녀薛氏女와 도미都彌의 처 등의 이야기에서는 유교적 이념으로 통치 질서를 확고히 하려는 주제의식이 그대로 드러납니다.

　더욱이 김부식은 유가적 이념 이외에도 글의 형식과 수사에만 치중한 나머지 알맹이는 없고 꾸밈만 있는 기존의 변려문騈儷文°을 버리고 새로이 수용된 고문으로 역사를 기술하였습니다. 구한말의 문장가 김택영은 "《삼국사기》의 글은 능히 질박하고 풍부하면서 시원스러워 살아 움직이는 기세가 있다. 〈온달전〉 같은 글은 《전국책》이나 《사기》 가운데 두더라도 거의 구별하지 못할 것이다"라고 했으며, 나아가 〈온달전〉을 박지원의 〈야출고북구기〉와 함께 우리나라 5,000년 이래 최고의 걸작으로 꼽기까지 했으니 《삼국사기》는 문장으로서도 최고임을 보여줍니다. 찢어진 옷과 해진 신발, 꾀죄죄한 겉모습의 온달이 일국의 장수가 되어 전쟁에 나가 죽음에 이르기까지의 이야기를 서술한 김부식은 편장자구篇章字句, 즉 어절과 어휘, 문장구조 등을 작가의 의도에 따라 분절 또는 재배치함으로써 단순히 스토리만을 전달하는 글이 아닌 개성적이고 역동적으로 살아 있는 글로 만들었습니다. 게다가 국가를 위해 목숨을 바친 충성심 이외에도 아래와 같이 자신의 말에 책임을 다하는 신의를 강조합니다.

온달이 출병에 임하여 맹세하길, "계립현 죽령의 서쪽 지역을 우리에게 되돌려오지 못한다면 돌아오지 않으리라"라고 하였다. 마침내 떠나 아단성 아래에서 신라군과 싸웠으나 날아오는 화살에 맞아 길에서 죽고 말았다. 그런

○ 변려문은 4자로 된 구와 6자로 된 구를 배열하기 때문에 '사륙문'이라고도 한다. 위진 남북조 시대 이래로 통용되던 한문의 문체로, 문장 전편이 대구로 구성되어 있어 읽는 이에게 아름다운 느낌을 주는 화려한 글이다. 그러나 글의 형식과 수사에만 치중한 나머지 알맹이는 없고 꾸밈만 있어, 당나라 때 한유로부터 글 한 편을 다 읽고 난 후에도 건질 내용이 하나도 없다는 비판을 받는다.

데 장사를 치르고자 해도 관이 움직이지 않았다. 공주가 와서 관을 어루만지며 말하길, "삶과 죽음은 정해져 있습니다. 아아! 돌아가십시오"라고 하자 마침내 들어져 하관하였다. 대왕이 이를 듣고 비통해하였다. (〈온달전〉)

신라에게 빼앗긴 땅을 되찾지 못한다면 돌아오지 않겠다는 맹서를 지키기 위해 죽어서도 생사를 결정하지 못하고 떠나지 않는 온달의 모습에서 우리는 《삼국사기》가 전해주는 유가적 신념을 엿볼 수 있습니다. 하지만 혼란한 시대를 살아가는 사람들의 마음속에 필요한 것은 유가적 이념을 떠난 '신의信義' 그 자체일지도 모릅니다. 이것이 우리가 오늘날 《삼국사기》를 읽는 이유이겠지요.

온달전

溫 達 傳

온달은 고구려 평강왕 때 사람이다. 용모는 꾀죄죄하고 우스꽝스러웠지만, 마음은 환하게 빛이 났다. 집이 매우 가난해 늘 음식을 구걸해 어머니를 봉양하였다. 찢어진 적삼과 해진 신발로 시정 사이를 왕래하니 당시 사람들이 그를 가리켜 바보온달이라고 하였다. 평강왕의 어린 딸이 울기를 잘하니, 왕이 희롱하여 말하길, "네가 항상 울어대니 내 귀가 시끄럽구나. 자라면 반드시 사대부의 아내는 되지 못할 것이니 마땅히 바보온달에게나 시집가리라"라고 하였다. 왕이 매번 그렇게 말하더니, 딸의 나이 16세가 되자 왕은 상부의 고씨에게 딸을 시집보내고자 하였다. 공주가 말하길, "대왕께서 늘 말씀하시길 '너는 반드시 온달의 아내가 될 것이다'고 하시더니, 이제 무슨 까닭으로 전의 말씀을 바꾸십니까? 일반 사람들도 거짓말을 하지 않으려 하거늘 하물며 지극히 존귀한 왕께서 이러시면 되겠습니까? 옛말에 '임금은 농담을 하지 않는다'고 했으니 지금 대왕의 명령은 잘못된 것입니다. 저는 감히 받들어 따를 수가 없습니다"라고 하자, 왕은 화를 내며, "네가 나의 가르침을 따르지 않으니 진정 내 딸이 될 수 없도다. 어찌 함께 살 수 있겠느냐? 마땅히 네 갈 데로 가거라"라고 하였다.

　이에 공주가 보석 팔찌 수십 개를 팔꿈치에 매고 궁궐을 나와 홀로 길을 떠났다. 길에서 한 사람을 만나 온달의 집을 물었다. 이윽고 그 집에 이르러 눈먼 노모를 보고 가까이 다가가 인사하고 아들이 어디 있는지를 여쭈었다. 노모는, "내 아들은 가난하고 비루하여 귀한 분이 가까이 할 사람이 아닙니다. 지금 그대의 냄새를 맡아보니 향기가 좋고, 그대의 손을 만져보니 부드럽기가 솜과 같으니 필시 천하의 귀인일 것입니다. 누구의 속임수에 빠져 이곳까지 왔습니까? 내 아들은 배고픔을 참지 못해 산림 속으로 느릅나무 껍질을 벗기러 간 지가 오래되었는데 아직 돌아오지 않고 있습니다"라고 대답했다. 공주가 집을 나와 걸어서 산 아래에 이르렀을 때 온달이 느릅나무 껍질을 메고 오는 것을 보았다. 공주가 그에게 가서 자신의 품은 마음을 말하였다. 온달은 발끈 화를 내며, "이곳은 어린 여자가 다니기에는 적절하지 않으니 반드시 사람이 아니고 여우나 귀신일 것이다. 나에게 가까이 오지 말라" 하고는 마침내 돌아보지도 않고 가버렸다. 공주는 홀로 돌아와 사립문 밖에서 밤을 새고, 다음날 아침 다시 들어가 온달과 어머니에게 그간의 이야기를 하였다. 온달이 마음을 정하지 못하고 머뭇거리자 어머니가 말하길, "내 자식은 지극히 비루하여 귀인의 배필이 되기에 부족하고, 우리 집은 지극히 가난하여 진실로 귀인이 살기에 적당하지 않습니다"라고 하였다. 공주가 대답하길, "옛사람의 말에 '한 말의 곡식이라도 찧어야 먹을 수 있고, 한 척의 베라도 바느질해야 입을 수 있다'고 했으니, 진실로 마음을 같이 한다면 어찌 반드시 부귀한 뒤에야 함께할 수 있겠습니까?"라고 한 뒤, 이윽고 금팔찌를 팔아 밭과 집과 노비, 소와 말과 그릇을 사서 살림에 필요한 것들을 갖추었다.

처음에 말을 살 때 공주가 온달에게 이르길, "삼가 시장 사람의 말을 사지 마시고, 모름지기 국마 가운데 병들고 파리해져 쫓겨난 말을 골라 사십시오"라고 하였다. 온달이 그 말대로 하였다. 공주가 매우 부지런히 먹이고 기르니, 말은 날로 살찌고 튼튼해졌다. 고구려는 항상 봄철 3월 3일이면 낙랑의 언덕에 모여 사냥을 해, 잡은 돼지와 사슴으로 하늘과 산천 신에게 제사를 드렸다. 이날이 되어 왕이 사냥을 가매, 여러 신하와 5부의 병사들이 모두 따라갔다. 이에 온달도 그동안 기른 말을 타고 따라갔는데, 그 달리는 것이 항상 다른 사람보다 앞섰고, 잡은 짐승도 또한 많아 견줄 사람이 없었다. 왕이 불러오게 하여 성명을 묻더니, 놀랍고 기이하게 여겼다. 그즈음 후주의 무제가 군사를 내어 요동을 치자, 왕이 군대를 거느리고 배산拜山의 들에서 막아 싸웠다. 온달이 선봉이 되어 날래게 싸워 수십여 명의 목을 베니 모든 군사들이 승세를 타 맹렬히 싸워 크게 이겼다. 공로를 논할 때 온달을 제일로 치지 않는 이가 없었다. 왕이 기뻐 찬탄하며, “이야말로 내 사위로다!” 하고 예를 갖추어 맞이했으며, 작위를 내려 대형으로 삼았다. 이로 인해 총애와 영예가 더욱 높아지고 위세와 권위가 날로 융성해졌다.

양강왕이 즉위하자 온달이 아뢰길, “생각건대 신라가 우리 한수 이북의 땅을 나누어 군현으로 삼으니 백성들이 통분하고 한스럽게 여겨 일찍이 부모의 나라를 잊은 적이 없습니다. 원컨대 대왕께서는 저를 어리석고 어질지 못하다 마시고 군사를 내주시어 한번 쳐들어가 반드시 우리의 땅을 되돌려오게 하십시오”라고 하니, 왕이 허락하였다. 온달이 출병에 임하여 맹세하길, “계립현 죽령의 서쪽 지역을 우리에게 되돌려오지 못한다면 돌아오지 않으리라”라고 하였다. 마침내 떠나 아단성 아래에서 신라군과 싸웠으나 날아오는 화살에 맞아 길에서 죽고 말았다. 그런데 장사를 치르고자 해도 관이 움직이지 않았다. 공주가 와서 관을 어루만지며 말하길, "삶과 죽음은 정해져 있습니다. 아아! 돌아가십시오"라고 하자 마침내 들어져 하관하였다. 대왕이 이를 듣고 비통해하였다.

溫達高句麗平岡王時人也. 容貌龍鍾可笑, 中心則純然. 家甚貧, 常乞食以養母. 破衫弊履, 往來於市井間, 時人目之爲愚溫達. 平岡王少女兒好啼, 王戲曰, 汝常啼我耳. 長必不得爲士大夫妻, 當歸之愚溫達. 王每言之, 及女年二八, 欲下嫁於上部高氏. 公主對曰, 大王常語, 汝必爲溫達之婦, 今何故改前言乎? 匹夫猶不欲食言, 況至尊乎? 故曰, 王者無戲言, 今大王之命謬矣. 妾不敢祇承. 王怒曰, 汝不從我敎, 則固不得爲吾女也. 安用同居? 宜從汝所適矣. 於是, 公主以寶釧數十枚繫肘後, 出宮獨行. 路遇一人, 問溫達之家. 乃行至其家, 見盲老母, 近前拜 問其子所在. 老母對曰, 吾子貧且陋, 非貴人之所可近. 今聞子之臭, 芬馥異常. 接子之手, 柔滑如綿, 必天下之貴人也. 因誰之佪以至於此乎? 惟我息不忍饑, 取楡皮於山林, 久而未還. 公主出行, 至山下, 見溫達負楡皮而來. 公主與之言懷. 溫達悖然曰, 此非幼女子所宜行, 必非人也, 狐鬼也. 勿迫我也. 遂行不顧. 公主獨歸, 宿柴門下, 明朝更入 與母子備言之. 溫達依違未決, 其母曰, 吾息至陋, 不足爲貴人匹, 吾家至婁, 固不宜貴人居. 公主對曰, 古人言, 一斗粟猶可舂, 一尺布猶可縫, 則苟爲同心, 何必富貴然後可共乎? 乃賣金釧, 買得田宅奴婢牛馬器物, 資用完具.

初買馬公主語溫達曰, 愼勿買市人馬, 須擇國馬病瘦而見放者, 而後換之. 溫達如其言. 公主養飼甚勤, 馬日肥且壯. 高句麗常以春三月三日, 會獵樂浪之邱, 以所獲猪鹿, 祭天及山川神. 至其日王出獵, 臣及五部兵士皆從. 於是, 溫達以所養之馬隨行, 其馳騁常在前, 所獲亦多, 他無若者. 王召來問姓名, 驚且異之. 時後周武帝出師伐遼東, 王領軍逆戰於拜山之野. 溫達爲先鋒, 疾鬪斬數十餘級, 諸軍乘勝奮擊大克. 及論功, 無不以溫達爲第一. 王嘉歎之曰, 是吾女壻也! 備禮迎之, 賜爵爲大兄. 由此寵榮尤渥, 威權日盛.

及陽岡王卽位, 溫達奏曰, 惟新羅割我漢北之地爲郡縣, 百姓痛恨, 未嘗忘父母之國. 願大王不以愚不肖, 授之以兵, 一往必還吾地, 王許焉. 溫達臨行誓曰, 鷄立峴竹嶺以西, 不歸於我則不返也. 遂行與羅軍戰於阿旦城之下, 爲流失所中, 路而死. 欲葬柩不肯動, 公主來撫棺曰, 死生決矣. 於乎歸矣, 遂擧而窆. 大王聞之悲慟.

(출전: 《삼국사기》)

일연

버려진 것들을 모아
역사를 쓰다

일연(一然, 1206~1289) 고려 후기의 승려로 14세에 출가하여
78세 때 국사(國師)가 됐다. 자는 '회연(晦然)'이고, 호는
'목암(睦庵)', 시호는 '보각(普覺)'이다. 저서로는《삼국유사》,
《화록》,《게송잡저》등이 있다.

'역사'라 하면 과거에 실재했던 일의 기록으로 인식하는 것이 일반적입니다. 물론 틀린 말은 아닙니다. 정확히 맞는 말이지요. 하지만 역사는 기본적으로 '사실'에 기초하지만 정치·사회·문화 그리고 역사를 기술하는 방식과 사람에 따라 재구성되고, 창작되며, 재해석될 수 있는 일종의 '허구'이기도 합니다. '사건은 계열화됨으로써 의미로 화한다'는 프랑스의 철학자 들뢰즈Gilles Deleuze(1925~1995)의 말처럼 사건이 어떤 방향으로 계열화되느냐에 따라 의미는 달라지기 마련이지요. 중요한 것은 사건이 아니라 사건의 계열화인 것입니다. 따라서 역사 인식에서는 무엇이 '사실'이고, 무엇이 '허구'인지를 분별하는 것보다 사건의 계열화를 통한 의미화가 중요합니다. 이런 의미에서 고려시대 승려 일연이 쓴 《삼국유사》는 매우 중요한 자료입니다. 기이하고 허탄하다는 이유로 버려진 이야기들〔遺事〕을 모아 《삼국사기》와는 다른 또 하나의 역사를 구성했으니까요.

공자는 《논어》, 〈술이〉편에서 "괴이한 일〔怪〕, 힘이 센 사람의 일〔力〕, 신하가 임금을 시해하거나 자식이 아비를 시해하는 일〔亂〕 그리고 귀신에 관한 일〔神〕은 말하지 않았다"라고 합니다. 왜냐하면 이러한 일들은 모두 이치의 바름이 아니며 혹 바름이 있다 하더라도 이치를 지극히 궁구하지 않으면 쉬 밝힐 수가 없기 때문에 가벼이 말해서는 안 되는 것입니다. 따라서 유학자들은 괴력난신에 대해 말하는 것을 꺼려했습니다. 특히, 사실만을 기록해야 하는 역사 기술에 있어서 이러한 유가적 합리성은 불문율처럼 여겨졌지요. 《삼국유사》에 앞서 편찬된 김부식의 《삼국사기》는 바로 이러한 원칙에 따라 집필되었습니다. 김부식은 "신라의 박씨와 석씨가 알에서 나왔고, 김씨는 하늘로부터 내려온 금궤에 들어 있다가 금수레를 타고 올라갔다는 말은 기괴하여 믿을 수 없다"라고 하면서 세속에서는 이러한 이야기가 전해져 실제의 일처럼 되어버렸다고 비판하였습니다. 하지만 일연의 생각은 달랐습니다. 유가적 합리주의에 의해 버려진 이러한 이야기들을 수집해 《삼국유사》라는 또 다른 삼국의 역사를 만들었지요. 지배층 몇 사람에 의해 만들어진 진짜 같은 거짓의 이야기가 아닌 세속의 사람들이 믿고 따르는 거짓 같은 진짜 이야기로 역사를 서술한 것입니다. 때문에 사람들은 이 책을 역사가 아닌 야사나 설화 정도로 폄하하기도 합니다. 하지만 이러한 폄하가 이 책을 살아 있게하는 이유일지도 모릅니다. 역사란 지배자 몇 사람만의 이야기가아닌 그 시대를 살아간 모든 사람들의 이야기이므로 정사는 물론이고 때론 야사나 설화 심지어 전설까지도 모두 들어 있어야 합니다. 대중은 정사보다는 야사에, 야사보다는 설화나 전설에 더친근감을 느끼기 마련입니다. 게다가 세속의 사람들은 이미 이러한 이야기를 실제의 일처럼 여기고 있었으니 유가적 합리주의에의해 버려질 수 있는 것은 더더욱 아니었지요.

　《삼국유사》의 절반 가까운 분량을 차지하는 〈기이紀異〉편은바로 이러한 역사관이 잘 드러납니다. '기이'란 기괴한 이야기가아닌 신이한 이야기를 뜻하는 말로 이 편에는 하늘에서 내려온

환웅과 땅에서 화한 웅녀 사이에서 태어난 단군을 비롯해 물의
신인 하백의 딸이 낳은 알에서 태어난 주몽 그리고 하늘에서 내
려온 백마가 절을 하며 가리킨 알 속에 있던 혁거세, 이외에도 현
실의 언어로는 형용하기 힘든 수많은 이야기들이 들어 있습니다.
하지만 현실의 언어로 형용하기 힘들다고 해서 이를 기괴한 일이
라 버려둘 수만 없는 까닭은 이것이 우리의 역사이기 때문입니다.
이에 일연은 〈기이〉편 첫머리에 다음과 같은 말로 우리 역사의
신성함을 토로합니다.

> 대체로 옛 성인들이 예악禮樂으로 나라를 일으키고, 인의
> 仁義로 교화를 베풀려 하면 괴이, 완력, 패란, 귀신에 대
> 해서는 어디에서도 말하지 않았다. 그러나 제왕이 일어
> 날 때는 하늘로부터 명을 받는다, 도록을 받는다 하여 반
> 드시 여느 사람과 다른 데가 있었다. 그런 뒤에야 능히 큰
> 변화를 이용하여 정권을 잡고, 제왕의 대업을 이룰 수 있
> 었다. 그러므로 황하에서 그림이 나오고, 낙수에서 글이
> 나오면서 성인이 일어났던 것이다. (중략) 요임금의 어머니
> 는 임신한 지 14개월 만에 요를 낳았고, 유방의 어머니는
> 용과 큰 못에서 교합하여 유방을 낳았다. 이로부터 그 위
> 에 일어난 일을 어찌 다 기록할 수 있겠는가? 그러므로
> 삼국의 시조가 모두 신이한 데서 나온 것이 무어 그리 괴
> 이하다 하겠는가? 이는 〈기이〉편을 모든 편의 첫머리에

신는 까닭이며, 그 뜻도 바로 여기에 있다. (〈기이서紀異叙〉)

《삼국유사》의 첫머리에 〈기이〉편을 둔 까닭은 일연이 겪어 온 삶과도 연관이 있습니다. 그는 칭기즈칸이 몽골족을 통일하고 제국을 건설한 해에 태어나, 최씨 무신정권과 몽골의 침입을 함께 겪는 모진 세월을 살았습니다. 몽골의 침입으로 국토는 황폐해지고, 무신정권하의 관료들은 부정부패를 일삼고, 백성들은 도탄에 빠졌지요. 때문에 그는 이 책을 통해 우리의 역사도 중국만큼 오래되었으며, 신성하다는 것을 세상에 알리려고 했습니다. 유가적 합리주의에 의해 역사책에서는 버려졌지만 살아 숨 쉬는 신성한 이야기들을 모아 기술함으로써 우리의 역사가 얼마나 유구하고 찬란한지를 보이고자 했던 것입니다.

게다가 그는 신라 제22대 지철로왕(지증왕智證王)의 신이함에 대해 "왕은 음경의 길이가 한 자 다섯 치여서 알맞은 짝을 구하기가 어려웠다. 사신을 삼도로 보내 짝을 구하게 했는데, 사신이 모량부牟梁部 동로수冬老樹 아래에 이르렀을 때 개 두 마리가 북만 한 크기의 똥 덩어리의 양쪽 끝을 다투어 먹는 것을 보았다. 이 똥은 모량부 상공의 딸이 빨래를 하다 숲속에 숨어서 누고 간 것으로 상공의 딸은 키가 7척 5촌이나 되었다. 왕은 수레를 보내 그녀를 궁궐로 맞이해 황후로 삼았다"고 기록하였습니다. 왕에 대한 기록임에도 불구하고 품위 따위는 찾아볼 수가 없습니다. 반면 유가적 합리성에 의해 기술된 《삼국사기》에는 "지증왕은 몸이 크고 담력이 남보다 뛰어났다"고 기록되어 있어 왕의 능력을 나름 고상하게 묘사했습니다. 같은 인물을 기록했는데도 확연한 차이를 보입니다. 어떤 것이 사실인지 가늠하는 것은 그리 중요한 문제는 아니지만 성기 또는 그 어떤 것에 대한 일연의 여과 없는 기록에 대중들은 진솔함을 느꼈을 것입니다. 거짓 같지만 진짜 이야기, 이것은 바로 역사의 가감 없는 기록에서 만들어집니다. 권위니 품위니 하는 것에 의해 만들어진 역사가 왕을 높일 수는 있겠지만 대중은 이렇게 꾸며진 이야기만으로 왕에게 외경심을 품지는 않습니다. 외경심은 누군가에 의해 만들어지는 것이 아니라 있는 그대로의 모습에서 발휘되는 것입니다. 일연이 《삼국유사》의 절반 이상을 할애해 〈기이〉편을 쓴 이유가 바로 여기에 있습니다.

〈기이〉편 이후 일연은 〈흥법〉, 〈탑상〉, 〈의해〉, 〈신주〉, 〈감통〉, 〈피은〉, 〈효선〉편을 기술했는데, 이 편들은 대개가 불교와 관련된 이야기여서 다분히 불교 문화사 같은 느낌이 듭니다. 그도 그럴 것이 일연은 14세에 출가해 78세에 국사國師의 지위에 오릅니다. 국사는 불교의 법계 가운데 가장 높은 등급으로, 지덕이 높아 나라의 스승이 될 만한 승려에게 조정에서 내리는 최고의 자리입니다. 하지만 일연이 〈기이〉편 이후 불교에 관한 일들을 기록한 것은 그가 승려이기 때문이 아니라 이것이 당시 사람들의 이야기이자, 자신의 이야기였기 때문입니다. 그리고 이 이야기들을 통해 불교의 가르침이 아닌 삶의 이치를 알려주고자 하였습니다. 이런 의미에서 〈탑상〉편의 '노힐부득과 달달박박'의 이야기는 진정한 수행이란 무엇인지 이야기하며 삶과 수행이 일치되어야 함을 보여줍니다.

> 신라 성덕왕 때 불교를 배워 부처가 되겠다고 백월산 무등곡에 들어간 노힐부득과 달달박박은 각자 암자에 살면서 미륵불과 미타불을 염불하며 지냈다. 하루는 스무 살 가량의 아리따운 낭자가 찾아와 해가 저물었으니 자고 가기를 청하였다. 박박은 절은 깨끗함을 지켜야 하는 곳이라며 낭자를 내쫓았다. 하지만 부득은 저물녘 깊은 골짜기에 찾아온 중생을 보살피는 것 또한 보살행이라며 낭자를 맞이하고, 산기가 있는 낭자를 위해 짚자리도 깔아주고, 목욕도 시켜주었다. 낭자는 관음보살의 현신으로 자신을 맞아준 부득을 미륵존상이 되게 해주었고, 뒤늦게 깨달음을 얻은 박박 또한 부득의 도움으로 무량수 부처가 될 수 있었다. (《탑상》, '남백월의 두 성인 노힐부득과 달달박박')

여색을 피해 깨끗함을 지킨 박박보다 먼저 부처가 된 부득의 행동에서 우리는 수행이든 공부든 현실의 삶을 버리고 하는 것은 아무런 의미가 없음을 배울 수 있습니다. 진정한 깨달음이란 내가 처한 그 자리에서 최선을 다할 때 얻을 수 있는 것이지, 이것저것 가려서는 불가능합니다. 역사의 기술 또한 이와 마찬가지일 겁니다. 현실의 삶이 괴이하다 해서 버리고 새롭게 만든다면 그것이 어떻게 사실일 수 있겠습니까? 괴이한 삶을 있는 그대로 보여줄 때 그것이 비로소 신이가 되는 것이지요.

이처럼 일연은《삼국유사》를 통해 왕과 귀족은 물론 승려와 하층민의 이야기까지 가감 없이 보여줍니다. 게다가 마지막〈효선〉편에서는 효도와 선행에 관련된 이야기들을 엮어 자신의 이야기를 합니다. 신화로 시작해 효행으로 끝나는《삼국유사》의 이러한 구성 또한 일연의 삶과 관련이 있습니다. 그는 국사가 된 이듬해 왕의 만류에도 불구하고 낙향해《삼국유사》를 완성합니다. 낙향을 서두른 까닭은 역사 집필을 미룰 수 없다는 이유도 있었겠지만 고향에 계신 96세의 노모를 생각하는 아들의 마음이 더 컸기 때문일 것입니다. 일연의 어머니는 밝은 해가 집에 들어와 사흘 동안 배를 비추는 꿈을 꾸고, 일연을 낳았다고 합니다. 이 태몽은 유화가 방에 있는데 햇빛이 방 안으로 들어와 유화의 배를 비추었고, 이후 임신을 해서 아이를 낳았다는 고구려 건국신화인 주몽의 탄생과 비슷합니다. 때문에 일연의 속세 이름은 빛을 본다는 의미인 견명見明이었습니다. 그리고 출가해 승려가 된 뒤에는 속세의 이름과는 반대로 어둠을 상징하는 그믐 회晦자를 써서 회연晦然이라는 이름을 얻었습니다. 늘그막에 썼다는 일연—然은 아마도 밝음과 어둠을 하나로 조화시킨 이름이 아닌가 합니다. 왕과 귀족의 역사가 밝음이라면 승려와 하층민의 역사는 어둠에 해당된다고도 할 수 있겠죠. 그리고〈효선〉편을 마지막에 둔 것은 승려이지만 속세의 어머니를 생각하는 그의 마음을 전하기 위해서

일 겁니다. 그중 진정법사의 이야기 속에는 출가 전 어머니 곁을
떠나는 일연의 모습이 그대로 담겨 있어 가슴을 짠하게 합니다.

홀어머니를 봉양하며 사는 진정이 하루는 의상법사가 태
백산에 거처하며 설법을 하여 사람을 이롭게 한다는 말
을 듣고 즉시 사모하는 뜻이 생겼다. 그러나 홀로된 어머
니 곁을 떠날 수 없어 효를 다한 후에 불도를 배우겠다고
결심한다. 이에 어머니는 "내가 너의 출가에 방해가 된다
고 하면 이는 나를 지옥으로 빠뜨리는 것이니, 비록 살아
서 진수성찬으로 봉양한들 어찌 효도가 되겠느냐?"며 출
가를 권한다. 하지만 진정은 "어머니를 버리고 출가하는
것은 아들 된 자로서 차마 하지 못할 일이다"면서 사양
을 한다. 그러나 계속되는 어머니의 권유를 더 이상 어길
수가 없어 출가를 결심하고 의상의 문하에 들어가 제자
가 된다. 3년이 지났을 때 어머니의 부음을 들은 진정은
가부좌하고 입정入定하다 7일 만에 일어나 의상에게 고했
다. 이에 의상은 문도를 이끌고 90일 동안 화엄대전을 강
론하였는데, 강론이 끝나자 진정의 어머니가 꿈에 나타나
말하길 "나는 벌써 하늘에서 환생했다"고 하였다. (《효선》,
'진정사는 효도와 선행이 모두 아름다웠다')

《삼국유사》는 이처럼 버려질 수 없는 세상의 거짓 같은 진짜

이야기를 통해 우리의 가슴에 울림을 줍니다. 그 어떤 역사책도 하지 못한 일을 이 책이 하고 있는 것이지요. 사실에 입각해 객관성만을 강조하는 역사보다는 객관성을 포기하고 세상에 울림을 주는 이 거짓 같은 이야기가 더 진짜 역사일지도 모릅니다. 국가나 민족, 종교나 이데올로기 등에 의해 왜곡된 편협한 역사가 아닌 모든 사람들이 함께할 수 있는 이야기가 진짜 역사인 것입니다.

고조선
古 朝 鮮

《위서》에 이르길, "지금부터 2,000년 전에 단군왕검이 있어서 아사달에 도읍하고 나라를 세워 조선이라고 불렀으니, 요임금과 같은 시기다."

《고기》에 이르길, "옛날 환인의 서자 환웅이 자주 천하에 뜻을 두고 인간 세상을 탐내었다. 아버지가 아들의 뜻을 알고, 삼위태백을 내려다보고는 인간을 널리 이롭게 할 만하다 생각하여 환웅에게 천부인 세 개를 주어 내려가 인간 세상을 다스리게 했다. 환웅이 3,000명의 무리를 거느리고 태백산 꼭대기 신단수 아래로 내려갔다. 이곳을 일러 신시라 하고, 이 분을 일러 환웅천왕이라고 한다. 그는 장차 풍백風伯과 우사雨師와 운사雲師를 거느리고 곡식, 생명, 질병, 형벌, 선악 등 인간 세상의 360여 가지 일을 주관하여 세상을 다스리고 교화시켰다. 그때 곰 한 마리와 호랑이 한 마리가 같은 굴속에 살고 있었는데, 환웅에게 사람이 되게 해달라고 항상 기원했다. 이때 환웅이 신령스러운 쑥 한 다발과 마늘 20개를 주며 말하길, '너희가 이것을 먹되, 백 일 동안 햇빛을 보지 않으면 바로 사람의 형상을 얻을 것이다'라고 하였다. 곰과 호랑이는 이것을 먹으면서 삼칠일 동안 금기했는데 곰은 여자의 몸이 되었지만 호랑이는 금기를 지키지 못해 사람의 몸이 되지 못했다. 웅녀는 혼인할 상대가 없어 매일 신단수 아래에서 아이를 갖게 해달라고 빌었다. 환웅이 잠시 사람으로 변해 웅녀와 혼인하여 아들을 낳았으니 그가 단군왕검이다. 단군왕검은 당요가 즉위한 지 50년이 되는 경인년에 평양성에 도읍을 정하고 비로소 조선이라 칭했다. 다시 도읍을 백악산 아사달로 옮겼는데, 그곳을 궁홀산 또는 금미달이라고 부르기도 한다. 이곳에서 1,500년 동안 나라를 다스렸다. 주나라 무왕이 즉위하던 기묘년에 기자를 조선에 봉해서 단군은 이에 장당경으로 옮겼다가 그 후 아사달로 돌아와 숨어 살면서 산신이 되었다. 이때 나이가 1,908세였다."

당나라 《배구전》에 이르길, "고구려는 본래 고죽국이었는데, 주나라에서 기자를 봉하면서 조선이라고 했다. 한나라가 이곳을 세 군으로 나누어 다스렸는데, 이것이 곧 현도, 낙랑, 대방이다."

《통전》 또한 이 말과 같다.

魏書云, 乃往二千載, 有壇君王儉, 立都阿斯達, 開國號朝鮮, 與高(堯)同時.

古記云, 昔有桓因, 庶子桓雄, 數意天下, 貪求人世. 父知子意, 下視三危太伯, 可以弘益人間, 乃授天符印三箇, 遣往理之. 雄率徒三千, 降於太伯山頂神壇樹下. 謂之神市, 是謂桓雄天王也. 將風伯雨師雲師, 而主穀主命主病主刑主善惡凡主人間三百六十餘事, 在世理化. 時有一熊一虎, 同穴而居, 常祈于神雄, 願化爲人. 時神遣靈艾一炷, 蒜二十枚曰, 爾輩食之, 不見日光百日, 便得人形. 熊虎得而食之, 忌三七日, 熊得女身, 虎不能忌, 而不得人身. 熊女者, 無與爲婚, 故每於壇樹下, 呪願有孕, 雄乃假化而婚之, 孕生子, 號曰, 壇君王儉. 以唐高(堯)卽位五十年庚寅, 都平壤城, 始稱朝鮮. 又移都於白岳山阿斯達, 又名弓忽山, 又今彌達. 御國一千五百年. 周虎(武)王卽位己卯, 封箕子於朝鮮, 壇君乃移於藏唐京, 後還隱於阿斯達爲山神. 壽一千九百八歲.

唐裴矩傳云, 高麗本孤竹國, 周以封箕子爲朝鮮, 漢分置三郡, 謂玄菟樂浪帶方.

通典亦同此說.

(출전: 《삼국유사》)

자연의 이치를 통한 자기 수양

성리

性理

이황

자연 속에서 '거경궁리'의
철학을 완성하다

이황(李滉, 1501~1570) 조선 중기의 문신이자 학자로
성리학 발달의 기초를 형성했다. 자는 '경호(景浩)'이고, 호는
'퇴계(退溪)', 시호는 '문순(文純)'이다. 저서로는《성학십도》,
《주자서절요》,《역학계몽전의》 등이 있다.

경상북도 안동시 도산면 토계리, 그곳에 가면 '동방의 주자'라 추앙 받는 퇴계 이황이 생전에 성리학을 깊이 연구하며 제자들을 가르쳤던 도산서당과 퇴계 사후에 선생의 학문과 덕행을 기리기 위해 지은 도산서원이 있습니다. 서원 입구에 들어서면 하늘빛과 구름 그림자를 한눈에 볼 수 있다는 천운대天雲臺가 보이고, 이곳을 돌아 들어가면 퇴계가 지었다는 도산서당이 나옵니다. 서당은 모두 세 칸인데 그 가운데 칸이 퇴계가 기거하던 '완락재玩樂齋'입니다. 주희의 〈명당실기名堂室記〉에서 인용했다는 이 방의 이름은《중용》이나《대학》의 오묘한 뜻을 즐기고 완상하며 살겠다는 의지가 담겨 있습니다. 그리고 동쪽 마루인 '암서헌巖栖軒' 또한 주희의 시 〈운곡雲谷〉에서 따왔는데, 자연과 벗하고 살면서 공부에 작은 효과가 드러나기를 바란다는 의미가 들어 있지요. 이것들은 모두 평생토록 '마음을 경건〔居敬〕하게' 하여, '이치를 추구〔窮理〕'하려는 퇴계의 삶을 고스란히 보여주는 것들입니다.

퇴계는 연산군 즉위 7년에 진성 이씨 집안의 7남 1녀 중 막내로 태어났습니다. 아버지는 퇴계가 태어난 지 7개월 만에 이들 형제만 남기고 세상을 떠났습니다. 때문에 어머니 홀로 집안을 꾸려야 했지요. 어머니 박 씨는 자식들에게 "세상 사람들이 모두 과부의 자식은 올바른 교육을 못할 것이라고 욕하는데, 너희들이 남보다 백배 더 공부에 힘쓰지 않는다면 어떻게 이런 비난을 면할 수 있겠느냐?"며 문예는 물론 몸가짐과 행실을 삼갈 것을 매양 중요하게 부탁했다고 합니다. 아마도 이러한 어머니의 가르침이 퇴계의 공부에 밑거름이 되었을 것입니다. 퇴계는 6세 때, 이웃의 노인에게서 《천자문》을 배워 글자를 익혔고, 12세 때부터 작은 아버지에게 《논어》를 배우면서 본격적인 공부를 시작하였습니다. 이 무렵 도연명의 시를 매우 좋아해 그 사람됨을 사모하기도 하였다고 하니 학문 초기에는 경서 공부뿐만 아니라 문장학에도 힘썼던 듯합니다. 율곡 또한 퇴계가 '문장으로써 도를 깨우쳤다〔因文入道〕'고 했으니 문학에도 관심이 많았던 것으로 보입니다. 20세에는 《주역》을 읽고 그 뜻을 강구하느라 거의 침식을 잊을 정도로 몰두하여 병에 걸렸을 정도였으니 그의 공부가 어떠하였는지 짐작이 됩니다. 이후 성균관에 들어가 27세에 과거시험을 보기 시작해 34세에 최종 관문인 대과에 합격해 벼슬길에 나갑니다.

하지만 퇴계는 49세 무렵부터 기회만 생기면 사직소를 내고 고향인 도산으로 돌아왔고, 언제나 신병, 노쇠, 재능 부족 등을 핑계로 왕이 간곡하게 불러도 쉽사리 응하지 않았습니다. 연산군의 무오사화와 갑자사화의 여진이 가라앉지 않은 가운데, 기묘사화로 도학 정치의 실현을 위해 활동한 조광조가 희생되면서 사림들은 출사를 꺼렸습니다. 그럼에도 도학 정치를 꿈꾸며 벼슬을 했던 그가 돌연 관직에서 물러나려 했던 이유는 아마도 형을 죽음으로 몰고, 자신도 삭탈관직을 당하는 을사사화로, 명종의 어머니 문정왕후가 수렴청정°을 하면서 외척 정치가 전개되자 이에 불만을 가졌던 것으로 보입니다. 그리고 만년에 이르러 주자학 연구에 몰두하기 위해 조용한 곳이 필요하기도 했지만 더 큰 이유는 자연과의 화합을 체험하면서 도의道義를 즐기고 심성心性을 기르기 위해 산림으로 가고자 했던 것입니다.

아, 나는 불행히도 먼 시골에서 태어나서 투박하고 고루하여 들은 것이 없으면서도, 산림에 즐거움이 있다는 것을 일찍 알았었다. 그러나 중년에 들어 망령되이 세상길에 나아가 바람과 티끌이 뒤덮는 속에서 여러 해를 보내면서, 스스로 돌아오지도 못하고 거의 죽을 뻔하였다. 그 뒤에 나이는 더욱 들고 병은 더욱 깊어지며 처세는 더욱 곤란하여 지고 보니, 세상은 나를 버리지 않지만 내가 부득이 세상을 버리지 않을 수가 없게 되었다. 그래서 번롱樊籠을 벗어나 전원에 몸을 던지니, 앞에서 말한 산림의 즐거움이 뜻밖에 내 앞으로 다가왔다. 〈〈도산잡영병기〉〉

퇴계는 "세상길에 나아가 바람과 티끌이 뒤덮는 속에서 여러 해를 보내면서, 스스로 돌아오지 못하고 거의 죽을 뻔하였다"라고 벼슬살이를 회고합니다. 마치 짐승의 우리〔樊〕나 새 조롱〔籠〕과 같은 데 갇혀 병은 더욱 깊어가고 처세는 더욱 곤란해졌는데 이러한 굴레에서 벗어나 자연으로 돌아오니 비로소 마음이 편안하

◦ 임금이 어린 나이로 즉위하였을 때, 왕대비나 대왕대비가 이를 도와 정사를 돌보던 일.

고 잊었던 즐거움이 되살아난다고 했습니다. 그러고는 복잡한 세상에서 물러나 시냇가에 머물고자 했지요. 퇴계의 고향 마을에는 토끼 냇물이라는 뜻의 토계兎溪가 있었는데, 이를 퇴계退溪로 고치고 자신의 호로 삼았습니다. 하지만 퇴계의 이러한 바람에도 불구하고 임금의 부름 때문에 어쩔 수 없이 서울에 올라왔다가 번번이 붙잡혀 간헐적으로 관직 생활을 합니다.

53세 무렵 서울에 살고 있던 퇴계는 옆집에 사는 정지운鄭之雲이라는 사람이 가지고 온 〈천명도〉를 보고 사단과 칠정을 이理와 기氣로 연결하여 설명한 부분을 '사단은 이가 드러난 것이고, 칠정은 기가 드러난 것'이라고 고쳐주었는데, 이 부분이 많은 학자들 사이에 논란을 일으켰습니다. 6년이 지난 뒤 퇴계는 선비들 사이에 고봉 기대승이 논한 사단칠정의 설을 전해 듣고는 "저는 이에 대해 스스로 전에 말한 것이 온당하지 못함을 근심했습니다만, 그대의 논박을 듣고 나서 더욱 잘못되었음을 알았습니다. 그래서 그것을 다음과 같이 고쳐 보았습니다. '사단의 발현은 순수한 이인 까닭에 선하지 않음이 없고, 칠정의 발현은 기와 겸하기 때문에 선악이 있다' 이처럼 하면 괜찮을지 모르겠습니다"라고 편지를 보냈습니다. 그리고 기대승이 자신보다 26세나 많은 퇴계에게 이것에 대한 문제를 제기하면서 논쟁은 시작됩니다. 8년여 동안 5~6회에 걸친 장문의 서신 토론은 한국 유학이 주자학을 단순히 수용하는 단계를 넘어, 주체적이고 독자적인 목소리를 내는 단계로 발전하는 계기를 만들었습니다. 게다가 이 논변은 후세에 이른바 주리론과 주기론의 사상적 대립을 이끌어내기도 했고, 주자학에 대한 회의와 비판의 효시가 되었으며, 인심도심人心道心 논쟁, 인물성동이人物性同異 논쟁 등의 시발이 되었습니다. 논쟁은 뒷날 기대승이 지은 〈후설〉과 〈총설〉에서 퇴계의 주장이 어느 정도 받아들여지면서 정리됩니다. 물론 퇴계 또한 이 두 글이 쓰이기 전에 이미 고봉의 주장을 어느 정도 수용하여 사단과 칠정이 모두 감정임을 인정하면서 "사단은 이가 발현하여 기가 따르는 것이고, 칠정은 기가 발현하여 이가 타는 것이다"라고 하였지요. 그리고 사단칠정 논변의 어려움에 대해 다음과 같이 토로하면서 논쟁을 일단락 지으려고 했습니다.

의리를 분석하여 밝히는 일은 본래 더없이 정밀하고 해박해야만 하는데도, 제가 논술한 내용을 돌아볼 때 조리가 번잡하고 문장이 방만하며, 의견을 펼친 것이 넓지 못하고, 조예가 미치지 못하는 곳이 있었습니다. 때론 그때마다 이전 유학자들의 학설을 찾아서 따다가, 부족한 곳을 보충하여 그대의 변론에 회답하는 말로 삼았습니다. 이는 과거를 보는 사람이 과장에 들어가서 시제를 보고서, 고사를 따다 조목별로 대답하는 것과 무엇이 다르겠습니까? 설사 이와 같은 저의 회답이 매우 타당했다 하더라도, 자신의 학문을 충실하게 하는 데는 조금도 도움 되는 것이 없으니, 다만 부질없는 다툼으로 고귀한 학문의 중

요한 금기를 범하는 것이 될 뿐입니다. 〈〈기명언에게 보냄〉〉

이처럼 퇴계는 이전 학자들의 학설을 찾아서 따다가 부족한 곳을 보충하는, 마치 시험에 답하듯 하는 공부는 자신의 학문에 아무런 도움이 되지 않는다고 하면서 더 이상의 논쟁을 피합니다. 그렇다고 퇴계가 자신의 뜻을 완전히 꺾은 것은 아니었습니다. "사단은 모두 선한 까닭에 맹자는 '네 가지 마음이 없으면 사람이 아니다'라고 했고, '정이란 선할 수 있다'고 했습니다. 칠정은 본래 선하지만 쉽사리 악으로 흐르기 때문에 발현하여 절도에 맞아야만 조화롭다고 하고, 한번 이루었다 하더라도 잘 살피지 않으면 마음은 이미 그 바름을 잃는 것입니다. 이것으로 말미암아 본다면 사단과 칠정은 비록 모두 이기를 벗어나지 않는다고 하겠습니다만, 유래에 따라 주된 것을 강조하여 말하면 어찌하여 어느 것이 이이고 어느 것은 기라고 말할 수 없겠습니까?"라며 자신의 견해를 고수합니다. 퇴계가 만년에 어린 나이로 즉위한 선조에게 군왕으로서 알아야 할 학문의 요체를 도식으로 정리한 《성학십도》에는 그의 이 같은 철학이 잘 드러나 있습니다.

퇴계는 부질없는 다툼으로 자신이 평생 힘써온 거경과 궁리의 학문이 실천되지 못함을 못내 애석히 여기며 이를 실천하고자 합니다. 다시 말해 남에게 잘 보이기 위한 공부가 아닌 안으로는 자신을 수양하고 밖으로는 사물의 이치를 궁구하는 공부를 해야 한다고 강조합니다. 이러한 학문 태도는 그가 만년을 보낸 도산서원 곳곳에 그대로 남아 있습니다. 서당 가운데 방인 '완락재'와 동쪽 마루인 '암서헌'을 비롯해 문도들이 거처하고 강의실로 이용하던 '농운정사隴雲精舍' 또한 고개 위에 걸려 있는 구름을 뜻하는 말로 청렴한 선비가 되라는 의미가 담겨 있습니다. 정사의 동쪽 마루인 '시습재時習齋'는 "배우고 그것을 때에 맞게 익힌다면 또한 즐겁지 않겠는가?"라는 《논어》의 구절에서 따왔으며, 서쪽 마루인 '관란헌觀蘭軒'은 "물을 보는 데도 방법이 있으니, 반드시 물결치는 이치를 살펴보아야 한다"는 《맹자》의 말을 인용하였습니다. '시습'이 거경의 공부라면 '관란'은 궁리의 공부가 되는 것이지요. 이외에도 서당의 동쪽에 네모난 연못을 파고 그 안에는 연꽃을 심어 '정우당淨友塘'이라 했으며, 그 동쪽에 '몽천蒙泉'이란 샘을 만들고 그 위쪽 기슭에 매화·대나무·소나무·국화를 심어 '절우사節友舍'라고 했습니다. 또 문밖 동쪽 기슭에 대臺를 쌓고는 "위로는 하늘, 아래로는 물이 있고 새와 고기가 날고 뛴다. 좌우로는 취병의 그림자가 어른거리며 짙푸른 빛이 잠기어 있는 것이, 강과 산의 절승을 한 번만 보면 모두 얻을 수 있다"하여 '천연대天淵臺'라 하였고, 그 서쪽 기슭 역시 이것을 본떠서 대를 쌓고 '천광운영天光雲影'이라 했으니 서원의 어디를 가나 자신을 닦는 도량이며, 도학적 함의를 지니지 않은 곳이 없습니다. 도산의 여러 가지를 읊은 《도산잡영》이라는 시집의 서문에서 그는 다음과 같이 말합니다.

　나는 늘 고질병을 달고 다녔기 때문에 비록 산에서 살더라도 마음껏 책을 읽지 못하였다. 남몰래 걱정하다가 호흡법으로 수양한 뒤, 때로 몸이 가볍고 편안함이 있으면 마음이 상쾌하여 우주를 굽어보고 우러러보다 깊은 감동이 생기면 책을 덮고 지팡이를 짚고 나간다. 관란헌에 임해 정우당을 구경하기도 하고, 단에 올라 절우사를 찾기도 하며, 밭을 돌면서 약초를 심기도 하고, 숲을 헤치며 꽃을 따기도 한다. 어떤 때는 바위에 앉아 샘물을 튀기며 장난을 치기도 하고 대에 올라 구름을 바라보기도 한다. 어떤 때는 물가에서 뛰노는 고기를 구경하고 배에서 갈매기와 가깝게 지내다 마음 내키는 대로 가서 자유롭게 노닌다. 눈 닿는 곳마다 흥이 일어 좋은 경치를 만나면 흥취가 완성된다. 흥이 극에 달해 돌아오면 온 집이 고요하고 벽에는 책이 가득하다. 책상을 마주하고 잠자코 앉아 조심스레 마음을 가다듬고 책을 읽다보면 간간이 마음에 깨달음이 있어 흐뭇하여 밥 먹는 것도 잊어버린다. 《도산잡영병기》

이 글을 읽다보면 마치 '퇴계退溪'라는 호를 짓고 벼슬에서 물러나 산속에서 유유자적한 나날을 보내는 그의 만년 삶을 보는 듯합니다. 하지만 그의 이러한 은일隱逸은 세상을 등진 채 현묘하고 허무함을 찾아 고상함이나 일삼는 유의 은둔이 아니었습니다. 그는 마치 격물格物과 치지致知의 공부를 실천하듯 자연을 완상하며 사물의 이치를 궁구하였고, 책을 통해 자신을 닦았습니다.

퇴계가 만년에 지었다는 〈도산십이곡〉은 그의 이러한 학문적 태도가 잘 드러납니다. 그는 "당시 유행하던 이별의 6가를 모방하여 도산 6곡이란 것을 두 개 지었으니, 하나는 뜻에 대해 말했고(언지言志), 하나는 학문에 대해 말했다(언학言學)"고 합니다. 아래 시는 학문에 대해 말한 첫 번째 것으로 자연을 벗 삼고, 책을 스승 삼아 살아가는 그의 삶이 그대로 들어 있습니다. 게다가 산수를 유상하며 얻어진 자연의 이치를 통해 자신을 수양하는 삶을. '풍류'라 말하는 종장은 그가 평생을 추구했던 학문이 어떤 것인지를 여실히 보여줍니다.

천운대天雲臺 도라드러 완락재玩樂齋 소쇄瀟灑 ᄒᆞᆫ듸

만권생애萬卷生涯로 낙사樂事ㅣ 무궁無窮 ᄒᆞ얘라

이 듕에 왕래풍류往來風流를 닐어 므슴ᄒᆞᆯ고 (〈도산십이곡〉 7곡)

이처럼 퇴계는 자신의 삶 속에서 도학을 실천하고 그것을 즐거움으로 여겼습니다. 남에게 보여주기 위한, 그래서 자신의 경험마저도 일종의 스펙 정도로 여기는 우리의 공부와는 차원이 달랐지요. 퇴계에 있어서는 세상 모든 것이 자신을 닦는 텍스트였고, 스승이었습니다. 때문에 그가 어디에 있던 그곳은 수양의 도량이 되었습니다. 특히 자연과 함께 하면서 터득한 우주의 변화무쌍한 이치는 그의 학문에 중요한 밑거름이자 자신을 닦는 거울이었습

니다. 퇴계는 〈도산십이곡발〉에서 이러한 시를 지은 이유에 대해
"이 노래를 아이들로 하여금 아침저녁으로 익혀 노래하게 하고,
의좌에 비기어 듣게도 하고 또한 아이들 스스로 노래하고 춤추게
하여 비루한 마음을 씻어버리고 감발하여 노래하는 자와 듣는 자
모두 유익함이 있고자 하였다"고 합니다. 그에게 있어 공부란 책
상에 앉아 지식을 얻는 것만이 아닌 때론 노래하고 춤추며 산수
를 유상하며 얻어진 자연의 이치를 스스로 터득하고, 그것을 실천
하는 것이었습니다.

도산십이곡발

陶 山 十 二 曲 跋

〈도산십이곡〉은 도산 노인이 지은 것이다. 노인이 이 곡을 지
은 것은 무엇 때문인가? 우리 동방의 노래는 대부분 음란하여 족
히 말할 것이 없다. 한림별곡과 같은 유는 글하는 사람의 입에서
나왔으나, 교만하고 방탕하며 겸하여 점잖지 못하고 장난기가 있
어 더욱 군자가 숭상할 것이 못 된다. 오직 근세에 이별의 6가가
세상에 성대하게 전하니 오히려 그것이 이보다는 좋다고는 하나,
그래도 세상을 희롱하고 불공한 뜻만 있고, 성격이 온화하고 부드

러우며 인정이 두터운 내용이 적은 것이 애석하다.

노인은 평소 음률을 알지 못했으나 그래도 세속의 음악은 듣기 싫어하여, 한가히 살면서 병을 돌보는 여가에 무릇 성정에 감동이 있는 것을 매번 시로 나타내었다. 그러나 지금의 시는 옛날의 시와는 달라서 읊을 수는 있어도 노래하지는 못하였다. 만약 노래하려면 반드시 시속의 말로 엮어야 되니 대개 나라 풍속의 음절이 그렇게 하지 않을 수가 없어서이다. 그래서 내가 일찍 이 이별의 6가를 모방하여 도산 6곡이란 것을 두 개 지었으니, 하나는 뜻을 말함이요, 하나는 학문을 말한 것이다. 이 노래를 아이들로 하여금 아침저녁으로 익혀 노래하게 하고, 의좌에 비기어 듣게도 하고 또한 아이들 스스로 노래하고 춤추게 하여 비루한 마음을 씻어버리고 감발하여 노래하는 자와 듣는 자 모두 유익함이 있고자 하였다.

그러나 스스로 돌아보건대, 나의 처신이 자못 세상과 맞지 않으니 이 같은 한가한 일이 혹시나 말썽을 일으키는 단서가 될는지 알 수 없다. 그리고 이 곡조가 노래 곡조에 들어가며, 음절에 화합할지 않을지도 믿지 못하겠다. 때문에 당분간 한 부를 써서 상자에 넣어 놓고, 때때로 내어 스스로 반성해보고 또 훗날에 열람해보는 자의 취사선택을 기다릴 뿐이다.

가정 44년 을축 늦은 봄 16일에 도산 노인이 쓴다.

右陶山十二曲者, 陶山老人之所作也. 老人之作此, 何爲也哉? 吾東方歌曲, 大抵多淫哇不足言. 如翰林別曲之類, 出於文人之口, 而矜豪放蕩, 兼以褻慢戱狎, 尤非君子所宜尙. 惟近世有李鼈六歌者, 世所盛傳, 猶爲彼善於此, 亦惜乎其有玩世不恭之意, 而少溫柔敦厚之實也.

老人素不解音律, 而猶知厭聞世俗之樂, 閒居養疾之餘, 凡有感於情性者, 每發於詩. 然今之詩異於古之詩, 可詠而不可歌也. 如欲歌之, 必綴以俚俗之語, 蓋國俗音節, 所不得不然也. 故嘗略倣李歌, 而作爲陶山六曲者二焉, 其一言志, 其二言學. 欲使兒輩朝夕習而歌之, 憑几而聽之, 亦令兒輩自歌而自舞蹈之, 庶幾可以蕩滌鄙吝, 感發融通, 而歌者與聽者, 不能無交有益焉.

顧自以蹤跡頗乖, 若此等閒事, 或因以惹起鬧端, 未可知也. 又未信其可以入腔調諧音節與未也. 姑寫一件, 藏之篋笥, 時取玩以自省, 又以待他日覽者之去取云爾.

嘉靖四十四年歲乙丑暮春旣望, 山老書.

(출전:《퇴계선생문집》)

퇴계와 주희·여조겸의 《근사록》

　퇴계는 만년에 어린 나이로 즉위한 선조를 위해 군왕으로서 알아야 할 학문의 요체만을 정리해《성학십도》라는 책을 만들어 바칩니다. 모두 10개의 그림과 설명으로 이루어진 이 책은 그의 공부를 집약한 매뉴얼들만을 모은 것으로 자신의 학문을 주자학적으로 압축해 만든 역작 중에 역작입니다. 10개의 그림 가운데 〈태극도〉와 〈서명도〉는 성리학에서 존재론을 대표하는 저작이고, 〈소학도〉와 〈대학도〉는 유학의 학문적 규모를 보여주는 저술이며, 나머지 그림들은 송·원대 성리학자의 저작으로 성리학의 핵심적 내용을 담고 있습니다. 퇴계는 이 책의 서문에서 옛날 현인·군자가 '도에 들어가는 문'과 '덕을 쌓는 기초'에 대하여 해와 별처럼 훤하게 보여준 도圖와 설說을 모았다고 하였습니다.

　특히, 첫 번째 그림인 〈태극도〉는 우주의 기원에 대해 설명한 것으로 퇴계는 주희의 말을 인용하여, "이것은 도리의 큰 핵심이요, 백세 도술의 연원이다"라고 하면서 〈태극도〉의 중요성을 강조하였지요. 이 그림은 원래 북송의 주돈이가 그린 것인데 주희와 여조겸이 편찬한《근사록》의 첫머리에 실리면서 그 중요성이 부각되었으며, 이후 성리학의 두뇌처頭腦處 역할을 하게 됩니다. 퇴계 역시 이 그림에는 학문의 단서와 목표가 갖추어져 있다고 생각해 《성학십도》의 제1도로 게재하였습니다. 그리고 대개 성인을 배우는 자는 여기서부터 단서를 찾아 《소학》, 《대학》과 같은 책에 힘써야 하고, 이렇게 하여 공효를 거두어 근원을 찾게 되면, 이것이 이른바 《주역》에서 말하는 '도리를 궁구하고 본성을 다하여 천명에 이른다'는 것이라고 부연하였습니다. 이처럼 〈태극도〉는 우주의 연원을 통해 학문의 단서와 목표를 알려주는 자료로, 주자학은 물론 이 학문을 이은 퇴계학의 기틀이 됩니다. 퇴계가 기회만 생기면 사직소를 내고 고향인 도산으로 돌아가려고 했던 이유 또한 자연과의 화합을 체험하면서 〈태극도〉가 전하는 우주의 원리를 궁구하여 인간의 본성과 천리에 한발 다가서기 위해서였을 것입니다.

자연학에서 인간학으로

《논어》, 〈자장〉편에서 공자의 제자인 자하는 "널리 배우고 뜻을 돈독히 하며, 간절하게 묻고 가까운 것에서부터 생각해나간다면, 인仁은 그 가운데 있게 될 것이다〔博學而篤志, 切問而近思, 仁在其中矣〕"라고 했습니다. 《근사록》이라는 책의 제목은 바로 이 말에서 따온 것으로 주희(1130~1200)는 이 책에 대해 다음과 같이 말합니다.

　　순희 을미년(1175) 여름에 여조겸이 한천정사에 있는 나를 방문하여 열흘 동안 머물렀다. 그와 함께 선배 유학자인 주돈이·정호·정이·장재 등의 글을 읽고 그들의 학문이 끝없이 광대하고 광박한 것을 감탄하고, 한편 초학자들이 들어갈 곳을 모르게 될까 걱정하였다. 그래서 학문의 대체와 관련이 있으면서 일상생활에 절실한 것을 선택하여 이 책을 편찬하였다. 〈서문〉

주희의 말처럼 이 책은 선배 유학자들의 저술 가운데 '학문의 대체와 관련이 있으면서 일상생활에 절실한' 글들만을 모아 만든 초학자를 위한 입문서입니다. 총 14권으로 이루어진 이 책에는 학자들이 단서를 찾는 법, 공부하는 법, 스스로 처신하는 법, 남을 다스리는 법 그리고 이단을 변별하는 법, 성현을 관찰하는 법에 대한 내용이 담겨 있습니다. 가까운 것에서부터 생각해나간다는 '근사近思'라는 책 제목에서 알 수 있듯이 이 책은 알 수 없는 고원한 어떤 것을 추구하는 것이 아니라 나로부터 비롯한 일상생활의 비근한 것을 가지고 미루어 알게 하는, 말 그대로 입문서입니다. 때문에 주희는 이 책을 "사서의 사다리이다"라고 하였지요. 마치 사서가 육경의 사다리인 것처럼 말입니다. 하지만 이 책에는 공자가 드물게 말하였다고 하는 인간의 본성과 천도에 관한 내용뿐만 아니라《주역》의 괘를 통한 인간의 처사를 설명한 부분이 많아 사서의 사다리가 아니라 오히려 사서가 이 책의 사다리가 아닌가 하는 생각이 들 정도로 난해합니다. 때문에 책이 완성되자 사람들은 음양의 변화와 성명性命에 관한 설이 들어 있는 〈도체〉는 초학자의 일이 아니라고 의심하였습니다. 그중에서도 첫머리에 실린 '태극도'는 너무 어려워 주희 자신도 책에 포함시키는 것을 망설였다고 합니다. 하지만 주희는 여조겸과 상의하여 그에게 이 부분을 실을 수밖에 없는 이유에 대해 쓰도록 했고, 여조겸은 〈후기〉를 써서 그 이유에 대해 다음과 같이 밝혔습니다.

> 처음 공부하는 후학들에게 우주의 근본 비밀에 대하여 갑자기 말하는 것은 용납되지 않지만, 아득히 그 대강도 모른다면 어찌 도달하여 머무를 목표가 있겠는가? 책의 머리에 배열한 것은 학자들로 하여금 이름과 뜻을 알게 하여 지향할 바가 있게 한 것일 뿐이다. 다른 권에 실려 있는 내용은 강학의 방법과 일상생활에서 몸소 실천해야 하는 내용으로 모두 차례와 등급이 있다. 이것에 따라서 나아간다면 낮은 곳으로부터 높은 곳으로, 가까운 곳으로부터 먼 곳으로 나아가 아마도 편집한 뜻과 어긋나지 않을 것이다. 《후기》

도의 본체에 대해 설명하는 1권 〈도체〉는 초학자는 물론 공부를 좀 했다는 학자들도 정확한 의미를 찾는 것이 쉽지 않습니다. 때문에 1권만 보면 진리가 마치 견고한 성으로 둘러싸인 것처럼 보여 《근사록》이 지닌 '근사'의 뜻을 잃은 것처럼 보입니다. 하지만 이 부분을 빼버리면 학문의 목표와 근거가 없어집니다. 특히, 우주의 연원을 설명한 '태극도'는 학문의 단서를 제공하는 것은 물론 주희 학문의 근간을 이루는 중요한 의미를 담고 있기 때문에 비록 이해하기 어렵더라도 뺄 수가 없었던 것입니다. 게다가 원나라부터 청나라에 이르기까지 주자학이 과거시험의 표준 텍스트로 채용된 600여 년간 '태극도'는 이 학문의 두뇌처 역할을 합니다.《근사록》을 편찬할 당시 주희는 이 책을 사서를 위한 사다리로 비유했지만, 사실상《근사록》은 주희 철학의 핵심이자 얼개였습니다.

주희는 어려서부터 아버지의 영향으로 도학에 관심을 가졌고, 19세에 과거에 합격해 진사가 된 후 50여 년 동안 관직 생활을 합니다. 하지만 말이 관직 생활이지 실제로 직무가 있는 관직에 있었던 적은 손에 꼽을 정도였고, 대부분은 실권 없는 명목상의 관직이었습니다. 임지에 있는 동안은 기근을 구제하고 학교를 재건하는 등 최선을 다해 일을 했기 때문에 인정을 받기도 했지만 관료로서의 주희보다는 학자로서의 주희가 더 유명합니다. 그도 그럴 것이《근사록》을 비롯해《논어》·《맹자》·《대학》·《중용》에 주석을 달아 만든《사서집주》와《주역》을 해설한《주역본의》등 그가 편찬한 책만 80여 종에 이르고, 그의 강의록인《주자어류》164권과 그의 문집인《주문공문집》120권 등 실로 어마어마한 저술을 남겼습니다. 게다가 죽기 사흘 전까지도《대학》에 관한 경구 해석에 매달렸다고 하니 그야말로 평생 연구하고 글을 쓰며 제자들을 가르친 학자 중에 학자였습니다. 오늘날 그의 학문을 흔히 '집대성集大成'이라는 말로 평가하는 것 또한 이러한 이유 때문입니다. 그는 마치 나무(木) 위에 새(隹)가 모이듯 이곳저곳에 산재해 있던 유학 사상들을 한자리에 모아 정리하였습니다. 이른바 북송오자라 일컬어지는 주돈이·정호·정이·장재 그리고 소옹의 사상을 '이理'와 '기氣'라는 거대한 나무 위로 모아 인간은 물론 우주의 모든 것을 설명하였지요. 어떻게 보면 단순해보이는 것이지만 그는 〈태극도설〉에 나오는 다음과 같은 구절에 새로운 의미를 부여하여 '이'만을 중시하던 정호·정이의 사상과 '기'만을 중시하던 장재의 사상을 한데 묶어 이전에 없던 철학을 고안해냈습니다.

염계(주돈이) 선생이 말하였다. 무극이태극無極而太極이다.
태극이 움직여 양이 생기고, 움직임이 극에 달하면 고요
해져 음이 생기며, 고요함이 극에 달하면 다시 움직인다.
움직였다가 고요해졌다가 하면서 서로가 그 근원이 되며,
음으로 나뉘어졌다가 양으로 나뉘어졌다가 하면서 음양
의 양의가 성립된다. (《태극도설》)

주희는 이 글의 첫 구절인 '무극이태극'이라는 글자를 '무극이면서 태극이다'라고 해석하였습니다. 그리고 이에 대해 "높은 하늘에 있는 것은 소리도 없고 냄새도 없으나, 이것이 바로 만물이 조화를 이루는 기틀이요 근본이다. 그러므로 무극이면서 태극

이라고 하는 것은 태극 밖에 따로 무극이 있는 것은 아니다"라고 하면서 무극과 태극은 동일 존재이며, 동시 존재라고 설명하였습니다. 왜냐하면 무극을 말하지 않으면 태극은 하나의 물건과 같아져서 만물의 변화와 생성의 근원이 될 수 없고, 태극을 말하지 않으면 무극은 아무 것도 없는 상태에 빠져 만물의 변화와 생성의 근원이 될 수 없기 때문입니다. 그렇기에 무극이면서 태극이라고 하게 된 것이고, 이는 결국 태극이 만물의 변화와 생성의 근원인 '이'임을 말하기 위해서입니다. 그가 쓴 〈대학혹문〉에 따르면 '이'라는 것은 천하의 사물이 반드시 각각 그런 까닭과 당연히 그러해야 할 법칙이라고 합니다. 때문에 천하의 사물 즉, 인간을 포함한 우주 만물에는 모두 '이'가 있기 마련이지요. 그런데 '이'를 부르는 이름이 대상에 따라 달라지기 때문에 간혹 혼란을 야기하기도 합니다. 예컨대, 우주 만물의 총체적 이는 '태극'이라 부르고, 인간을 비롯한 개개 사물의 개별적 이는 '성性'이라 부릅니다. 하지만 주희 철학의 핵심은 바로 개개의 사물의 이도 실은 태극 그 자체라고 단언하면서 '이'와 '태극'을 동일시하는 데 있습니다. 우주부터 인간을 포함한 개개의 사물까지 모두 하나의 '태극' 즉, 하나의 '이'로 보는 것이지요. 그래서 '이일분수理—分殊'라 했던 것입니다. 비유컨대, 하늘 위에 떠 있는 달은 오직 하나이지만 그 빛이 수많은 강과 호수 위를 비추면 결국 수많은 달을 보게 됩니다. 그렇다고 해서 달이 여러 개로 나누어졌다고 할 수는 없는 것이지요. 근본적으로는 다만 하나의 태극이지만 만물들 각각이 그러한 태극을 부여받아 그것들 자신 안에 온전한 태극을 갖추게 되면서 만물이 된 것입니다.

그런데 '태극'인 '이'는 '기'가 없으면 걸쳐있을 데가 없습니다. '이' 없는 '기'란 존재하지 않으며, '기' 없는 '이'도 존재하지 않습니다. 그래서 주희는 '이'와 '기'는 서로 섞이지도 않지만(不相雜), 그렇다고 서로 떨어지지도 않는(不相離) 존재라고 하였습니다. 게다가 "태극이 움직여(動) 양을 낳고, 고요해져(靜) 음을 낳다"라는 〈태극도설〉의 말처럼 태극이 음양과 연관되는 한 당연히 '이'와 '기'는 연관되지 않을 수 없습니다. 다만, 무극이면서 태극인 이것은 형상이 없기 때문에 어떠한 움직임과 고요함도 지녀서는 안 됩니다. 그러나 이것이 움직이거나 고요해질 수 있는 것은 바로 그의 말처럼 이와 기의 상호 관련성 때문입니다. 다시 말해 동정動靜이 없는 '이'가 동정하는 '기'를 타고 있어 '이'에 상대적 동정인 생긴 것이지요. 이렇게 해서 만들어진 음양의 두 기는 서로 변하고 합해져 수·화·목·금·토의 오행을 낳고, 이 다섯 가지 기는 펼쳐져서 사계절을 운행하게 합니다. 오행이란 바로 음양이며, 음양은 곧 태극이고 태극은 본래 무극이지요. 그러나 오행이 생기면서 각각 다른 성질을 갖게 됩니다. 무극의 진실됨과 음양오행의 순수함이 오묘하게 결합하여 응집하면, 건도는 남성을 이루고 곤도는 여성을 이루지요. 이 남녀 두 기가 교감하여 변화를 통하면 만물을 생성하니 이로써 만물은 끊임없이 생겨나고 변화가 무궁하게 되는 것입니다.

주희는 이처럼 〈태극도설〉을 통해 우주의 본질과 만물이 생겨남을 우주의 근본원리이자 법칙인 '이'와 만물을 구성하는 질료인 '기'로 밝히고, 이후 음양오행을 도덕과 연관시켜 인간의 심성까지도 설명합니다. 예컨대, 인과 예는 양에 속하므로 봄과 여름에 해당되고, 의와 지는 음에 속하므로 가을과 겨울에 해당된다거나, 인仁은 목, 의義는 금, 예禮는 화, 지智는 수, 신信은 토에 해당한다는 것들입니다. 이외에도 목은 동쪽, 금은 서쪽, 화는 남쪽, 지는 북쪽, 신은 중앙에 위치하지요. 물론 이러한 사유는 예전부터 있었던 것이지만 주희는 음양의 기가 구체 사물을 구성한 후에도 태극은 여전히 음양 속에서 변화를 겪으며 사람과 사물의 성이 된다는 것을 밝혀 인성의 본체론적 기원에 대해 설명하였습니다. 때문에 주희의 철학은 작게는 인간의 마음에서부터 크게는 우주의 본체까지 하나로 꿰뚫을 수 있는 것입니다. 주자학을 국가학으로 받아들인 조선이 도성을 축조할 때 정동에 흥인지문興仁之門, 정서에 돈의문敦義門, 정남에 숭례문崇禮門, 정북에 숙청문肅淸門을 세우고 중앙에 보신각普信閣을 둔 것 또한 이러한 이유 때문입니다. 말 그대로 우주 만물과 인간의 삶을 하나로 연관 지었던 것이지요. 그러나 오랫동안 국가학으로서 절대적 지위를 가지다보니 도그마에 빠져 교조화되면서 후대 학자들로부터 비난을 받습니다. 무극이면서 태극인, 그래서 형상이 없는 '이'가 국가에 포섭되어 실체를 가지면서 스스로 그러해야 하는 인간의 삶을 옥죄었던 것이지요.

이이

우주 만물의 조화를 철학에 담다

이이(**李珥**, 1536~1584) 조선 중기의 문신이자 학자로 현실
원리의 조화와 실효를 강조하는 철학사상을 제시했다. 자는
'숙헌(叔獻)'이고, 호는 '율곡(栗谷)', 시호는 '문성(文成)'이다.
저서로는《동호문답》,《격몽요결》,《성학집요》등이 있다.

오늘날 천 원짜리 지폐와 오천 원짜리 지폐에 각각 퇴계와 율곡의 얼굴이 그려져 있고, 서울 중구와 종로구에도 각각 서에서 동으로 뻗은 퇴계로와 율곡로가 마주하고 있을 정도니 우리나라 최고의 철학자를 꼽으라고 하면 제일 먼저 떠오르는 사람은 바로 이 두 사람일 것입니다. 율곡이 퇴계보다 35년 뒤에 태어나기는 했지만 이들은 거의 같은 시대를 살았습니다. 하지만 이들은 철학도, 살아간 삶의 방식도 사뭇 달랐지요. 주리론과 주기론으로 대표되는 이 두 사람의 학문은 훗날 제자들에 의해 영남학파와 기호학파라는 조선의 대표적 학자 집단을 이루었으니 이들은 라이벌 아닌 라이벌이기도 했습니다.

이렇게 퇴계와 함께 한국 유학 사상을 대표하는 율곡 이이는 강릉의 외갓집에서 태어났습니다. 경포대 근처에 있는 그의 외가는 검은 대나무가 주변에 많이 자란다고 해서 이름 붙여진 오죽헌烏竹軒입니다. 아버지는 사헌부 감찰 벼슬을 지낸 이원수이고, 어머니는 우리에게 너무도 잘 알려진 신사임당이지요. 사임당師任堂은 율곡의 어머니가 기거하던 당의 이름으로, 주나라의 기틀을 세웠던 문왕의 어머니 태임太任을 스승으로 삼는다는 뜻이 들어 있습니다.《소학》, 〈계고〉편에 보면 "태임은 성품이 단정하고 성실하여 오직 덕을 실행하였으며, 문왕을 임신하고서는 눈으로 사악한 빛을 보지 않았고, 귀로는 음란한 소리를 듣지 않았으며, 입에서는 오만한 말을 내지 않았다"라고 합니다. 때문에 신사임당은 이런 태임을 스승 삼아 자식을 낳고 교육하고자 했으며, 율곡은 이런 어머니의 영향을 많이 받고 자랐습니다. 그가 태어난 몽룡실夢龍室이란 방은 동해 바다에 사는 용이 아기를 안고 집으로 들어와 신사임당의 품에 안겨 주는 꿈을 꾸고서 율곡을 낳았기 때문에 붙여진 이름입니다. 그래서 사람들은 어릴 적의 율곡을 '세상에 모습을 드러낸 용'이라는 뜻의 현룡見龍이라 부르기도 했습니다. 나면서부터 남달리 영리하고 뛰어나 말을 배우면 바로 글을 알았고, 3세 때는 외할머니가 석류를 가지고 "이것이 무엇 같으냐?"고 묻자, 율곡은 고시古詩를 들어 "석류 껍질이 부서진 붉은 구슬을 싸고 있네〔石榴皮裏醉紅珠〕"라고 대답해 주변 사람들을 놀라게 했다고 합니다.

　하지만 16세에 어머니의 상을 당하자 율곡은 삶에 큰 회의를 느낍니다. 하루는 봉은사에 가서 불서를 뒤져 보다가 생사生死의 설에 깊은 감명을 받고는 속세를 떠나 불법을 연구해보면 어떨까 생각합니다. 그리고 어머니의 삼년상이 끝나자 망년되게 슬픔을 억누르려고 금강산으로 불교를 배우러 갔다가 1년 만에 그 허무와 거짓을 깨닫고 집으로 돌아옵니다. 금강산에 있을 때, 하루는 혼자 깊은 골짜기로 들어가다가 조그마한 암자 하나를 발견하고는 그곳에 사는 노승과 대화를 한 후 시 한 편을 지어주고 돌아나오면서 유학의 참 진리에 대해 생각합니다.

　율곡은 스님께 "'솔개는 날아서 하늘에 닿고 물고기는 연못에서 뛴다'는 말이 있는데, 이것은 색色입니까? 공空입니까?"라고 물었다. 스님은 "색도 아니고 공도 아닌 것은 바로 진여眞如의 본체이니, 어찌 이따위 시를 가지고 비교할 수 있겠느냐!"고 대답했다. 내가 웃으며 말하길 "이미 말의 표현이 있으면 그것이 곧 대상의 경계가 되는데, 어찌 본체라 하겠습니까? 만약 그렇다면, 유가의 묘한 곳은 말로써 전할 수 없는데 불가의 도는 문자의 밖에 있지 않은 것이 됩니다"라고 말하자 스님은 깜짝 놀라 율곡의 손을 잡고는 "당신은 세속의 선비가 아니군요. 나를 위해 시를 지어서 솔개가 날고 물고기가 뛰는 그 글귀의 뜻을 해석주시기 바랍니다"라고 하였다. 《풍악증소암노승병서》)

이에 율곡은 "물고기 뛰고 솔개 나니 위아래가 한 가지인데 / 이것은 색도 아니고 또한 공도 아니라네. / 무심히 한 번 웃고 신세를 돌아보니 / 석양의 나무 숲 속에 홀로 서 있네"라는 시를 지어주고는 골짜기를 나왔다고 합니다. 그리고 율곡은 깨닫습니다. '물고기 뛰고 솔개 나니 위아래가 한 가지인데 속세와 금강이 어찌 둘이겠는가?' 외부 세계를 끊고 입산수도하여 본성을 기르는 고원한 불교는 큰 길이 아니고, 물고기 뛰고 솔개 나는 평범한 《중용》의 세계야말로 참 진리의 세계라는 것을 말이죠. 그러고는 그길로 내려와 외가에 머물면서 '스스로 경계하는 글'이라는 〈자경문自警文〉을 지어 자신이 앞으로 지향할 학문의 목적과 학문하는 태도를 밝히고, 성인을 학문의 목표로 삼고 매진할 것을 언명합니다.

　율곡은 13세에 처음으로 과거°에 응시하여 소과에 합격해 진사가 됩니다. 이후 대과에 붙어 벼슬에 나아가기까지 총 9번의 과거에서 모두 장원으로 급제하여 '구도장원공九度壯元公'이라 불리기도 했습니다. 그는 생애 대부분을 관직에 머물며 치열한 개혁 정신으로 사회를 바로잡고자 애썼습니다. 34세 때 임금의 자문 기관인 홍문관의 교리로 임명된 율곡은 "임금께서 나라를 다스리려 하지 않는다면 모르지만, 만일 나라를 다스리려 한다면 반드시 먼저 학문을 해야 한다"고 간언합니다. 그리고 일찍이 동호독서당에서 매달 글을 지어 올리는 기회에 쓴 것들을 모아, 묻고 대답하는 형식으로 말을 만들어 왕도와 패도, 나라를 다스리고 백성을 편안하게 하는 도리를 변론하고는 《동호문답》이라고 이름 지어 선조에게 올립니다. 40세 되던 해에는 임금의 마음을 바로잡으려는 생각에 정성을 쏟아 경전과 역사서 중에 학문과 정사에 절실하고 중요한 말들을 뽑아내어, 같은 것끼리 모으고 '수기修己'와 '치인治人'으로 순서를 정한 뒤 책 이름을《성학집요》라 하여 간단한 상소문과 함께 바치지요. 이 책은 이후 경연의 교재로 실제 국왕의 학문에 많이 이용되었습니다. 이처럼 율곡은 틈만 나면 현실

° 조선시대 과거는 문과와 무과로 나뉘었으며, 문과는 다시 대과와 소과인 생원·진사과로 나뉘었다. 이 가운데 소과에는 초시와 복시의 두 단계가 있어 여기에 합격해야 대과에 응시할 자격을 얻었다.

정치로부터 물러나려고 하는 퇴계와는 달리 병석에 누워서까지 적극적으로 현실의 잘못을 바로잡고 임금에게 성인의 학문을 알리고자 노력합니다. 이것은 이理와 기氣를 대하는 그들의 철학이 달랐기 때문입니다.

　퇴계는 도산에 찾아온 율곡과 시를 지어 주고받으며 학문적 토론을 벌이면서 율곡의 재능에 깊은 감명을 받습니다. 뒷날 제자 조목에게 보낸 편지에서 "이이가 찾아왔는데 그 사람됨이 명랑하고 시원스러우며 지식과 견문도 많고 또 우리 학문에 뜻이 있으니 '뒤에 태어난 사람이 두려울 만하다〔後生可畏〕'는 성인의 말이 참으로 나를 속이지 않았다"고 하여 율곡의 인품과 재주를 높이 샀다고 합니다. 율곡은 그 후로도 서찰을 주고받으며 거경, 궁리와《중용》,《대학》의 집주 그리고《성학십도》등의 학설을 변론하였습니다. 율곡은 평생지기인 우계 성혼과의 논쟁에서 퇴계가 말한 "사단은 이가 발현하여 기가 따른 것이고, 칠정은 기가 발현하여 이가 타는 것이다"는 말에 대해 "기가 발현하여 이가 타는 것은 맞는데 칠정만 그러한 것이 아니라 사단 역시 그러해야 한다"고 하면서 퇴계의 주장에 문제를 제기합니다. 왜냐하면 율곡은 "발현하는 것은 기이고 발현하게 하는 것은 이이니, 기가 아니면 발현할 수 없고 이가 아니면 발현할 근거도 없다"는 이와 기의 상호보완성을 주장합니다. 때문에 퇴계의 말처럼 "이가 발현하여 기가 따른다"고 하면 분명히 선후가 생겨 이와 기를 이해하는 데 잘못을 초래할 수 있다고 그는 생각했습니다. 퇴계가 이와 기를 나누어 보았다면, 율곡은 이와 기는 서로 떨어지지도 않지만 섞이지도 않는 오묘한〔理氣之妙〕 것이라 여겼습니다. 그의 이러한 철학은 인성론은 물론 우주론에도 적용되어 인간과 우주·자연이 서로 다르지 않음을 강조합니다.

> 이는 비록 하나이지만 기를 탔으므로 그 나뉨은 만 가지로 다르다. 때문에 천지에 있어서는 천지의 이가 되고, 만물에 있어서는 만물의 이가 되며, 사람에 있어서는 사람의 이가 되니 이렇게 만 가지로 다른 것은 기가 하는 것이다. 비록 기가 하는 것이지만 반드시 이가 있어 주재가 되니 만 가지로 다른 것도 역시 이가 당연히 그러한 것이요, 이가 그렇지 아니한데 기만 홀로 그러한 것은 아니다. 천지와 사람과 만물이 비록 각각 그 이가 있으나 천지의 이가 곧 만물의 이요, 만물의 이가 곧 사람의 이이니 이것이 이른바 태극의 총체인 것이다. (《답성호원》)

이러한 입장에서 율곡은 이와 기의 관계를 '이통기국理通氣局'이라는 말로 표현하였습니다. 이는 형체가 없기 때문에 만물에 통하지만, 기는 형체가 있기 때문에 국한되어 있다는 것입니다. 예컨대 천지와 사람과 만물은 형체가 있는 기이기 때문에 국한되어 있지만 그 안에 있는 이는 형체가 없기 때문에 모두 통한다는 말이지요. 따라서 율곡은 인간의 마음이 바르면 천지의 마음도 바르게 되고, 인간의 기가 순하면 천지의 기도 순해진다고 보았습니다. 다시 말해 인간과 천지가 서로 영향을 주고받는다는 것이지요. 그렇기 때문에 굳이 자연으로 가지 않고도 이를 궁구할 수 있는 것입니다.

이러한 그의 철학은 말년에 황해도 해주에 있는 고산의 석담石潭에 정사를 짓고 주희의 〈무이도가〉를 본떠서 지었다는 〈고산구곡가〉에 고스란히 형상화됩니다. 율곡은 이 노래의 1연에서 "고산의 아홉 굽이 못을 세상에서 아는 이가 없더니 / 내가 와서 터를 닦고 집을 지으니, 친구들이 모두 모여든다. / 무이산을 여기서 상상해보니, 나의 소원은 주자를 배우는 것일세"라고 해 그가 고산의 석담에서 사는 이유에 대해 말합니다. 궁극적으로는 주희를 배우는 것이지만 그전에 그는 잡풀만 무성해 세상에서 아는 이가 없는 이곳에 터를 닦고 집을 지어 살면서 친구들을 불러들입니다. 주희의 〈무이도가〉가 무이산의 계곡에 배를 띄워 굽이굽이 이어지는 경치를 구경하는 뱃노래 형식이라면, 율곡은 집을 짓고 살면서 친구들과 함께 이치를 궁구하고 자신을 닦는 유가의 공부를 실천하고자 합니다. 주희가 기거했던 무이산 대은병大隱屏에서 뜻을 취해 은병정사라 이름 한 집을 짓고 후학을 양성하며 학문에 매진한 그의 강학은 입신양명의 공부가 아닌 유가의 도를 깨치기 위한 것으로 달도 읊고, 바람도 읊조리는 행위를 통해 우주·자연의 이치를 통달하고자 했습니다. 그는 홍치재가 금강산에 유람하고 와서 쓴 글의 발문에서 자연을 바라보는 태도에 대해 다음과 같이 말합니다.

천지의 사이에 모든 물체는 각기 이가 있으니, 위로는 일월성신으로부터 아래로는 산천초목에 이르고 미세한 것으로는 술 찌꺼기와 불탄 재에 이르기까지 모두 도체가 있으니 지극한 가르침 아닌 것이 없다. 그러나 사람이 비록 아침저녁으로 눈에 의지해 본다 하더라도 그 이치를 알지 못하면 보지 않는 것과 무엇이 다르겠는가. 금강산에 유람하는 선비가 또한 눈으로만 볼 뿐 능히 산수의 멋을 깊이 알지 못한다면 바로 저 백성들이 매일 사용하고 있으면서도 도를 알지 못하는 것과 다를 바가 없다. 홍장과 같은 이는 산수의 멋을 깊이 알았다고 할 수 있다. 그러나 산수의 멋만 알 뿐, 도체를 알지 못했다면 산수를 아는 것 또한 귀한 것은 아닐 것이다. 홍장의 앎이 어찌 여기에 그쳤겠는가? (〈홍치재유풍악록발〉)

모든 물체에는 이가 있기 때문에 어떤 것 하나 소홀히 지나칠 수가 없습니다. 눈으로만 보고 자연의 멋을 알지 못해서도 안 되지만 공부하는 사람이라면 그 안에 들어 있는 이치까지도 궁구할 수 있어야 하며, 이것을 통해 자신을 닦을 수 있어야 합니다. 이것이 자연과 함께 살아가는 자세이며 유학의 가르침인 것이지요. 때문에 그가 관직을 잠시 뒤로 하고 이곳에 들어온 것은 세상을 버린 초세적 은둔과는 거리가 있습니다. 오히려 그는 인간과 자연의 조화를 꾀하는 이곳 생활을 통해 일상적 현실로 다가가 유가의 이념을 알려주고자 했습니다. 그래서 고산의 구곡담은 언제나 열려 있었습니다. 집을 지어 벗을 맞이하고, 술을 받아 벗을 기다리며, 봄꽃을 시내에 띄워 들 밖 사람들에게 알립니다.

두 번째 굽이는 어디인가. 화암花巖에 봄이 저물었도다.
푸른 시냇물에 산꽃이 떨어져 들 밖으로 흘러간다.
이 좋은 땅을 사람들이 모르니 사람들로 하여금 알게 하
면 어떻겠나. (〈고산구곡가〉 3연)

그런데 그의 노래들은 어딘지 밋밋합니다. 유가의 이념을 알리고자 한다지만 매 굽이의 노래들이 매우 단조롭고, 주제도 분명치 않으며, 묘사도 별로 없지요. 그저 자연의 경치를 담담히 읊조리고 있을 뿐, 어떠한 기교도 수사도 없습니다. 게다가 화자의 감정마저도 느낄 수가 없으니 그저 덤덤할 뿐이지요. 율곡은 자신이 읽은 시 중 법으로 삼을 만한 것을 모아 《정언묘선》이라는 시집을 만들고 그 서문에서 "시가 가슴속의 더러움을 씻어 본성을 보존하는 데 일조하려면 다듬고 꾸미고 정을 옮겨 마음을 어지럽혀서는 안 된다"고 하였습니다. 때문의 그의 시는 꾸밈이 없어 그 맛이 담박淡泊합니다.

자연自然은 글자 그대로 스스로 그러하기 때문에 어떠한 꾸밈

도 없습니다. 그래서 세상 모든 것을 감싸안을 수 있는 것이지요. 담박은 바로 이러한 자연의 맛입니다. 일월성신과 산천초목, 심지어 술 찌꺼기와 불탄 재에 이르기까지 이가 없는 것이 없으며, 이 때의 이는 모두 같습니다. 다른 것이 있다면 기의 작용일 뿐입니다. 때문에 그는 언덕 위에 소나무를 보고서 쓴 〈송애기松崖記〉라는 기문에서 "내외를 나누어 둘로 보는 것은 참다운 즐거움을 아는 이가 아니며, 반드시 내외를 하나로 하여 저것과 이것의 가림이 없는 사람이라야 참다운 즐거움을 아는 것이다. 천리는 본래 내외의 간격이 없는 것인데, 저 안이 있고 밖이 있는 것은 반드시 인욕이 끼어 있기 때문이니 진실로 인욕이 끼어 있지 않는다면 호연히 자득해 어디를 간들 즐겁지 않겠는가?"라고 말합니다. 율곡은 고산의 석담에 살면서 이러한 자연의 맛을 배우고 즐겼습니다. 자연과의 조화가 유가의 이상이라면 그는 〈고산구곡가〉를 통해 그 이상적 모습을 담박하게 형상화했지요. 자극적인 맛에 길들여져 세상 모든 맛을 담을 수 있는 담박함을 잊고 사는 우리들에게 〈고산구곡가〉는 자연과 하나 되는 삶을 통해 타자에 의해 만들어진 욕망을 지우고 인간 본연의 맛을 찾으라고 합니다. 그리고 이런 맛으로 세상을 경영하라고 가르칩니다.

홍치재유풍악록발

洪 恥 齋 遊 楓 嶽 錄 跋

천하의 산수에는 삼한보다 기이한 것이 없는데, 그중에서도 관동이 제일이고, 관동의 자연 중에서도 더욱 맑고 깨끗한 것은 금강산 골짜기이다. 유람하는 선비가 글로써 그 빼어난 경치를 표현한 것이 하나뿐은 아니지만 그중에서도 오직 남양 홍장의 것이 그 진수를 얻었다 하겠다. 그 글이 상세하면서도 번잡하지 않고 아름다우면서도 과장이 없다. 때문에 산의 뿌리와 줄기는 물론 물의 원류와 지류 그리고 구름을 삼키고 안개를 뿜어내는 것이며 무성하게 모여 있는 숲과 떨기로 이루어진 기암괴석 등 천 가지 자태와 만 가지 형상을 일필로 모두 거두어 써서 남거나 모자람이 없다. 그래서 이 글을 읽는 자로 하여금 집을 나서지 않고도 금강산의 1만 2,000 봉우리를 환하게 눈 가운데 있게 하였으니, 문장도 이 경지에 이르면 가히 산수와 더불어 그 기이함을 나란히 할 수 있을 것이다.

나는 이로 인하여 느낀 바가 있다. 천지의 사이에 모든 물체는 각기 이가 있으니, 위로는 일월성신으로부터 아래로는 산천초목에 이르고 미세한 것으로는 술 찌꺼기와 불탄 재에 이르기까지 모두 도체가 있으니 지극한 가르침 아닌 것이 없다. 그러나 사람이 비록 아침저녁으로 눈에 의지해 본다 하더라도 그 이치를 알지 못하면 보지 않는 것과 무엇이 다르겠는가. 금강산에 유람하는 선비가 또한 눈으로만 볼 뿐 능히 산수의 멋을 깊이 알지 못한다면 바로 저 백성들이 매일 사용하고 있으면서도 도를 알지 못하는 것과 다를 바가 없다. 홍장과 같은 이는 산수의 멋을 깊이 알았다고 할 수 있다. 그러나 산수의 멋만 알 뿐, 도체를 알지 못했다면 산수를 아는 것 또한 귀한 것은 아닐 것이다. 홍장의 앎이 어찌 여기에 그쳤겠는가?

홍장의 휘는 인우요, 자는 응길이다. 나의 외가에 존속이 된다. 어려서부터 학문에 뜻을 두었고 장성하면서는 행실이 돈독했으니 도체를 거의 다 알았을 것이다. 불행히도 일찍 돌아가셨으므로 나는 능히 크게 이루지 못함을 슬퍼하고, 이제 이 기록에 대해 감회가 있기에 참람되이 어리석은 소견을 권말에 붙인다.

天下之山水, 莫奇於三韓, 而關東爲最, 關東之泉石, 尤淸絶者, 金剛洞壑, 是也. 遊觀之士, 文其勝者非一, 惟南陽洪丈, 得其髓焉. 其文詳而不繁, 麗而不誇. 山之根脈, 水之源派, 呑雲吐霧, 攢林叢石, 千態萬狀, 一筆盡收, 無復餘欠. 使覽者不出戶庭, 而萬二千峯瞭然在目, 文至此, 可與山水幷其奇矣.
余因此有所感焉. 天壤之閒, 物各有理, 上自日月星辰, 下至草木山川, 微至糟粕煨燼, 皆道體所寓, 無非至敎. 而人雖朝夕寓目, 不知厥理, 則與不見何異哉. 士之遊金剛者, 亦目見而已, 不能深知山水之趣, 則與百姓日用而不知者, 無別矣. 若洪丈可謂深知山水之趣者乎. 雖然但知山水之趣, 而不知道體, 則亦無貴乎知山水矣. 洪丈之知, 豈止於此乎?

洪丈諱仁祐字應吉. 於珥母黨爲尊屬. 少而志學, 長而篤行, 其於道體, 庶幾有見矣. 不幸早世, 余悲其不克大成, 而有感於斯錄, 僭寄瞽說於卷末焉.

(출전:《율곡전서》)

율곡과 《중용》

율곡은 젊은 시절 어머니 상을 당하자 삶에 큰 회의가 들어 삼년상을 마치자마자 불법을 배우겠다는 마음으로 금강산에 들어갔습니다. 그리고 그곳에서 노승을 만나 대화를 나눈 후 깨닫습니다. 물고기 뛰고 솔개 나니 위아래가 한 가지인데 속세와 금강이 어찌 둘이겠는가? 외부의 세계를 끊고 입산수도하여 본성을 기르는 고원한 불교는 큰 길이 아니고, 물고기 뛰고 솔개 나는 평범한 《중용》의 세계야말로 참 진리의 세계라는 것을.

율곡이 노승에게 물은 "솔개는 날아 하늘에 닿고 물고기는 연못에서 뛴다"라는 말은 원래 《시경》, 〈대아〉편에 나오는 시로 《중용》에 실리면서 광대하면서도 은미한 군자의 도를 나타내는 말이 되었습니다. 군자의 도는 가까이는 일상의 자질구레한 일에서 비롯되지만 멀리는 성인도 능히 다할 수 없는 것이기 때문에 말로는 다 담을 수 없습니다. 하지만 사람들은 일상의 자질구레한 일은 차치한 채 고원한 성인의 일만을 배우려고 합니다. 젊은 시절의 율곡 또한 그랬지요. 그리고 노승과의 대화를 통해 군자의 도가 무엇인지 깨닫고 그 길로 산을 내려와 '스스로 경계하는 글'을 지어 자신이 앞으로 지향할 학문에 대해 언명하고 실천합니다. 그가 우주 만물의 조화를 철학에 담을 수 있었던 것 또한 바로 "솔개는 날아 하늘에 닿고 물고기는 연못에서 뛴다"는 일상의 자잘함 속에서도 발견되는 도의 세계를 터득했기 때문입니다.

솔개는 날아 하늘에 닿고 물고기는 연못에서 뛴다

유학의 근간이라 할 수 있는 사서四書를 읽는 순서에 대해 주희는 《대학》을 통해 덕에 들어간 후 《논어》와 《맹자》를 읽어야 정미한 뜻을 알 수 있고, 이후 《논어》와 《맹자》를 참고해 《중용》을 읽어야 그 뜻을 다할 수 있다고 했습니다. 이것은 《중용》이라는 책이 그만큼 이해하기 어렵다는 말인 동시에 유학의 정수가 담긴 중요한 텍스트라는 의미이기도 합니다. 이 책은 《대학》과 같이 《예기》 49편 가운데 한 편이었다가 이후 그 중요성이 강조되면서 독립된 형태의 책이 되었고, 주희에 의해 사서에 편입되어 지금과 같은 《중용장구》로 읽히게 되었습니다. 책을 지은 사람은 공자의 손자인 자사로 알려져 있으며, 주희는 이 책의 서序에서 《중용》이 지어진 이유에 대해 "자사가 도학의 전통이 전해지지 않을까 걱정하여 지었다"고 하면서 도학의 전통에 대해 다음과 같이 말했습니다.

상고시대에 성신聖神이 하늘을 이어 만인의 준칙을 세우면서부터 도통의 전승이 시작되어 왔다. 경서에 나타나는

것으로는, '진실로 그 중을 잡아라'라고 한 것은 요가 순
에게 전한 것이고, '인심은 위태하고 도심은 은미하니, 정
밀히 하고 한결같이 하고서야 진실로 그 중을 잡을 수 있
다'고 한 것은 순이 우에게 전한 것이다. 요의 한 마디가
지극하고 극진하였는데 순이 다시 그것에다 세 마디를 더
한 것은 요의 한 마디는 반드시 그렇게 하고 나서야 해낼
수 있음을 밝힌 것이다. 《중용장구서》·

요에서 시작되어 순을 거쳐 우에게 전해지면서 만들어진
'인심人心은 위태하고 도심道心은 은미隱微하니, 정밀히 하고 한결
같이 하고서야 진실로 그 중中을 잡을 수 있다'는 이 말은 주희
에 의해 재발견되면서 주자학의 철학적 체계를 구축하는 계기
가 되었습니다. 사람의 마음은 원래 하나일 뿐인데 인심과 도심
으로 나누어지는 까닭은 마음이 어떤 경우에는 이·목·구·비·사
지의 사사로움에 사로잡히기도 하고, 어떤 경우에는 인·의·예·지
의 올바른 것이 근원하기도 하여 그 지각되는 것이 같지 않기 때
문입니다. 그러므로 어떤 때는 위태로워 편안치 못하고, 어떤 때
는 미묘하여 나타나기 어렵기도 하는 것이지요. 그러나 사람은
이·목·구·비·사지의 형기形氣 없는 이가 없기 때문에 비록 가장
지혜로운 자더라도 인심이 없을 수 없고, 또한 인·의·예·지의 성
명性命이 없는 이가 없기 때문에 비록 가장 우매한 자라 하더라도
도심이 없을 수가 없습니다. 이 두 가지가 마음속에 섞여 있기 때

문에 이것을 다스리지 않으면 위태한 것은 더욱 위태해지고, 미묘한 것은 더욱 미묘해져서 천리의 공평함이 끝내 인욕의 사사로움을 이겨내지 못하게 될 것입니다. 때문에 정밀히 하는 것은 그 둘 사이를 살펴 섞이지 않게 하는 것이고, 한결같이 하는 것은 그 본심의 올바름을 지켜 떠나지 않게 하는 것이지요. 그리고 이렇게 함에 조금도 그치거나 끊어지지 않게 하여 반드시 도심으로 하여금 항상 몸을 주재하게 하고 인심은 항상 이에 순종하게 하면 곧 위태한 것은 안정되고 미묘한 것은 드러나 행동함에 자연 과불급의 어긋남이 없게 될 것입니다. 이렇게 지나치지도, 미치지 못하지도 않은 상태가 바로 중中이며, 이 상태를 유지하는 것이 바로 도의 실현입니다.

이처럼 《중용》은 요·순으로 이어진 유학의 도통을 전하는 책으로 이후 성리학의 기틀이 되었습니다. "하늘이 명命한 것을 성性이라 이르고, 성을 따르는 것을 도道라 이르고, 도를 닦는 것을 교敎라 이른다"로 시작되는 《중용》의 첫 구절은 바로 이러한 도를 설명하는 것으로, 도의 큰 근원이 하늘에서 나왔음을 밝히는 동시에 하늘과 인간 그리고 우주만물이 모두 하나임을 말하고 있습니다. 때문에 이 구절은 성리학에서 우주·자연의 이치를 통괄하는 말로 사용되기도 합니다. 그런데 문제는 성은 물론이고 성을 따르는 도가 무엇인지 확연히 알 수 없다는 것입니다. 《논어》에서 공자의 제자인 자공은 "선생님의 문장은 들을 수 있었으나, 성과 천도에 관한 선생님의 말씀은 들어볼 수 없었다(〈공야장〉)"라고 한 것을 미루어 보건대 공자는 성과 천도를 실천한 사람이기는 해도 그것이 무엇인지는 말하지 않은 듯합니다. 왜냐하면 성과 천도라는 것이 말로 담을 수 있는 것이 아니기 때문입니다. 어찌 변화무쌍한 인간과 우주·자연이 몇 마디 말로 설명될 수 있겠습니까? 우주·자연의 이치가 들어 있다는 《주역》이 괘卦라는 그림(象)을 취해 만들어진 것도 이러한 이유 때문이겠지요. 그런데 자사는 이 책에서 이것을 '중中'과 '화和'라는 말로 풀이하고 있습니다. '간절히 묻고, 가까운데서 생각한다(切問而近思)'는 공자 문하의 공부법을 통해 자사는 자신의 마음에서 발현된 감정을 미루어 성과 천도를 설명합니다.

기뻐하고, 노여워하고, 슬퍼하고, 즐거워하는 마음이 드러나지 않은 상태를 '중中'이라 이르고, 드러났는데도 모두 절도에 맞는 것을 '화和'라 이르니, 중이라는 것은 천하의 큰 근본이요, 화라는 것은 천하의 공통된 도이다. 중과 화를 극진하게 하면 천지가 자기 자리에 있게 되며, 만물이 잘 길러지게 될 것이다. (《중용》 1)

이 구절로 볼 때 자사는 인간의 감정이 아직 드러나지 않은 미발未發의 상태 즉, 과불급이 없는 상태를 '중中'으로 보고 있으며, 주희는 이에 덧붙여 인간의 감정을 '정情'이라 한다면 이것이 아직 드러나지 않은 상태를 '성性'으로 풀어 놓았습니다. 다시 말해, 인간의 감정이 드러나지 않은 상태, 즉 '중'의 상태가 바로 하늘이 명한 '성'이 되는 것입니다. 또한 발현되었지만 어디에 편벽되지도 치우치지도 않은 평온한 상태를 '화'라고 이르고, 이것을 천하의 공통된 도라 말하고 있습니다. 그런데 인간의 마음이 밖으로 드러나 생기는 '정'이라는 것은 형기의 사사로움에 휘둘리면 중심을 잃어 사람을 해치기도 합니다. 예컨대, 사랑이라는 감정이 내 자식, 내 가족에만 편벽되어 치우친다면 더불어 살아가는 삶은 깨지게 될 것입니다. 따라서 마음이 밖으로 드러날 때도 절도에 맞게 행하는 것이 매우 중요합니다. 왜냐하면 이것은 결국 하늘이 명한 성을 따르는 일이 되는 것이고, 마음에 과불급이 없는 상태를 만드는 것이기 때문입니다.

그래서 공자는 "군자는 중용을 하고, 소인은 중용에 반反한다《중용》 2)"고 했던 것이지요. 군자가 중용을 함은 군자로서 때에 맞게 하기 때문이지만, 소인이 중용에 반함은 소인으로서 거리낌 없이 자기 멋대로 하기 때문입니다. '중'이라는 것은 정해진 무엇이 아니기 때문에 때에 맞게 하는 것이 필요한데 군자는 이것이 무엇인지 알지만, 소인은 이것이 무엇인지 알지 못하기 때문에 중용에 반할 수밖에 없는 것입니다. 따라서 이것을 모르는 사람들은 중용을 마치 애매하게 양다리를 걸치는 것쯤으로 오해하기도 합니다. 하지만 이것은 '중'에 대한 개념을 모르기 때문입니다. 중용은 시류에 편승해 줏대 없이 뇌동하는 것이 아니라 과불급이 없는 다시 말해 하늘이 명한 원칙을 가지고 행동하는 것입니다. 그래서 공자는 "천하와 국가도 균등하게 다스릴 수 있고, 높은 지위와 많은 재물도 사양할 수 있으며, 서슬 푸른 칼날도 밟을 수 있지만 중용엔 능할 수 없다(《중용》 9)"라고 한 것입니다. 왜냐하면 하늘이 명한 원칙을 지키면서 산다는 것이 결코 쉽지 않기 때문입니다. 계절이 변화하듯 편벽되거나 치우침이 없어야 '중'을 행할 수 있는 것이지요. 우주·자연은 따뜻함이 좋다고 봄을 늘리지 않고, 차가움이 싫다고 겨울을 줄이지 않습니다. 사사로움이 없는 상태, 그래서 원래 가졌던 성을 다하는 것이 바로 중용인 것입니다.

그렇다고 중용이 군자만이 행할 수 있는 고원한 어떤 것은 아닙니다. '중'이 과불급이 없는 것이라면, '용'은 일상을 뜻합니다. 다시 말해, 일상적으로 상용할 수 있는 보통의 도까지도 포함하고 있는 것이 바로 중용에서 말하는 도의 세계입니다. 예컨대, 자기 몸에 베풀어서 원하지 않는 것이라면 다른 사람에게도 베풀지 않는〔恕〕, 하지만 자신이 행해야 할 것이라면 최선을 다하는〔忠〕 것을 말합니다. 인간과 만물 그리고 우주·자연이 모두 하나인 것처럼 중용의 도 또한 크게는 비록 성인이라 하더라도 알 수 없는 경지의 것이지만 작게는 필부필부의 우매함으로써도 함께 알 수 있는 것이지요. 그런데 이러한 도학이 언제부턴가 일상의 도는 저버리고 고원한 세계의 도만을 생각해 실천은 없고 말만 번지르르한 학문이 되어버렸습니다. 공자는 《논어》, 〈양화〉편에서 이렇게 잘못된 학문을 하는 사람을 일러 향원鄕原이라 하고는, 덕을 해치는 사람이라 맹비난하였습니다. 왜냐하면 그들은 특별나게 결점도 없고 보기에도 그럴듯해 사람들이 모두 좋아하지만 입만 열면 성인을 운운하고 행동은 돌아보지도 않으며 자신의 사리사욕만을 챙기는 사이비 지식인이기 때문입니다. 너무 고원해서 성인이라도 알 수 없는 도만을 추구하고, 그것만을 절대시하다 보니 비근한 일상의 도는 차치하게 되면서 이런 향원 같은 사람이 생기게 되었습니다. 하지만 군자의 도는 누구나 실천 가능해야 합니다. 그래서 공자는 "도가 사람에게서 멀리 있지 않으니 사람이 도를 행하면서 사람을 멀리 한다면 도라 할 수 없다(《중용》 13)"라고 하였던 것입니다. 사람에게서 멀지 않은 도, 일상의 자잘함 속에서도 발견되는 도만이 진정한 군자의 도라고 할 수 있습니다. 자사가 이 책에서 "솔개는 날아 하늘에 닿고 물고기는 연못에서 뛴다"는 시를 인용한 것 또한 광대하면서도 은미한 군자의 도가 위아래로 나타남을 설명하기 위함입니다. 크기로 말하면 천하도 이를 실어낼 수 없지만, 작기로 말하면 천하도 이를 쪼개어낼 수 없는 것이지요. 하지만 우리는 고원하여 행하기 어려운 도가 아니라 비근하지만 일상에서 행할 수 있는 도를 실천해야 합니다. 율곡이 노승과의 대화를 통해 깨달은 것 또한 바로 이것이었습니다.

세상을
바라보는
또 하나의 눈

도

홍대용

우주의 눈으로 세상의 경계를 허물다

홍대용(洪大容, 1731~1783) 조선 후기의 문신이자 북학파의
선구자로 과거제 폐지 등의 개혁 사상을 주장했다. 자는
'덕보(德保)'이고, 호는 '담헌(湛軒)'이다. 저서로는 《담헌서》,
《을병연행록》, 《주해수용》 등이 있다.

조선 후기, 교조화된 주자학이 시대 변화에 편승하지 못하자 실제 소용되는 학문을 추구하자는 목소리가 커져갔습니다. 담헌 홍대용은 이러한 시대에 주자학의 경직성을 비판하고 실학을 추구하며 연암 박지원과 함께 '북학'을 주창했던 인물이지요. 그는 누대로 정계에 진출한 노론의 핵심 문벌인 남양 홍씨 집안에서 태어났습니다. 마음만 먹으면 출세는 보장받는 혈통이었지만 어려서부터 '고학古學'에 뜻을 두어 장구章句의 구절만 닦는 오활한 유자는 되지 않겠다고 다짐합니다. 그리고 12세 때 충청도 수촌의 집을 떠나 경기도 남양주에 있는 석실서원으로 들어가 엄격한 학풍을 내면화하면서 철저한 도학자로서의 기반을 닦습니다. 특히, 명망 높은 도학자인 스승 김원행金元行은 그에게 세속의 공허한 이론만 떠들어대는 학문이 아닌 깊이 있는 학문 연구와 실제 소용되는 학문으로 나아갈 수 있도록 길을 열어 주었습니다. 게다가 이곳은 일반적인 교육 과정에서 도외시하는 자연과학에 개방적이었기 때문에 홍대용은 여기서 자연과학의 소양을 계발합니다.

35세인 1765년 11월, 그는 북경사행의 수행원 자격으로 숙부 홍억洪檍을 따라 6개월간 중국에 갑니다. 이 사행은 그의 삶에 있어서 대단히 의미 있는 사건이었지요. 그는 평생 소원하던 중국 여행을 통해 그동안 배운 지식을 확인하고 싶어 했습니다. 새로운 문물제도를 보고 배우는 것도 중요했지만 아름다운 수재나 마음을 알아주는 사람을 만나서 더불어 실컷 이야기해보고 싶은 것이 그의 바람이었지요. 그리고 북경에서 그는 우연한 기회로 중국의 선비들을 만납니다. 과거시험을 치르기 위해 항주 지방에서 올라왔다는 이 선비들과 홍대용은 거의 날마다 찾아오고 찾아가면서 성리·시문·서화·역사·풍속·과학 등에 관하여 흉금을 터놓고 필담을 교환하며 우정을 쌓습니다. 특히, 홍대용은 학문에 대해 개방적인 그들의 말을 듣고, 비록 그들이 지나친 부분이 있기는 하지만 우리나라 사람들이 가지고 있는 고루한 습성은 하나도 갖고 있지 않아 오히려 속이 후련해졌다고 하면서 다음과 같이 우리나라 유학자들을 비판합니다.

> 우리나라 유학자들이 주자를 존경하고 받드는 것은 실로 중국 사람들이 따를 수 없다. 하지만 오직 존경하고 받드는 것만 귀한 줄로 알고, 주자가 경서를 설명하는 글 중에 의심되고 논란되는 점에 대해서는 그저 부화뇌동하며 한결같이 덮어서 숨기려고만 한다. 그리고 의문을 제기하는 데 대해서는 사람의 입을 막으려고만 하니, 이는 세상에 영합해 군자라는 소리를 듣는 위선자의 마음으로 주자를 보는 것이다. 나는 일찍이 이런 것을 우리 유학자들의 병폐로 여겨 왔다. (〈건정록후어乾淨錄後語〉)

주자만을 존경하고 받드는 것만 귀한 줄로 알았지, 그들은 그저 옛사람을 모방할 뿐 결국 실제엔 아무 데도 쓸모없는 학문을 하고 있었습니다. 곡식이 익지 않으면 강아지풀이나 돌피만도 못한 것을 그들은 알지 못했지요. 홍대용은 북경에서 돌아온 뒤에도 중국의 벗들과 계속 편지를 주고받으며 교류를 합니다. 손용주孫蓉洲에게 보낸 편지에서 그는 자신의 이러한 생각에 덧붙여 이단의 학설이라도 마음을 맑게 하고 세상을 구제하는 것을 근본으로 삼고, 자신을 수양하고 사람들을 다스리는 것을 목적으로 삼는다면 노자의 사상이든 불교의 사상이든 다 같은 것이라고 말합니다. 그에게 있어 중국 선비들과의 교우는 조선의 편협한 학문 풍토에 대한 반성인 동시에 세상 모든 것을 공평하게 보고 두루 받아들이는 '공관병수公觀倂受'의 자세를 가지는 계기가 됩니다. 홍대용은 이렇게 중국의 벗들과 나눈 편지를 따로 모아 《항전척독杭傳尺牘》이라는 책으로 묶고, 북경에서 만난 친구들과의 필담은 《건정동필담乾淨衕筆談》이라는 책으로 엮습니다. 그리고 중국 여행의 경험과 견문을 일기체 형식으로 써서 《을병연행록》이라는 책으로도 펴냅니다. 이 책은 어머니와 집안의 부녀자를 위해 한글로 썼다는 데에도 의의가 있지요.

중국에 다녀온 이듬해 그는 부친상을 당하고, 삼년상을 치르고 난 뒤로는 정신이 사그라지고 뜻이 꺾어져 벼슬길의 희망을 끊고 과거를 포기하고 나서야 마침내 마음이 편안해졌다고 합니다. 이즈음 서울로 올라온 홍대용은 백탑 북쪽에 사는 박지원을 비롯해 연암의 집 북쪽으로 사립문을 마주하고 있는 이덕무 그리고 그 서쪽에 사는 이서구李書九, 유득공柳得恭, 박제가 등과 교유하면서 역사·경제·국방·천문학 등 다양한 분야에 걸쳐 함께 연구하고 토론을 펼칩니다. 홍대용은 이 모임을 통해 자신의 다양한 학문적 관심과 중국 견문을 토대로 세계와 우주를 총괄하는 새로운 사상을 만들어냅니다. 오랑캐라 여겼던 청나라의 선진문물을 배워 낙후된 조선을 일으키자는 이 사상의 저변에는 인성과 물성이 균등하다는 '인물균人物均'의 사유가 들어 있습니다.

> 사람에게는 사람의 이理가 있고 물物에는 물의 이가 있다. 이른바 이라는 것은 인仁일 따름이다. 하늘에 있어서는 이라 하고, 물에 있어서는 성性이라고 한다. 하늘에 있어서는 원형이정元亨利貞이라 하고, 물에 있어서는 인의예지仁義禮智라 한다. 그 실제는 하나이다. (중략) 초목의 이는 곧 금수의 이이고, 금수의 이는 곧 사람의 이이며, 사람의 이는 곧 하늘의 이이다. 《심성문》

초목과 금수와 사람 그리고 하늘의 이는 모두 같다는 '인물균'을 주장한 홍대용은 '화이華夷' 즉 중국과 오랑캐의 구분을 부정하고 북벌의 허황됨을 극복하고자 했습니다. 그는 자신이 중국 여행 뒤 쓴 글에 대해 비판적인 태도를 지닌 김종후에게 보낸 편지에서 "오랑캐가 오랑캐인 까닭은 그들에겐 예의도 없고, 충효도 모르며, 천성이 살벌하고 금수 같이 행동하기 때문이다. 그런데 오늘날 오랑캐는 중국에서 오래 살면서 점점 예의를 숭상하고 충효를 본받게 되었다. 그러니 오랑캐가 지배하는 청나라의 정치를 칭찬하는 것 또한 괜찮지 않겠는가?"라고 말하고는 "조선이 오랑캐가 된 것은 지리적 위치 때문이니 그 사실을 숨길 필요가 없으며, 조선도 중국을 본받아 오랑캐란 이름에서 벗어난 지 오래되었다"고 하면서 청이 오랑캐면 조선도 오랑캐라는 동일성을 내세웠습니다. 그의 이러한 생각은 크게는 우주 자연에 대한 관점이 바뀌었기 때문입니다. 지구는 움직이지 않고 해가 지구의 주위를 돌며, 평평한 지구 위에 중국이 그 중심에 자리를 잡고 있어 중국 주위에 있는 나라는 모두 오랑캐라는 생각이 지배적이었던 시대에 그는 해는 움직이지 않고 지구가 해의 주위를 돌며, 지구는 둥글다는 설을 내놓으면서 기존 질서의 근본을 뒤집어 놓습니다.

홍대용의 이러한 사유는 현실에 실제 적용되고 필요한 학문을 해야 한다는 실학 정신과 중국 여행을 통한 견문 그리고 학문에 대해 개방적인 중국 선비들과의 교류가 있었기에 가능했습니다. 만년에 썼다는 〈의산문답〉은 이런 점에서 볼 때 홍대용 사상의 집약이라 할 수 있습니다. 허자虛者와 실옹實翁이라는 가공의 인물을 통한 소설식 문체를 보여주는 것은 물론, 당시 도그마에 빠져 사회 변화에 유연하게 대처하지 못하는 주자학에 대한 총체적 비판 그리고 상대주의적 세계관을 통해 전통적으로 내려오던 인간 중심적, 지구 중심적, 중국 중심적 생각에서 벗어나자는 가르침은 바로 그의 사상을 종합한 것입니다.

30년 동안 은거한 채 독서만 하며 산 허자는 세상의 모든 법칙과 진리를 깨달았다고 생각하여 세상으로 나와 사람들에게 이야기를 해보았습니다. 그런데 허자의 이야기를 듣던 사람들이 모두 그를 비웃자 허자는 북경으로 가 청나라 선비들을 만나 많은 이야기를 나눕니다. 그러나 그곳에서도 자신을 알아주는 사람을 만나지 못하자 다시 짐을 꾸려 돌아오던 중 조선과 중국의 접경이며 동북 지역의 명산인 의무려산醫巫閭山을 지납니다. 허자는 이곳에 현명한 선비가 있을 것이라 믿고 산을 오르던 중 실옹이란 사람을 만나 이야기를 하게 됩니다. 그런데 실옹은 "주공과 공자의 학문을 높이고 정자와 주자의 말을 익혀 올바른 학문이 서도록 하고, 유학 이외의 다른 학문을 배우지 않으며, 어진 마음으로 세상을 구하고, 신중하게 생각하여 자신의 몸을 흐트러지지 않게 잘 보전하는 사람이야말로 유학에서 말하는 현명한 선비다"라고 생각하는 허자의 말에 다음과 같이 대답하여 조선 유학의 허위성을 폭로합니다.

공자가 죽은 뒤에는 제자들이 공자의 뜻을 어지럽혔고, 주자에게 배운 여러 유학자들도 그의 뜻을 어지럽혔다. 그들의 학문을 높이면서도 그들이 전하려고 한 진리는 잊어버렸고, 그들의 말만 익혀 외우면서도 그들이 전하려고 한 본뜻은 잃어버렸다. 올바른 학문을 세우겠다는 것은 사실상 자랑하려는 마음에서 나온 말이고, 유학 이외의 다른 학문을 배척한다는 것은 이기려는 마음에서 나온 것이다. 어진 마음으로 세상을 구제하겠다는 것은 권

력을 잡고 그것을 유지하려는 마음에서 나온 것이고, 자
신의 몸을 흐트러지지 않게 잘 보전함도 실상 자기 이익
을 얻으려는 마음에서 나온 것이다. 《《의산문답》》

　　이처럼 홍대용은 실옹의 입을 통해 허위로 가득 찬 조선의
유학을 신랄히 비판합니다. 공자, 주자 등의 학문은 높이면서도
그들이 전하려고 한 진리는 잊어버리고, 그들의 말만 익혀 외우면
서도 그들이 전하려고 한 본뜻은 잃어버린 것이지요. 게다가 자
랑하고 싶은 마음, 이기려는 마음, 권력을 잡고 싶은 마음, 이익을
얻으려는 마음이 서로 다르니 참뜻은 날로 멀어져 온 천하는 흐
르는 물처럼 허망으로 치닫게 되었음을 탄식합니다.
　　이어 "금수에게는 지혜가 없고, 초목에게는 감각이 없고 또
한 이들에게는 예의가 없음을 들어 천지간 생물 중 오직 인간만
이 귀하다"고 여기는 허자에 대해 실옹은 "오륜五倫과 오사五事가
인간의 예의라면, 무리를 지어 다니면서 함께 먹이를 먹는 것은
금수의 예의이고, 군락을 지어 가지를 뻗는 건 초목의 예의다. 인
간의 입장에서 물物을 보면 인간이 귀하고 물이 천하지만, 물의
입장에서 인간을 보면 물이 귀하고 인간이 천하다. 그러나 하늘
의 입장에서 보면 인간과 물은 균등하다"는 논리를 펴 허자를 비
롯한 당시 주류 학자들의 인식론에 찬물을 끼얹습니다. 인간의 입
장에 서면 인간이 귀하지만 물의 입장에 서면 물이 귀한 것은 당
연한 이치입니다. 하지만 실옹은 한발 더 나아가 하늘의 입장에서

보면 인간이든 물이든 다 똑같다는 논리로 세상을 바라봐야 한다고 주장합니다. 이것은 비단 인간과 물뿐만 아니라 하늘에 가득한 별을 비롯한 모든 존재들의 관계에서 자기중심성을 배격한 것입니다. 중심이 없는데 무엇을 기준으로 안팎을 나누겠습니까? 중심이 없기에 모든 것은 평등할 수밖에 없습니다. 마치 동그란 공 위에 서면 어디든 중심이 되는 것처럼 말입니다. 때문에 '지구가 둥글고, 우주가 무한하다'는 것을 증명하는 그에게 있어 물아物我의 구분은 공허하기 짝이 없습니다. 물아의 구분이 없으니 안팎의 구분도 없고, 안팎의 구분이 없으니 중국과 오랑캐의 구분도 없는 것입니다.

> 공자는 주나라 사람이다. 주나라 왕실이 날로 낮아지고 제후들이 쇠약해지자 오나라와 초나라가 중국을 어지럽혀 도적질하고 해치기를 그치지 않았다. 《춘추》란 주나라 역사책인 바, 안팎을 엄격히 구분한 건 당연하지 않은가? 그렇지만 만일 공자가 바다에 배를 띄워 동이에 들어와 살았다면 중국의 문물로써 오랑캐를 변화시키고 주나라의 도를 역외域外에 일으켰을 것이니, 안팎의 구분 및 높이거나 물리치는 의리에 있어 의당 '역외춘추'가 있었을 것이다. 공자가 성인인 것은 이 때문이다. 〈〈의산문답〉〉

홍대용이 생각할 때 공자가 성인인 까닭은, 중국의 문물로

써 오랑캐를 변화시킨 것이 아니라 중국과 오랑캐의 구분 자체를 없앤 그의 시선 때문입니다. 나의 눈이 아닌 저 무한 우주의 눈으로 세상을 보면 모든 것이 평등할 뿐이지요. 진정한 공존과 공생의 길은 자기중심성이 없는 우주의 눈으로 세상을 보는 것입니다. 함께 살아간다는 것 또한 이렇게 우주의 눈으로 세상을 균등하게 바라볼 때 이뤄지는 것임을 우리는 잊고 있습니다.

의산문답

醫 山 問 答

허자가 물었다. "공자는 《춘추》를 지어 중국을 안으로 삼고, 오랑캐를 밖으로 하였습니다. 이렇게 중국과 오랑캐의 구별이 엄격한데, 지금 선생께서는 '사람들이 자초한 일이고, 하늘이 내린 필연적 형세'라고 돌리시니 옳지 않은 것이 아닙니까?"

실옹이 말했다. "하늘이 내고 땅이 기르니 무릇 혈기가 있는 사람은 다 같은 사람이고, 무리 속에서 뛰어나 한 나라를 맡아 다스리는 사람은 모두 같은 임금이다. 그리고 문을 겹겹이 세우고 성 주위에 못을 파 국경을 엄하게 지키는 것은 모든 나라가 같다. 상나라의 관이건 주나라의 갓이건, 오랑캐가 몸에 그린 그림이건 남만이 이마에 그린 그림이건 간에 습속은 모두 같은 것이다. 하늘에서 본다면 어찌 안팎의 구별이 있겠는가? 그러므로 각각 자기 나라 사람을 친하게 여기고, 자기 나라 임금을 높이며, 자기 나라를 지키고, 자기 나라 풍속을 편안해 하는 것이니, 이것은 중국이나 오랑캐가 한 가지다. 세상이 변하면서 사람과 만물이 많아졌고, 사람과 만물이 많아지면서 물아의 구분이 생겼고, 물아의 구분이 생기면서 안과 밖의 구분이 생기게 되었다. 오장육부와 팔다리는 한 몸에서의 안과 밖이고, 내 몸과 처자식은 한 집안에서의 안과 밖이다. 형제와 일가친척은 한 가문에서의 안과 밖이고, 마을과 국경은 한 나라에서의 안과 밖이며, 중국과 오랑캐는 세상에서의 안과 밖이다. 자기 것이 아닌데 갖는 것을 도盜라고 하고, 죄가 없는데 죽이는 것을 적賊이라고 한다. 오랑캐가 중국을 침략하는 것을 구寇라고 하고, 중국이 무력을 써서 오랑캐를 치는 것을 적賊이라고 한다. 그러니 서로 구寇하고, 서로 적賊하는 것은 모두 똑같은 것이다. 공자는 주나라 사람이다. 주나라 왕실이 날로 낮아지고 제후들이 쇠약해지자 오나라와 초나라가 중국을 어지럽혀 도적질하고 해치기를 그치지 않았다. 《춘추》란 주나라 역사책인 바, 안과 밖을 엄격히 구분한 건 당연하지 않은가? 그렇지만 만일 공자가 바다에 배를 띄워 동이에 들어와 살았다면 중국의 문물로써 오랑캐를 변화시키고 주나라의 도를 역외域外에 일으켰을 것이니, 안과 밖의 구분 및 높이거나 물리치는 의리에 있어 의당 '역외춘추'가 있었을 것이다. 공자가 성인인 것은 이 때문이다."

虛子曰, 孔子作春秋, 內中國而外四夷. 夫華夷之分, 如是其嚴, 今夫子歸之於人事之感召, 天時之必然, 無乃不可乎?

實翁曰, 天之所生, 地之所養, 凡有血氣, 均是人也, 出類拔華, 制治一方, 均是君王也. 重門深濠, 謹守封疆, 均是邦國也. 章甫委貌, 文身雕題, 均是習俗也. 自天視之, 豈有內外之分哉? 是以各親其人, 各尊其君, 各守其國, 各安其俗, 華夷一也. 夫天地變而人物繁, 人物繁而物我形, 物我形而內外分. 臟腑之於肢節, 一身之內外也, 四體之於妻子, 一室之內外也. 兄弟之於宗黨, 一門之內外也, 鄰里之於四境, 一國之內外也, 同軌之於化外, 天地之內外也. 夫非其有而取之謂之盜, 非其罪而殺之謂之賊. 四夷侵疆中國謂之寇, 中國瀆武四夷謂之賊. 相寇相賊, 其義一也. 孔子周人也. 王室日卑, 諸侯衰弱, 吳楚滑夏, 寇賊無厭. 春秋者周書也, 內外之嚴, 不亦宜乎? 雖然, 使孔子浮于海, 居九夷, 用夏變夷, 興周道於域外, 則內外之分, 尊攘之義, 自當有域外春秋, 此孔子之所以爲聖人也.

(출전: 《담헌서》)

담헌과 《장자》

홍대용 사상의 집약이라고도 부르는 〈의산문답〉은 《논어》, 《맹자》, 《장자》와 같은 문답체 형식으로 구성되어 있는데, 특히 허자와 실옹이라는 가공의 인물을 통한 글쓰기는 《장자》를 연상시킬 정도로 매우 닮아 있습니다. 게다가 세상 생물 중에서 오직 사람만 귀하다는 허자의 말에 "사람의 입장에서 만물을 보면 사람이 귀하고 만물이 천하지만, 만물 입장에서 사람을 보면 만물이 귀하고 사람이 천할 것이다. 그러나 하늘의 입장에서 보면 사람이나 만물은 균등한 것이다"라고 답하는 실옹의 상대주의적 세계관은 《장자》와 흡사합니다. 인간의 입장에 서면 인간이 귀하지만 물物의 입장에 서면 물이 귀한 것은 당연한 이치입니다. 하지만 실옹은 한발 더 나아가 하늘의 입장에서 보면 인간이든 물이든 다 똑같다는 논리로 세상을 바라봐야 한다고 주장합니다.

《장자》, 〈추수〉편에는 황하의 신 하백이 가을 홍수로 강물이 가득해지자 자신이 세상에서 제일이라고 생각하며 넘실거리는 물결을 타고 동쪽으로 내려가다가 마침내 북해에 이르러 끝도 보이지 않는 바다를 본 뒤, 자신은 아무것도 아님을 깨닫는 장면이 나옵니다. 하백은 북해의 신神인 약若을 만나 크고 작은 것, 귀하고 천한 것 등의 분별이 어디에서 생기는지 묻습니다. 이에 북해약은 다음과 같이 대답합니다.

> 도道의 입장에서 보면 만물에는 귀천이 없다. 그러나 만물의 입장에서 보면 상대적 입장에 사로잡혀 스스로를 귀하다 하고 상대방을 천하다고 한다. 세속적인 입장에서 보면 대중의 평가만을 따르므로 귀천의 분별은 자기에게 없게 된다. 만물의 분별이라는 관점에서 볼 때 각기 큰 것에 대해 크다고 한다면 만물이 크지 않은 것이 없고, 각기 작은 것에 대해 작다고 한다면 만물이 작지 않은 것이 없게 된다. 이렇게 하여 가장 크다고 하는 천지도 곡식의 낟알처럼 작다는 것을 알고, 가장 작다고 하는 가느다란 털끝도 언덕이나 산처럼 크다는 것을 알면 분별의 원리는 결국 상대적이라는 것을 알게 될 것이다. 《추수秋水》

우물 안 개구리와는 바다를 논할 수 없고, 여름 벌레와는 얼음을 말할 수 없습니다. 하루살이나 매미와 같이 짧게 사는 것들의 입장에서 보면 인간의 인생은 참으로 상상할 수 없을 만큼 긴 것이겠지만, 8,000년 동안은 잎이 피고 또 8,000년 동안은 잎이 진다는 그 옛날 대춘나무를 표준으로 하여 본다면 인간의 인생은 하루살이나 매미 정도로 짧을 뿐입니다. 북해약이 말하는 도는 곧 실옹이 말하는 하늘과 같은 것입니다. 도나 하늘의 입장에서 보면 사물이든 인간이든, 크든 작든, 귀하든 천하든 문제가 되지 않습니다. 세상 모든 것은 상대적일 뿐 어떤 것도 무엇의 기준이 될수는 없습니다. 그런데 사람들은 우물 안 개구리처럼 자신이 아는것만을 기준으로 세상을 재단하려 합니다. 그러니 답답할 따름이지요.

'타자-되기'의 철학

북녘 바다에 물고기가 있다. 그 이름을 곤鯤이라고 한다. 곤의 크기는 몇천 리나 되는지 알 수가 없다. 이 물고기가 변해서 새가 되면 그 이름을 붕鵬이라고 한다. 붕의 등 넓이는 몇천 리나 되는지 알 수가 없다. 힘차게 날아오르면 그 날개는 하늘 가득히 드리운 구름과 같다. 이 새는 바다 기운이 움직여 대풍이 일 때 그것을 타고 남쪽 바다로 날아가려고 한다. 남쪽 바다란 곧 천지를 말한다. (중략) 매미와 비둘기가 그를 비웃으며 말한다. 우리는 있는 힘껏 날아올라야 느릅나무나 다목나무 가지에 머무르지만 때로 거기에도 이르지 못해 땅바닥에 동댕이쳐진다. 어째서 9만 리나 올라가 남쪽으로 가려고 하는가. 《소요유》

《장자》의 첫 페이지를 펴는 순간 '세상에 이런 새가?'라는 놀라움과 의아함에 입이 벌어집니다. 그러다가 페이지를 몇 장 더 넘기면 '역시 나는 매미와 비둘기 밖에는 안 되는구나!'라고 스스로 책망하게 되지요. 눈앞에 보이는 세상만이 진실이라고 믿는 우리에게 저 거대한 붕새의 세계는 그저 놀라움일 뿐입니다. 장자는 맹자와 같은 전국시대(BC 403~BC 221)의 인물로, 사마천은 《사기》, 〈노장신한열전〉에서 "그는 매우 박학하여 통달하지 않은 것이 없었지만, 그의 학문은 노자의 학설을 근본으로 하고 있다"라고 기록하여 장자를 노자와 같은 계열의 사상가로 보았습니다. 하지만 일반적으로 사람들은 노자가 현실 세계에서의 처세를 강조했다면 장자는 저 대붕과 같이 현실 세계를 벗어난 삶을 추구했다고 합니다. 그도 그럴 것이 《장자》 첫 편인 '천지 사이를 자유롭게 노닌다'는 뜻의 〈소요유逍遙遊〉편에서 장자는 회오리바람을 타고 날개를 쳐서 빙글빙글 돌며 9만 리를 올라가 구름 위로 솟구쳐 오르는 거대한 새에 대해 말하고 있습니다. 이 새를 본 매미와 비둘기는 자신들의 입장에 서서 키 작은 나뭇가지에 날아오르려 해도 가끔은 땅바닥에 내동댕이쳐지는데, 어찌하여 9만 리나 올라가 남쪽으로 가려하는지 의아해 합니다. 이에 장자는 "교외의 들판에 나가는 사람은 세 끼의 식사만으로 돌아와도 아직 배가 부르지만 백 리 길을 가는 사람은 하룻밤 걸려 곡식을 찧어야 하고, 천 리 길을 가는 사람은 석 달 동안 식량을 준비해야 한다. 그러니 이 조그만 날짐승들이 또한 어떻게 대붕의 비상을 알겠는가. 조금 아는 것으로 많이 아는 것을 헤아릴 수 없고, 짧은 삶으로 긴 삶을 헤아릴 수 없다"라고 하였습니다. 이렇게 보면 장자는 사람들이 말하는 것처럼 대붕과 같이 현실 밖의 삶을 통해 우리를 꾸짖는 것 같습니다. 마치 '너희들이 대붕의 삶을 알아?'라고요.

그러나 장자의 사상은 여기서 머물지 않습니다. 대붕을 통해 나만의 세상에 갇혀 사는 우리들에게 타자의 시선 즉, 고착된 자의식과 선입견이 제거된 맑은 마음으로 세상을 바라보라고 합니다. 이른바 '타자-되기'를 가르쳐 주는 것이지요. 나라는 존재, 아니 세상의 모든 것은 상대적으로 다른 것 즉, 타자에 의해서만 규정됩니다. 하지만 우리는 종종 그 타자를 잊고 자기중심으로 살아갑니다. 나만의 것이 전부인 양 말이지요. 조금 아는 것으로 세상의 전부를 아는 것처럼 생각하기도 하고, 짧은 삶으로 인생 전부를 말하기도 합니다. 이뿐인가요? 자신의 눈으로 확인하지 않은 일은 아예 믿으려고 하지도 않지요. 그러다 보니 대붕의 삶을 모르는 매미나 비둘기처럼 타자의 삶을 이해하지 않고 그저 비난만 합니다. 그런데 이렇게 비난 정도로 끝나면 괜찮겠지만 간혹 노나라 임금처럼 나도 모르는 사이에 타자를 죽이기도 합니다.

옛날 바닷새가 노나라 서울 밖에 날아와 앉았다. 노나라 임금은 이 새를 친히 종묘 안으로 데리고 와 술을 권하고, 구소의 음악을 연구해주고, 소와 돼지, 양을 잡아 대접했다. 그러나 새는 어리둥절해하고 슬퍼할 뿐, 고기 한 점 먹지 않고 술도 한 잔 마시지 않은 채 사흘 만에 죽어

버리고 말았다. 이것은 자기와 같은 사람을 기르는 방법
으로 새를 기른 것이지, 새를 기르는 방법으로 새를 기른
것이 아니다. 대개 새를 기르는 방법으로 새를 기르려면
그를 깊은 숲에 살게 하고 물가에 노닐게 하며 강이나 호
수 위에 떠다니고 미꾸라지 피라미를 먹게 하며 제 무리
를 따라 살게 하고 스스로 만족하게 해야 한다. 《지락》

'지극한 즐거움'이란 뜻의 〈지락至樂〉편에서 장자는 바닷새 이야기를 통해 본성에 합당하게 사는 것, 다시 말해 스스로 그러하게 사는 삶이 가장 즐거운 것이라고 말합니다. 그런데 노나라 임금처럼 이 당연한 이치를 잊을 때가 문제입니다. 바닷새인 타자를 생각하지 않고 자기중심으로 생각하다보니 새에게 술과 고기를 먹이고, 음악까지 연주해 새를 죽이고 만 것이지요. 노나라 임금에게는 '지락至樂'인 것이 바닷새에게는 '지악至惡'이 되고 말았습니다. 이러한 일이 어디 노나라 임금뿐이겠습니까? 우리는 살면서 '내가 괜찮으면 남도 괜찮겠지'라고 종종 생각합니다. 공자는 《논어》에서 자기가 하고자 하지 않는 것을 남에게 베풀지 말라는 '서恕'를 강조했습니다. 이것이 바로 공자와 장자가 구별되는 지점입니다. 장자는 이렇게 일반적인 생각, 즉 보편이라는 것에 의문을 품으며 세상 모든 것은 각각의 법칙이 있다고 여겼습니다. 보편이란 결국 다수에 의해 만들어진 개념이기 때문에 여기서 제외된 소수는 언제나 희생되기 마련이지요. 때문에 장자는 땅강아

지나 개미는 물론 똥이나 오줌에도 도道가 있다고 말하면서 그것
들이 모두 자연스럽게 살아가는 삶을 꿈꾸었습니다. 모든 만물에
도가 있는데 어찌 보편이라는 것으로 세상을 마름질할 수 있겠습
니까? 사람들은 습한 데서 자면 허리에 병이 생겨 반신불수로 죽
지만 미꾸라지는 그렇지 않습니다. 나무 위에 있으면 사람들은 무
서워 떨지만 원숭이는 그렇지 않습니다. 사람들은 모장毛嬙이나
여희麗姬가 아름답다고 여기지만 새나 순록은 그렇지 않지요. 어
느 쪽이 세상의 올바른 거처이며, 아름다움일까요? 만물에 도가
있는데 어떻게 세상을 하나의 시선으로만 바라볼 수 있겠습니까?

사물은 모두 '저것' 아닌 것이 없고, 동시에 모두 '이것' 아
닌 것이 없다. 자기를 상대방이 보면 '저것'이 되는 줄을
모르고, 자기가 자기에 대한 것만 알 뿐이다. 그러기에 이
르기를 '저것'은 '이것'에서 나오고, '이것'은 '저것' 때문에
생긴다고 했다. 이것이 바로 '이것'과 '저것'이 서로를 생겨
나게 한다는 '방생方生'이라는 것이다. 삶이 있기에 죽음이
있고, 죽음이 있기에 삶이 있다. 됨이 있기에 안 됨이 있
고, 안 됨이 있기에 됨이 있다. 옳음이 있기에 그름이 있
고, 그름이 있기에 옳음이 있다. 그러므로 성인은 일방적
방법에 의지하지 않고, 전체를 동시에 볼 수 있는 하늘의
빛에 비추어 보는 것이다. 〈제물론齊物論〉

　　장자가 꿈꾸는 세상은 이렇듯 전체를 동시에 볼 수 있는 성인의 시선을 갖는 것입니다. 하늘의 빛에 비추어 보면 '이것'은 동시에 '저것'이고, '저것'은 동시에 '이것'입니다. 때문에 장자는 '저것'과 '이것'이 상대적 대립관계를 넘어서서 없어지는 경지를 일컬어 '도의 지도리'라고 했던 것입니다. 지도리이기에 회전의 중심에 서서 무한한 변화에 대응해야 합니다. 옳음도 무한한 변화의 하나요, 그름도 무한한 변화의 하나인 것이지요. 그러므로 무엇보다 옳고 그름을 넘어서서 모든 것을 꿰뚫어 보는 밝음이 있어야 합니다. 그러기 위해서는 보편이라는 세상의 기준과 가치로 무장된 '나'라는 인식을 버려야 합니다. '나'에 대한 고착된 사유를 가지고는 시비의 경계를 넘을 수가 없습니다.

　　장자가 조릉의 울타리에서 노닐 때 바라본 세상처럼 각 객체들은 타자와 연루되어 있습니다. 남쪽에서 날아온 이상한 까치 한 마리가 밤나무 숲에 앉자 장자는 석궁을 들고 겨냥을 합니다. 그때 장자는 아름다운 그늘을 발견한 매미 한 마리가 자신을 잊고 쉬는 것을 보았습니다. 그런데 그 뒤에 있던 사마귀 한 마리가 자신이 얻을 이익 때문에 자신이 노출되었다는 것도 잊고 그 매미를 낚아채고 있었지요. 그 이상한 까치도 자신이 얻을 이익 때문에 자신의 위험을 잊고서 사마귀를 잡으려던 중이었습니다. 이 광경을 본 장자는 소스라치게 놀라며 "아! 사물들은 본질적으로 서로에게 연루되어 있고, 하나의 종류가 다른 종류를 부르는구나!"라고 말했습니다. 아니나 다를까 그가 자신의 석궁을 던지고 숲으로부터 달려 나왔을 때 사냥터지기가 그에게 욕을 하면서 달려왔습니다. 그 뒤로 장자는 3개월 동안 집 밖을 나오지 않았다고 합니다. 매미를 노리는 사마귀, 그 사마귀를 노리는 이상한 까치, 그 까치를 노리는 장자 그리고 장자를 노리는 사냥터지기. 이들 각각은 자신의 입장에서만 세상을 보았기 때문에 위험에 처해도 그 위험을 간파하지 못했지요. 우리가 사는 세상 모든 것은 이처럼 본질적으로 서로에게 연루되어 있고, 이 연루됨은 끊어버릴 수도 없습니다. 때문에 고착된 자의식과 선입견이 제거된 맑은 마음으로 세상을 보았을 때만 비로소 전체를 동시에 볼 수 있을 것입니다. 그래야만 자신을 위험에서 구제할 수 있을 테니까요. 타자와의 관계 속에서 나를 발견한다는 것은 결국 하늘의 빛으로 세상을 보는 것입니다. 홍대용 또한 이러한 빛으로 세상을 보고자 했던 것입니다.

박지원

이곳과 저곳을 넘나드는
사이의 철학을 하다

박지원(朴趾源, 1737~1805) 조선 후기의 문장가이자 실학자로
북학론과 이용후생의 학문을 강조했다. 자는 '중미(仲美)'이고,
호는 '연암(燕巖)'이다. 저서로는 《열하일기》, 《연암집》 등이 있다.

시대와 장소가 변하면 그에 맞는 것을 해야 합니다. 수박을 겉만 핥고 후추를 통째로 삼키는 자와는 더불어 그 맛을 말할 수가 없으며, 이웃 사람의 모피 옷이 부러워 한여름에 빌려 입는 자와는 더불어 계절을 말할 수가 없지요. 옛것이 아무리 훌륭하고 좋다고 하더라도 그것은 옛것일 뿐, 지금의 것이 될 수 없습니다. 게다가 그 옛것마저도 그 당시에는 옛것이 아니었으니 말입니다. 옛날을 기준으로 지금을 본다면 지금이 진실로 비속하기는 하지만 옛사람들도 자신을 보면서 반드시 자신이 예스럽다고 생각하지는 않았을 것입니다. 당시에 본 것 역시 그때에는 하나의 지금이었을 테니까요. 중요한 것은 지금 이 자리에서 자기 자신의 생각을 가지고, 이를 글로 쓰는 것입니다. 귀로 듣고 눈으로 본 바에 따라 그 소리와 형상을 곡진히 표현하고, 그 정경을 고스란히 드러내야 하는 것, 이것이 바로 조선 후기 대문장가이자 실학자인 연암 박지원이 추구하는 글쓰기이자 사상이었습니다.

연암은 조선후기 권력의 핵심인 노론의 명문가에서 태어났습니다. 게다가 언젠가 꾼 꿈에서 그는 서까래만한 크기의 붓 5개를 얻었는데, 붓대에는 '붓으로 오악을 누르리라'는 글귀가 적혀 있었다고 하니 과거만 보면 중앙 정계로의 진출은 따 놓은 당상이었지요. 하지만 20세 남짓해서 불면증으로 시달리며 밤낮 한숨도 못 자는 날이 사나흘씩이나 계속되는 병을 앓았습니다. 병으로 몸이 지쳐 집에 있을 때면 늘 예전부터 집에서 부리던 사람들을 불러 놓고는 여염에서 일어난 얘깃거리 될 만한 일들을 묻곤 했

습니다. 그 과정에서 연암은 비렁뱅이, 분뇨 장수, 이야기꾼 등 온
갖 부류의 사람을 접하게 됩니다. 그리고 이들의 기이한 삶을 전傳
으로 기록하였지요. 이것이 바로 《방경각외전》입니다. 세 미치광
이 거지가 벗에 대해 논하는 〈마장전〉을 비롯해 글 읽는 선비보
다도 고고한 분뇨 장수 이야기인 〈예덕선생전〉, 명분과 절개는 닦
지 않고 문벌과 지체를 밑천 삼아 조상의 덕을 파는 양반을 비판
한 〈양반전〉, 세속의 노님 속에 숨었으나 어떤 상황에서도 잘못이
없고 남을 시기하지도 않고 탐욕도 없는 김홍기라는 은자를 그린
〈김신선전〉 등 모두 9편을 썼으나 〈역학대도전〉과 〈봉산학자전〉
은 유실되고 7편이 남아 세상에 전해지고 있습니다. 무료함을 잊
고 병을 이기기 위해 지었다는 이 작품들은 우리 소설사를 빛내
는 명작들입니다.

　　약관의 나이에 걸린 먹지도 자지도 못하는 병은 틀에 박힌
과거시험 준비보다는 기이한 인생 역정을 겪은 사람들과의 만남
과 글쓰기를 통해 치유되었습니다. 그동안 간간이 해오던 과거 공
부도 이 무렵 그만두지요. 기실 그는 과거시험장에 들어갔다가도
어떤 때는 답안지를 제출하지 않았고, 어떤 때는 고송과 괴석을
붓 가는 대로 그리고 나왔다고 하니 과거시험 자체를 달갑게 여
기지 않았던 듯합니다. 그도 그럴 것이 당시의 과거제도는 타락
할 대로 타락해 20명 남짓 뽑는 시험에 수만 명이나 응시해 급제
를 할라치면 요행을 바랄 때 쓰는 '만에 하나'란 말을 써야 했고,
시험장은 너무 많은 사람들이 한꺼번에 몰려 서로 밟고 밟히고

죽고 다치고 할 정도로 아수라장이 되곤 했습니다. 더욱이 연암이 못 견뎌 한 것은 백이면 백 모두 똑같이 써내는 과문의 격식이었지요. 과거를 준비하는 사람들은 한결같이 낡은 관습에 골몰하여 진부한 말들을 늘어놓거나 남의 글을 모방하고 있으면서도 스스로는 순수하고 질박한 글을 짓는 체하여 문풍이 날마다 거칠고 무잡스럽게 변해 가는데도 알지 못했습니다. 그래서 그는 초정 박제가의 문집에 서序를 쓰면서 문장에 대해 다음과 같이 말합니다.

> 옛것을 본받는 자는 자취에 얽매이는 것이 병통이 되고,
> 새롭게 창조한다는 자는 법도에 맞지 않는 것이 근심이
> 된다. 진실로 능히 옛것을 본받으면서도 변화할 줄 알고,
> 새롭게 창조하면서도 법도에 맞을 수만 있다면 지금의 글
> 이 옛글과 같게 될 것이다. (《초정집서》)

연암의 문체를 한마디로 말하면 옛것을 본받으면서 새롭게 창조한다는 '법고창신法古創新'입니다. 한유의 '사기의師其意 불사기사不師其辭'를 떠올리게 하는 이 말은 한유가 그랬던 것처럼 옛글은 그 정신을 본받아야지 겉모습만 본받아서는 안 된다는 것이지요. 때문에 그는 이같이 새롭고도 예스러우면서도 언어가 '끊임없이 생명을 내고, 날마다 광휘가 새로운' 그래서 '썩은 흙에서 지초가 나오고, 썩은 풀이 반딧불로 화하는' 삼라만상의 무상한 흐름을 능동적으로 절단하고 채취하는 변화무쌍한 글을 쓰게 됩니다.

과거시험을 그만둔 그는 마음이 한가하고 거리낌이 없어져 산수를 많이 유람하였습니다. 이 무렵 백동수白東脩라는 어린 청지기와 함께 개성을 유람하다가 '제비바위〔燕巖〕'라는 뜻의 연암골을 발견하고, 이곳에 은거하기로 마음을 정하면서 스스로 연암이라 불렀지요. 타고난 성품이 호방하고 고매했으며 명예와 이익이 몸을 더럽힐까봐 극도로 경계하고 삼갔기 때문에 사귀는 벗이 많지는 않았지만 조선 최고의 우정을 쌓았습니다. 이름 하여 '백탑에서의 청연'이 바로 그것입니다. 백탑은 탑골공원에 있는 원각사지 십층석탑을 말하는데 당시 연암과 그의 벗들이 이 근처에 살았기 때문에 생긴 이름입니다. 연암은 이곳에서 담헌 홍대용, 석치 정철조鄭喆祚, 강산 이서구李書九 등을 수시로 만났으며, 이덕무, 박제가, 유득공 등이 늘 따라 어울리며 배우곤 했습니다. 이들은 한번 만나면 열흘이고 한 달이고 함께 지내며, 위로 고금의 치란과 흥망에 대한 일로부터 옛사람들이 벼슬에 나아가거나 물러날 때 보여준 절의, 제도의 연혁, 농업과 공업의 이익 및 폐단, 재산을 증식하는 법, 환곡을 방출하고 수납하는 법, 지리, 국방, 천문, 음악, 나아가 초목, 조수, 문자학, 수학에 이르기까지 꿰뚫어 포괄하지 않는 것이 없었습니다. 청나라 문명의 우수성을 인식하고 그것을 배우자는 북학사상°과 고문의 기반을 뒤흔든 새로운 글쓰기인 소품문°° 또한 이 모임에서 만들어졌지요. 그리고 연암은 여기서 익힌 지식을 《열하일기》를 통해 토해냅니다.

연암이 44세 되던 해인 1780년, 그는 삼종형三從兄 박명원朴明

源을 쫓아 청나라 건륭 황제의 70세 생일을 축하하는 사절단에 끼어 그토록 그리던 중국 여행을 하게 됩니다. 《열하일기》는 바로 이곳을 다녀와서 쓴 여행기입니다. 18세기 문체반정의 중심에서 한 줌 재로 사라질 뻔했던 이 책에는 새로운 문체뿐만 아니라 연암 특유의 사유가 들어 있습니다. '강을 건너며〔渡江錄〕'라는 제목으로 시작되는 이 여행기의 서두에서 연암은 '길〔道〕'에 대해 이렇게 말합니다.

"자네, 길을 아는가."

"길이란 알기 어려운 것이 아닐세. 바로 저 강 언덕에 있는 것을."

"이 강은 바로 저와 우리와의 경계로서 언덕이 아니면 곧 물이지. 무릇 세상 사람의 윤리와 만물의 법칙은 마치 이 물이 언덕과 서로 만나는 중간과 같은 것이네. 길이란 다

◦ 북학이라는 말은 원래 《맹자》, 〈등문공장구상〉에서 "초나라 태생인 진량은 주공·중니의 도를 좋아하여 북쪽 중국에 가서 배웠다〔陳良楚産也, 悅周公仲尼之道, 北學於中國〕"고 한 말에서 처음 사용되었다. 그런데 박제가가 이 부분을 인용하여 중국의 문물을 배울 것을 주장한 《북학의》라는 책을 쓴 이후, 청나라 문명의 우수성을 인식하고 그것을 배우자는 의미로 널리 사용하게 되었다.

◦◦ 소품문은 어떤 형식을 갖추지 않고 자유로운 필치로 일상생활에서 보고 느낀 것을 간단하게 적은 글로, 명나라 중엽 이후 유행하여 청나라 초기까지 성행한, 특정 시기의 특수한 문학이다. 우리나라에는 16세기 말엽에 이미 수용되어 신흠, 허균 등 일부 작가의 문학에 영향을 미쳤고, 18~19세기에는 광범위하게 문단에 영향을 끼쳤다. 박지원, 박제가, 이옥, 이덕무, 이용휴, 김려, 심노숭 등으로 대표되는 소품문 작가들은 당대 글쓰기의 관습과 전범을 거부하고 혁신적인 경향의 글쓰기를 시도했다.

른 데서 찾을 게 아니라, 그 '사이'에 있다네." 《도강록》

　　강도 언덕도 아닌 그 사이에 길이 있다는 연암의 사유는 알 것 같으면서도 알 수 없는, 잡았다 생각하면 홀연 날아가 버리는 나비와 같습니다. 이것과 저것의 경계를 넘어 그 위에서 자유로이 세상을 내려다보는 경지인 것입니다. 경계가 사라졌는데 중심이 어디에 있겠습니까? 중심이 없으니 내가 선 이곳이 길이고, 중심인 셈이지요. 그러니 그에게 중화니, 오랑캐니 하는 분별 따위가 있을 리 만무합니다. 당시는 말구종°°°마저도 "물리치자. 오랑캐!"를 외치던 시대였습니다. 청나라 시골길에 싸여있던 기왓장과 똥 무더기조차 문명으로 바라보는 연암의 시각에는 바로 '사이'를 사유하는 그만의 철학이 있습니다.

　　압록강을 건너 요동, 요동 벌판을 지나 심양을 거쳐 한여름 폭우와 무더위를 뚫고 40여 일 만에 도착한 북경. 그러나 황제는 동북부 변방의 피서지인 열하에 있다고 합니다. 예부에 조선의 사절단이 왔음을 알리고 겨우 숨을 돌리는가 싶었는데 지금까지 왔던 길보다 몇 배는 더 험준한 산과 물을 지나 그것도 제날짜에 도착하라는 명이 떨어집니다. 그리하여 조선 역사상 처음으로 고북구古北口 장성을 넘는 무박나흘간의 험난한 일정이 시작됩니다. 고

°°° 말을 타고 갈 때 고삐를 잡고 앞에서 끌거나 뒤에서 따르는 하인.

북구는 거용관居庸關과 산해관山海關 사이에 있는 장성 중 가장 험준한 요새로 몽고가 중국에 출입할 때 이곳이 항상 중요한 길목이 되기 때문에 여러 겹의 관문을 만들어 그 험준한 요새를 제압하였습니다. 연암은 이곳을 지나다 말을 세우고 장성에 이름자를 써 놓으려고 붓과 벼루를 꺼내 마시던 술을 부어 별빛 아래에서 먹을 갈아 장성을 어루만지며 "건륭 45년 경자년 8월 7일 밤 3경, 조선의 박지원 여기를 지나다"라는 글자를 남깁니다. 이때의 느낌을 쓴 글이 바로 〈야출고북구기〉입니다. 조선 최고의 문장이라 꼽히는 글이 바로 여기서 탄생합니다.

고북구를 지나 물가에 도착하니 길은 끊어지고 강물은 넓고 아득했습니다. 하루는 밤에 강물 하나를 9번이나 건너게 되었는데 강물은 두 산 사이에서 나와 바위에 부딪치며 사납게 흘러갔지요. 놀란 파도와 성난 물결, 구슬피 원망하는 듯한 여울은 내달리고 부딪치고 뒤엎어지며 울부짖고 으르렁대고 소리를 지릅니다. 강을 건너는 사람들은 이곳이 옛 싸움터이기 때문에 강물이 이렇게 으르렁거린다고 말합니다. 하지만 이것은 실상 마음속의 두려움이 소리를 이미 펼쳐 놓고서 귀가 소리를 만들었기 때문입니다. 게다가 낮에 강을 건널 때는 물이 세차게 거슬러 올라가며 소용돌이치는 것을 보고 있노라면, 제 몸조차 마치 물살을 거슬러 올라가는 듯하고, 눈은 강물을 따라 내려가는 것만 같아 문득 어찔해지며 빙글 돕니다. 그 위태로움이 이와 같은데도 강물 소리는 들리지 않으니 사람들은 요동 평야는 평평하고 광활하기 때문에 물줄기가 성내 울지 않는다고 말합니다. 하지만 이것은 황하를 모르고서 하는 소리입니다. 요하가 울지 않는 것이 아니라 한밤중에 건너지 않았기 때문이지요. 낮에는 능히 물을 볼 수 있는 까닭에 눈이 온통 위험한 데로만 쏠려서 바야흐로 부들부들 떨려 도리어 그 눈이 있음을 근심해야 하고, 밤에는 눈에 위태로움이 보이지 않자 위태로움이 온통 듣는 데로만 쏠려서 귀가 바야흐로 덜덜 떨려 그 걱정스러움을 견딜 수가 없습니다. 이쯤 되면 눈이 있어 보는 것이 탈이 되고, 귀가 있어 듣는 것이 탈이 됩니다. 그러니 눈과 귀를 모두 닫아야만 위태로움도 두려움도 사라지게 되는 것입니다.

강을 건너던 중 일행들이 위태로움에 대해 말을 합니다. "소경이 애꾸눈의 말을 타고 한밤중에 깊은 물가를 가는 것이야말로 위태로운 것 가운데 최고가 아니겠냐?"고요. 그러나 연암은 "소경을 볼 수 있는 자는 눈이 있는 사람이라 소경을 보고 스스로 그 마음에 위태로움을 느끼는 것이지, 결코 소경이 위태로운 것은 아니다"라고 말합니다. 소경의 눈에는 어떠한 위태로움도 보이지 않기 때문에 두려움도 없습니다. 정작 손에 땀을 쥐는 사람은 그 모습을 보는 우리들이지요. 소경은 우리가 위태롭다 여기는 것 앞에서 태연히 평지를 걷듯 걷습니다. 이렇게 보면 우리의 눈과 귀란 것은 또 얼마나 거추장스러운 것인지요. 눈앞의 온갖 것에 현혹되어 옴짝달싹 못하고 있으니 말입니다. 하룻밤에 강을 9번이나 건너면서 연암은 깨닫습니다.

마음이 텅 비어 고요한 사람은 귀와 눈이 탈이 되지 않지만, 눈과 귀만 믿는 사람은 보고 듣는 것이 자세하면 자세할수록 더욱더 병이 되는 것을. 이제 내 말구종이 말에게 발을 밟혀 뒤에 있는 수레에 실리고 보니, 마침내 고삐를 늦추고 강물 위에 떠서 안장 위에 무릎을 올려 발을 모으자, 한번 떨어지면 그대로 강물이었다. 강물로 땅을 삼고 강물로 옷을 삼고 강물로 몸을 삼고 강물로 성정을 삼아 마음에 한번 떨어질 각오를 하고 나자 내 귓속에 마침내 강물 소리가 들리지 않았다. 무릇 아홉 번을 건넜으되 아무 걱정이 없는 것이 마치 안방의 궤석 위에서 앉고 눕고 기거하는 것 같았다. (《일야구도하기》)

낮에 강을 건너면 눈은 온통 위험한 데로만 쏠려서 그 소리가 들리지 않고, 밤에 강을 건너면 보이는 것이 없어 귀가 온통 듣는 데로만 쏠려서 걱정스러움을 견딜 수가 없습니다. 때문에 눈과 귀만 믿는 사람은 보고 듣는 것이 자세하면 자세할수록 더욱더 병이 되고 마는 것이지요. 이럴 때면 차라리 연암처럼 한 번 떨어질 각오를 하고 나면 무서웠던 강물 소리는 사라지고 맙니다. 모든 것이 마음속에서 생각하기 나름이지요. 소리와 빛깔은 바깥 사물인데 바깥 사물이 항상 눈과 귀에 탈이 되어 사람으로 하여금 바르게 보고 듣는 것을 잃게 만듭니다. 그러니 외물에 현혹되는 눈과 귀를 닫고 고요한 마음으로 자신을 살펴야 하는 것입니다. 그런데 사람들은 이것을 깨닫지 못하고 언제나 외물에 현혹 되어 그것이 진리인 줄만 알고 살아갑니다. 그래서 연암은 말합니 다. 마음을 텅 비워 고요한 상태(冥心)에 이를 때만이 세상을 바르 게 볼 수 있다고요. 이것과 저것의 경계를 넘어 내가 선 이곳이 길 이고, 중심임을 우리는 명심해야 합니다.

야출고북구기

夜 出 古 北 口 記

연경에서 열하까지 가는 길은 창평을 거치면 서북쪽 거용관 으로 나오게 되고, 밀운을 거치면 동북쪽 고북구로 나오게 된다. 고북구에서 장성을 따라 동쪽으로 산해관에 이르기까지는 700리 이고, 서쪽으로 거용관에 이르기까지는 280리로서 거용관과 산 해관의 중간에 있는 장성의 요해처가 되는 곳으로 고북구만한 곳 이 없다. 몽고가 넘나드는 목구멍이 되어 왔기에 겹으로 된 관문 을 만들어 그 요새를 눌러 왔다.

나벽의 지유에 말하길, "연경 북쪽 100리 밖에 기용관이 있 고, 거용관 동쪽 200리 밖에 호북구가 있다"라고 했는데, 호북구 는 곧 고북구로 당나라 때 처음으로 고북구라 이름 했다. 중국 사람들은 장성 밖을 모두 구외라 부르는데, 구외는 모두 당나라 때에 해왕의 근거지가 되어 왔다.《금사》를 상고해보면, "그 나라 말로는 유알령이 곧 고북구이다"라고 했으니, 대개 장성 전체에 걸쳐서 '구'라고 일컬어지는 곳이 백 곳 정도나 된다. 산을 따라 성을 쌓아 나갔는데, 그 깎아지른 골짜기와 깊숙한 시내가 입을 벌리듯 푹 꺼져 있어, 물이 들이쳐 뚫는 곳엔 성을 쌓지 못하여 정장을 설치해 두었다. 황명 홍무 연간에 수어천호를 설립하고, 5중으로 관을 지켰다.

나는 무령산을 돌아 배로 광형하를 건너 밤중에 고북구를 갔는데, 때는 밤이 깊어 3경이 되었다. 겹으로 된 관을 나와 말을 장성 아래 세우고 그 높이를 헤아려 보니 10여 장은 됨 직했다. 붓과 벼루를 꺼내어 술을 부어 먹을 갈고 성을 어루만지면서 글을 썼다. "건륭 45년 경자년 8월 7일 밤 3경에 조선 박지원이 이곳을 지나다." 그러고는 웃으면서 말하였다. "나는 서생으로서 머리가 희어서야 한 번 장성 밖을 나가는구나." 예전에 몽장군은 스스로 말하였다. "내가 임조로부터 시작하여 요동에 이르기까지 성과 참호를 만여 리나 만들었는데, 그러는 가운데 지맥을 끊지 않을 수가 없었다." 이제 보니 그가 산을 파헤치고 골짜기를 메운 것이 사실이었다.

아, 이곳은 예부터 온갖 전쟁이 벌어지던 곳이었다. 후당의 장종이 유수광을 잡을 적에 별장 유광준이 고북구에서 이겼고, 거란의 태종이 산남 지방을 점령할 때엔 먼저 고북구로 내려왔으며,

여진이 요를 멸망시킬 때 희윤이 요의 군사를 크게 격파한 곳도 바로 이곳이다. 그리고 연경을 점령할 적에 포현이 송나라의 군사를 패배시킨 곳도 바로 이곳이다. 원나라 문종이 즉위하자 당기세가 이곳에 군사를 주둔시켰고, 살돈이 상도의 군사를 추격한 곳도 이곳이었다. 독견첩목아가 쳐들어오자, 원나라 태자는 이 관으로 도망쳐 흥송으로 달아났고, 명나라 가정 연간에 엄답이 경사를 침범할 때에도 그 출입은 모두 이 관을 경유했다.

그 성 아래는 모두 날고 뛰고 치고 베던 써움터로서 지금은 온 세상이 군사를 쓰지 않지만 오히려 사방은 산으로 둘러싸이고, 모든 골짜기는 음산하였다. 때마침 달이 상현이라 고개에 걸려 떨어지려 하는데, 그 싸늘한 빛이 마치 갈아세운 칼날 같았다. 조금 있다가 달이 더욱 고개 너머로 기울어지자 뾰족한 두 끝을 드러내어 졸지에 붉게 변하면서 횃불 두 개가 산 위에 나오는 것 같았다. 북두칠성은 반 남짓 관 안에 꽂혀 있고, 벌레 소리는 사방에서 일어나며, 긴 바람이 쓸쓸히 불어와 수풀과 골짜기를 함께 울렸다. 그 짐승 같은 언덕과 귀신 같은 바위들은 창을 세우고 방패를 벌여 놓은 것 같고, 하수는 두 산 사이에서 쏟아져 흘러 으르렁 쾅쾅 다투는 것이 마치 철마가 내닫고, 쇠북이 울리는 것 같았다. 하늘 밖에서 학이 우는 소리가 대여섯 번 들렸는데, 맑게 부딪치는 것이 마치 피리 소리처럼 길었다. 어떤 이는 고니 소리라고도 했다.

自燕京至熱河也, 道昌平則西北出居庸關, 道密雲則東北

出古北口. 自古北口循長城, 東至山海關七百里, 西至居庸
關二百八十里, 中居庸山海而爲長城險要之地, 莫如古北
口. 蒙古之出入常爲其咽喉, 則設重關以制其阨塞焉.

羅壁識遺曰, 燕北百里外, 有居庸關, 關東二百里外, 有虎
北口, 虎北口卽古北口也, 自唐始名古北口. 中原人語長城
外, 皆稱口外, 口外皆唐時奚王牙帳. 按金史, 國言稱留斡
嶺, 乃古北口也, 葢環長城稱口者, 以百計. 緣山爲城而其
絕壑深磵咈呀嶔陷, 水所衝穿則不能城而設亭鄣. 皇明洪
武時, 立守禦千戶所關五重.

余循霧靈山, 舟渡廣硎河, 夜出古北口, 時夜已三更. 出重
關, 立馬長城下, 測其高可十餘丈. 出筆硯嘆酒磨墨, 撫城
而題之曰, 乾隆四十五年庚子八月七日夜三更, 朝鮮朴趾源
過此. 乃大笑曰, 乃吾書生爾, 頭白一得出長城外耶. 昔蒙
將軍自言, 吾起臨洮屬之遼東, 城塹萬餘里. 此其中不能無
絕地脈, 今視其塹山堙谷信矣哉.

噫, 此古百戰之地也. 後唐莊宗之取劉守光也, 別將劉光
濬克古北口, 契丹太宗之取山南也, 先下古北口, 女眞滅遼,
希尹大破遼兵, 卽此地也. 其取燕京也, 蒲莧敗宋兵, 卽此
地也. 元文宗之立也, 唐其勢屯兵於此, 撒敦追上都兵於
此. 禿堅帖木兒之入也, 元太子出奔此關趨興松, 明嘉靖
時, 俺答犯京師, 其出入皆由此關.

其城下乃飛騰戰伐之場, 而今四海不用兵矣, 猶見其四山

圍合, 萬壑陰森. 時月上弦矣, 垂嶺欲墜, 其光淬削, 如刀

發硎. 少焉月盆下嶺, 猶露雙尖, 忽變火赤, 如兩炬出山.

北斗半揷關中, 而蟲聲四起, 長風肅然, 林谷俱鳴. 其獸嶂

鬼蠵, 如列戟摠干而立, 河瀉兩山間鬪狼, 如鐵駟金鼓也.

天外有鶴鳴五六聲, 淸戛如笛聲長嘠. 或曰, 此天鵞也.

(출전:《열하일기》)

연암과 왕양명의 《전습록》

눈으로 본 것만을 믿는 사람들에게 있어 눈은 세상과 통하는 문입니다. 아침에 일어나 잠을 자는 순간까지. 심지어 잠을 자고 있는 동안에도 낮에 본 것들을 끄집어내어 확인합니다. 둥글고, 네모지고, 붉고, 푸른 것들에 대해 이름을 붙이고 기억된 것들과 함께 저장해 두었다가 편의에 따라 꺼내 사용합니다. 그러고는 눈으로 본 것만을 사실이라 믿으며 거짓과 구별합니다. 물론 가끔은 기억된 것들과 이름이 헛갈려 곤욕을 치루기도 하지만 대체로 눈으로 본 것에 대한 믿음은 좀처럼 변하지 않습니다. 뿐만 아니라 이것을 객관적 진리로까지 환원하려 들지요. 그러나 눈에 의해 만들어진 상들이 과연 얼마나 진실되고 또 얼마나 객관적 진리에 접근할 수 있을까요? 연암은 〈일야구도하기〉에서 눈으로 본다는 것이 결코 진실도 객관적 진리도 될 수 없음을 다음과 같이 말합니다.

모래 위에는 큰 바위가 우뚝하니 저만치 떨어져 서 있고,
강가 제방엔 버드나무가 어두컴컴 흐릿하여 마치 물 밑에
있던 물귀신들이 앞다투어 튀어나와 사람을 놀래킬 것만

같고, 양옆에서는 교룡과 이무기가 확 붙들어 나꿔채려는 듯하다. 어떤 이는 이곳이 옛 싸움터인지라 황하가 이렇 듯이 운다고 말하기도 하나, 이는 그런 것이 아니다. 강물 소리는 어떻게 듣는가에 달려 있을 뿐이다. 《일야구도하기》

두려움이 가져다 준 물귀신과 같은 환영은 눈으로 본 것이지 만 결코 실재하는 것은 아닙니다. 모든 것이 어둑어둑하게 보이는 밤, 사람들은 모든 감각기관을 총 동원하여 외물을 파악하려고 하지만 마음속 두려움은 버드나무를 물귀신으로 만들고, 물의 소용돌이를 이무기로 착각하게 합니다. 이는 모두 외부 사물에 대한 객관적 사실을 파악하려는 눈이 마음의 두려움에 의해 제 기능을 발휘하지 못했기 때문에 생겨난 것입니다. 더욱이 눈이 객관적 사실을 파악하지 못하자 감각은 온통 듣는 데로만 쏠려 귀마저 왜곡되다 보니 두려움은 배가 될 수밖에 없습니다. 이쯤 되면 눈이 있어 보는 것이 탈이 되고, 귀가 있어 듣는 것이 탈이 됩니다.

명나라 말기의 사상가 왕양명(1472~1529)은 이렇게 외물에 의해 느끼는 인간의 두려움을 마음(心)의 문제로 해석하였습니다. 하루는 제자인 육징이 "밤에 귀신을 두려워하는 것은 무엇 때문입니까?"라고 묻자 양명은 "그것은 단지 평소에 의로움을 쌓지 못하여 마음에 찔리는 것이 있기 때문에 두려워하는 것이다"라고 말합니다. 그러면서 평소의 행위가 신명神明 곧, 이치에 합당하다면 두려움은 없을 것이라고 하였지요. 두려움은 바로 마음이 바르지 못함을 보여주는 것입니다. 때문에 무엇에 홀렸다는 것은 결코 귀신에 홀린 것이 아니라, 마음이 스스로 홀렸다는 것이지요. 결국 사물을 파악하는데 중요한 것은 외부 감각기관이 아니라 마음 그 자체인 것입니다. 왕양명은 이러한 마음의 문제를 발전시켜 학문으로 체계화합니다.

마음이 곧 이치이고, 앎이 곧 행위이다

주희는《대학》에 자신의 의견을 붙이고 빠진 부분을 보충하여《대학장구》를 만들었습니다. 빠진 부분을 보충한 대표적 구절은 주희 철학의 핵심이라 할 수 있는 '격물치지格物致知' 부분입니다. '격물치지'란 인간이 태어날 때 하늘로부터 받은 밝고 순수한 마음, 즉 명덕明德을 밝히기 위해 선행되어야 하는 것으로 유학의 인식론을 이루는 기본 체계를 제공하며, 도덕적 인식의 근거를 밝혀주는 문제이기도 해 매우 중요한 말로 여겨졌습니다. 그런데《대학》에는 이에 대한 뜻이 빠져 있어 그 내용이 무엇인지 알 수가 없습니다. 그래서 주희는《대학장구》를 만들어 빠진 부분을 다음과 같이 보충하였습니다.

이른바 '치지가 격물에 있다〔致知在格物〕'는 것은 나의 지식을 지극히 하고자 한다면 사물에 나아가 그 이치를 궁구함에 있음을 말한 것이다. 사람 마음의 영특함은 앎이 있

지 않음이 없고, 천하의 사물은 이치가 있지 않음이 없
다. 그런데 이치에 대해서는 궁구하지 않기 때문에 그 앎
을 다하지 못한다. 때문에 태학에서 처음 가르칠 때에 반
드시 배우는 자들로 하여금 모든 천하의 사물에 나아가
서 이미 알고 있는 이치로 인하여 더욱 궁구해서 그 극에
이를 수 있게 해야 한다. (주희, 〈격물치지보전〉)

주희의 말로 본다면 인간이 태어날 때 천부받은 명덕을 밝히
기 위해서는 우선 사물의 이치를 궁구하여 앎을 지극히 해야 합
니다. 왜냐하면 그는 개별 사물마다 모두 이치가 있기 때문에 자
신이 알고 있는 것을 가지고 자신의 주변에 있는 이치부터 궁구
하다 보면 하루아침에 확 트이는 경지에 이르게 되어 모든 사물
의 이치를 깨달을 수 있다고 생각하였습니다. 이러한 인식론을 가
진 주자학은 원나라 이후 과거시험의 과목으로 채택되면서 압도
적 권위를 떨치게 되었고, 이러한 사정은 명나라에도 계속 이어졌
습니다. 명나라 중기에 태어난 왕양명 또한 예외는 아니었습니다.
젊은 시절 양명은 주희의 '격물'에 심취해 친구와 함께 이를 실
행해보았습니다. 그들은 성현이 되려면 천하 사물의 이치를 궁구
해야 하는데, 어떻게 하면 그와 같이 커다란 역량을 얻을 수 있을
까 논의하다가 정자 앞의 대나무를 가리키며 궁구해보도록 하였
지요. 친구는 밤낮으로 대나무의 이치를 궁구하려고 마음과 사려
를 다하다가 3일이 되어서 그만 지쳐 병이 나고 말았고, 양명 역

시 밤낮으로 궁구해도 그 이치를 얻지 못하고 일주일 되던 날 병이 나 결국 포기하고 말았습니다. 그러고 나서 그들은 "우리는 성현은 될 수 없으며, 우리에게는 사물을 궁구할 만한 커다란 역량이 없다"라고 한탄하였습니다.

그 뒤에 양명은 당시 권세를 떨쳤던 환관 유근劉瑾에 대한 반대운동을 하다 귀주성貴州省 용장龍場에 좌천되어 3년을 머물면서 '격물'의 의미를 얻고 나서야 천하의 사물에는 본래 궁구할 만한 것이 없으며, '격물' 공부는 다만 몸과 마음에서 한다는 것을 깨달습니다. 용장은 소수민족이 사는 미개척 지역으로 언어가 통하는 자라고는 중앙으로부터 도망 온 죄인들뿐이었습니다. 머물 집조차 없어 스스로 집을 지어야 했고, 수행하는 시종은 병에 걸려 땔감 마련부터 시종의 간호까지 양명이 손수해야 했습니다. 이러한 고단한 생활 속에 그는 석실을 만들고 그 안에서 밤낮으로 정좌하며 만약 성인이었다면 이러한 상황에서 어떻게 했을까 하고 생각하고 또 생각했습니다. 그러던 어느 날 밤 홀연히 "성인의 도는 자신의 성정性情만으로 족하다. 종래 이치를 여러 사물에서 구하려고 한 것은 잘못이다"라는 깨달음을 얻습니다. 양명이 깨달은 '격물'에 대한 기록은 《전습록》 이곳저곳에서 보이는데 특히, 친구인 고동교顧東橋가 보낸 편지에 답하는 글을 보면 양명은 마음과 이치를 구별하는 주희의 '격물'은 마치 효도의 원리를 그 부모에게서 구하는 것과 같은 것이라고 비판합니다. 왜냐하면 사물에 나아가 이치를 궁구한다는 주희의 '격물'은 각각의 개별적 사물에서 이른바 정해진 이치를 구하는 것입니다. 이것은 결국 내 마음을 사용하여 사물에 다가가서 이치를 구하는 것으로 마음과 이치를 둘로 나누는 것이지요. 다시 말해 효를 행하는 데 부모에게서 효의 이치를 구한다는 말과 같습니다. 부모에게서 효의 이치를 구한다면 효의 이치는 과연 내 마음에 있는 것입니까? 아니면 부모의 몸에 있는 것입니까? 가령, 효의 이치가 부모의 몸에 있다면 부모가 돌아가신 뒤에 내 마음에는 어떤 효의 이치도 없는 것입니까? 마음과 이치를 둘로 나눈 주희의 '격물'로 본다면 양명의 이러한 질문은 당연한 것입니다. 때문에 양명은 '치지격물'에 대해 다음과 같이 말하여 마음과 이치가 하나임을 주장합니다.

> 내가 말하는 치지격물은 내 마음의 양지를 각각의 사물에 실현하는 것이다. 내 마음의 양지가 바로 이른바 천리이다. 내 마음의 양지인 천리를 각각의 사물에 실현하면 각각의 사물이 모두 그 이치를 얻게 된다. 내 마음의 양지를 실현하는 것이 치지致知이고, 각각의 사물이 모두 그 이치를 얻는 것이 격물格物이다. 이것은 마음과 이치가 합하여 하나가 되는 것이다. (《전습록》, 135조목)

양명은 '격格'을 바로잡는다는 '정正'의 의미로, '물物'은 일이라는 '사事'의 의미로 풀이했습니다. 예컨대, 내 마음에서 부모에게 효도하려는 생각이 떠올랐다면, 부모에게 효도하는 것이 바로 물이자 일이 되는 것이지요. 그러므로 이 일을 바르게 하는 것이 '격물'입니다. 다시 말해 부모를 섬길 때 부모에게서 효의 이치를 구하는 것이 아니라 내 마음에서 인욕을 제거하고 천리를 보존하는 데 힘쓰면 겨울에는 자연히 부모의 추위를 생각하여 저절로 따뜻하게 해드릴 방법을 구하고자 할 것이며, 여름에는 자연히 부모의 더위를 생각하여 저절로 시원하게 해드릴 방법을 구하고자 할 것입니다. 그러니 따로 예의 절목이나 봉양의 올바름을 배우는 것이 아닌 인욕을 제거하고 천리를 보존하는 것이 공부였고, 중요한 일이었지요. 양명에게 있어 천리란 인간이 선천적으로 타고난 본래의 마음인 양지良知를 가리킵니다. 그렇기 때문에 내 마음의 양지를 실현해 각각의 일을 바르게 실행하는 것, 이것이 바로 '치지격물'인 것입니다.

그런데 하루는 수제자인 서애徐愛가 찾아와 "지금 어떤 사람이 부모에게 효도해야 하는 것을 잘 알고 있으면서도 효도할 줄 모르는 경우가 있는데, 이것으로 본다면 앎과 행위는 분명 둘로 나누어지는 것이 아닙니까?"라고 질문하면서 양명의 '치지격물'에 대해 문제를 제기합니다. 그러자 양명은 "그것은 이미 사욕에 의해 앎과 행위가 가로막힌 것이지, 앎과 행위의 본체가 아니다. 아직까지 알면서 행하지 않는 사람은 없었다. 알면서도 행하지 않는 것은 다만 아직 알지 못하기 때문이다"라고 대답하면서 앎이 곧 행위임을 강조하였습니다. 그러고는《대학》에서 말하는 "마치 아름다운 여색을 좋아하듯이 해라"라는 구절을 가리키며 아름다운 여색을 보는 것은 앎에 속하고, 아름다운 여색을 좋아하는 것은 행위에 속한다고 설명합니다. 아름다운 여색을 보는 순간 저절로 좋아하는 것이지, 보고 나서 다시 마음을 세워 좋아하는 것은 아니지요. 그러므로 양명에게 있어 앎은 행위의 주된 의도이며, 행위란 앎의 공부가 되는 것입니다. 결국 앎은 행위의 시작이고, 행위는 앎의 완성인 것이지요. 하지만 예나 지금이나 앎과 행위의 합일은 쉽지 않은 듯합니다.

> 오늘날 사람들은 도리어 앎과 행위를 두 가지로 나누고는 반드시 먼저 안 뒤에 행할 수 있다고 생각한다. 그래서 자신은 지금처럼 강습과 토론을 통해 앎의 공부를 하고, 앎이 참되기를 기다리고 나서야 비로소 행하는 공부를 하려고 한다. 그러므로 결국 평생토록 행하지 못하고 또 알지도 못한다. 이것은 작은 병폐가 아니며, 그 유래도 이미 오래되었다. 내가 지금 '앎과 행위가 합일한다'고 말하는 것은 바로 병을 치료하기 위한 약이다. 《전습록》, 5조목)

세상의 어떤 학문도 행위하지 않고서 배웠다고 말할 수 없으니, 배움의 시작은 곧 행위입니다. 《중용》에서 널리 배우고, 자세히 묻고, 신중히 생각하고, 밝게 변별하고, 돈독히 행하라고 한 것 또한 배움에 있어 행위의 중요성을 강조하기 위함일 것입니다. 배우는 데 의심이 없을 수 없기 때문에 물음이 생깁니다. 물음이 곧 배움이자, 행위인 것이지요. 또 의심이 없을 수 없으므로 사색을 하게 됩니다. 사색이 곧 배움이자, 행위인 것입니다. 또 의심이 없을 수 없으므로 변별하게 되지요. 변별이 곧 배움이자, 행위입니다. 변별이 이미 분명해지고, 사색이 이미 신중해지고, 물음이 이미 세밀해지고, 배움이 이미 능숙해지고, 또 그리하여 그 공부를 그치지 않는 것, 이것이 돈독히 행하는 것입니다. 그런데 오늘날은 물론 연암 박지원이 살던 조선 후기 또한 돈독히 행하기는커녕 앎이 무엇인지도 모르고 그저 책상에 앉아 남의 말의 찌꺼기들만 주워 모으고, 이것이 공부의 전부인 양 자랑하고 있으니 눈이 있어도 그 올바름을 보지 못하고, 귀가 있어도 그 올바름을 듣지 못하는 것입니다. 게다가 자신이 보고 들은 것만을 믿는 사람들에게 있어 이런 공부는 아집과 편견만을 만들 뿐이지요. 왜냐하면 그들은 몸과 그 몸을 주재하는 마음 그리고 마음이 움직여 생긴 의지, 의지를 실행하는 것이 모두 하나라는 것을 모르기 때문입니다. 공부는 오직 나날이 줄어드는 것을 추구하지, 나날이 늘어나는 것을 추구하지 않는다고 했습니다. "한 푼의 인욕을 줄일 수 있다면 곧 한 푼의 천리를 회복할 수 있다"는 양명의 말에서 우리는 진정한 공부의 의미를 깨달을 수 있습니다.

독서상우
책을 읽으며
옛현인과
벗하리…

더불어
살아가는
세상을
꿈꾸며

치란

治亂

허균

모두가 행복하게 사는 삶을 바라다

허균(許筠, 1569~1618) 조선 중기의 문신이자
학자로 사회모순을 바로잡고자 하였다. 자는
'단보(端甫)'이고, 호는 '교산(蛟山)'이다. 저서로는
《홍길동전》, 《성소부부고》 등이 있다.

《홍길동전》의 작가로 유명한 허균의 삶은 홍길동만큼이나 파란만장합니다. 20대에 사랑하는 사람들의 잇단 죽음을 겪었고, 관직생활은 순탄치 못했으며, 모반을 꾀하다 결국 처형 당했지요. 그래서 사람들은 그를 혁명가 혹은 시대의 이단아라 부릅니다. 그도 그럴 것이 그의 삶 곳곳에는 기이한 행실과 이단적 학문 성향이 드러납니다. 게다가 《홍길동전》을 연상케 하는 〈호민론〉에 이르기까지 그의 행동은 모반과 연관되기에 충분했습니다. 허균은 중국의 여러 책들에서 속세를 떠나 은거하며 한가롭게 산 사람들의 삶에 대한 기록을 뽑아 《한정록》이라는 책을 만들고, 서문에서 자신의 삶에 대해 이렇게 말합니다.

> 성성옹 허균은 어릴 때부터 응석받이로 자라 찬찬하지 못하였고, 부형이나 스승 또는 훈장이 없어서 예법 있는 행동이 없었다. 또 조그마한 기예는 세상에 보탬이 될 만하지도 못하면서 스물한 살에 상투를 싸매고 과거를 보아 조정에 나갔다. 그러나 경박하고 거침이 없는 행동이 당세 권세가에게 미움을 받게 되어 나는 마침내 노장이나 불교 같은 데로 도피하여, 형해形骸를 벗어나고 득실을 구별 없이 하나로 보는 것을 좋게 여겼다. 그리하여 세상일 되어 가는 대로 내 맡기어 반미치광이가 되었다. 《한성록서》

이렇듯 허균의 삶은 기존의 질서에 편입되지 않아 경박하고,

거침이 없었습니다. 하지만 그의 삶이 시대와 어긋나고 자유롭기는 했어도 거리에서 참수되어 머리와 사지가 오간 데 없이 사라질 그런 역적은 아니었습니다. 그런데 허균이 처형되고 난 뒤 광해군은 흉악한 죄인을 죽여 다시없이 기쁘다며 대사면을 내리면서 "역적 괴수 허균은 성질이 올빼미와 승냥이 같고, 행동이 개·돼지 같아 인륜을 더럽히고 음행이 방종하여 전연 사람의 도리가 없었으며, 기강을 멸시하고 상례를 폐지하여 자식 된 도리를 스스로 끊었다(《광해군일기》)"라고 전례 없는 혹평을 했습니다. 그리고 다른 역적과는 달리 조선이 망할 때까지도 해금되지 못하였습니다. 이것이 일반적으로 알려진 허균의 삶입니다. 그러나 처형 전, 가까스로 사위의 집에 맡겨진 '성소 허균의 항아리 덮개와 같은 원고'라는 제목의 《성소부부고惺所覆瓿藁》에는 그의 이러한 혁명적 모습이 아닌 다정한 남편의 모습과 호방한 선비의 모습이 담겨 있습니다. 그는 그저 사회적 약자에 대한 애정을 표출한 관원이었으며, 시인이었고, 술과 친구를 좋아한 사람이었습니다. 때문에 그가 꿈꾸던 삶은 결코 《홍길동전》과 같은 삶은 아니었습니다.

허균의 친구인 화가 나옹 이정李楨(1578~1607)˚에게 편지로 부

˚ 조선 중기의 화가로 부모를 일찍 여의고 작은 아버지 흥효에게서 자라면서 그림을 배웠다. 10세에 이미 대성하여 산수·인물·불화를 모두 잘 그렸다고 한다. 최립에게 시문을 배웠고, 허균, 심우영, 이준경 등과 가까이 지냈다. 술을 좋아했으며, 의리가 강하고, 좋은 산수를 보면 집에 돌아가는 것을 잊을 만큼 호방한 성격이었지만 지나친 음주로 30세의 짧은 생을 마쳤다.

탁한 한 폭의 그림에는 그가 꿈꾸던 삶이 잘 묘사되어 있습니다. 편지의 마지막에 '간절히 바라고 바라네'라고 거듭 부탁한 것을 보면 허균은 그림이 아닌 그림 속 삶을 꿈꾸고 있는 듯 보입니다.

> 산을 등지고 시냇물을 마주한 집에 온갖 꽃과 늘씬한 대나무 천 그루를 심으시게. 가운데로 남쪽 대청을 열고, 앞마당은 넓게 하여 석죽화와 금선초를 심고 괴석과 오래된 화분을 벌여 놓으시게. 동쪽 깊숙한 방에는 휘장을 걸었는데, 천 권의 책을 진열하고, 구리로 만든 병에는 공작의 꼬리를 꽂으며, 비자나무로 만든 책상엔 박산향로를 놓아 주시게나. 서쪽으로 창문을 열었는데 계집종이 나물로 죽과 국을 끓이며 손수 우유술을 걸러서 신선로에 붇고 있고, 나는 집 안에서 방석에 기대어 누워서 책을 보고 있으며, 그대는 여러 벗과 내 주변에서 담소를 나누고 있는 걸 그려 주시게. 《여이나옹 정미정월 與李懶翁 丁未正月》

이 그림이 실제로 그려졌는지는 알 수 없지만 허균이 바라던 삶은 방 안에는 책 천 권이 있고, 그 방에서 방석에 기대어 누워서 책을 보며, 마음에 맞는 친구들이 찾아오면 담소를 나누는, 선비라면 한번쯤 꿈꿔보는 모습이었습니다. 하지만 이것도 그에게 있어서는 이상일 뿐 현실이 아니었죠. 최천건崔天健의 추천으로 공주목사牧使에 임명될 때 보낸 감사 편지에는 "제가 벼슬살이하는 것은 가난 때문이니, 아내와 자식을 보호하고 굶주림과 추위를 면한 다면 충분합니다"라고 써 집안의 생계를 꾸려야 하는 가장으로서의 현실적 삶을 보여주고 있습니다. 그래도 허균은 이 편지 후반부에 "적막한 겨울 밤, 눈 녹은 물을 부어 올해 새로 덖은 차를 우려내는데, 불은 활활 타오르고 샘물 맛은 달콤하니, 이 차 맛이야말로 제호˚나 다름이 없습니다. 공께서 어떻게 이 맛을 알겠습니까?"라고 써 가난한 가운데서도 자신이 추구하는 한정한 삶을 소박하게 드러냅니다. 게다가 '누추한 방'이라고 제題한 〈누실명陋室銘〉이라는 글을 보면 허균이 추구한 삶의 모습을 여실히 볼 수가 있습니다.

> 방 너비는 10홀, 남으로 외짝문 둘을 내니, 한낮에 볕이 내리쬐어, 밝고도 따사롭네. 집이라야 겨우 벽만 세웠지만, 온갖 책을 갖추었고, 쇠코잠방이로 넉넉하니, 탁문군의 짝이로다. 차 반 사발 따르고, 향 한 대 피우며, 편안하고 한가롭게 세상을 피해, 천지와 고금을 살펴본다. 사람들은 누추한 방이라 말하면서, 누추하여 거처할 수 없다지만, 내가 보기에는, 신선이 사는 곳이라네. 마음 편안하고 몸 편하니, 누추하다 뉘 말하는가. 내가 누추하게 여기

˚ 우유에 갈분을 타서 만든 맛있는 죽.

는 것은, 몸과 명성 모두 썩는 것이라네. 집이야 쑥대로 엮은 것이지만, 도연명도 좁은 방에서 살았지. 군자가 산다면, 누추한 게 무슨 대수랴. 《《누실명》》

마치 공자가 제자 안회의 삶을 보고 "훌륭하도다. 안회여! 한 그릇의 밥과 한 표주박의 물로 누추한 동네에 사는 것을 다른 사람들은 그 근심을 견뎌내지 못하는데, 안회는 그 즐거움을 바꾸지 않으니, 훌륭하도다. 안회여!"라고 칭찬한 것과 같은 삶의 태도가 엿보입니다. 《논어》, 〈학이〉편에서 공자의 제자인 자공은 선생님께 묻습니다. "선생님! 가난한데도 아첨하지 않고, 부유한데도 교만하지 않는다면 어떻습니까?" 선생님은 "괜찮다. 하지만 가난한데도 도를 즐길 줄 알고, 부유한데도 예를 좋아하는 자만은 못하다"고 답하십니다. 가난한데도 도를 즐길 줄 아는 삶. 이것이 바로 '안빈낙도安貧樂道'의 삶이지요. 군자라면 누구나 다 이러한 삶을 살려고 할 것입니다. 하지만 이게 어디 쉬운가요? 자공의 말처럼 가난하면 아첨하게 되고, 부유하면 교만하게 되는 것이 우리의 삶입니다. 하지만 허균은 "누추한 게 무슨 대수랴. 한낮에 볕이 내리쬐어 밝고도 따사롭고, 온갖 책을 갖추었으니 앉아서 천지와 고금을 살필 수 있으며, 차 반 사발, 향 한 대로 마음 편안하고 몸 편하면 그것으로 족하다"고 합니다. 정작 그가 누추하게 여기는 점은 몸과 명예가 모두 썩는 것입니다. 허균의 글에서 사회 개혁적 느낌이 드는 글들은 아마도 그가 누추하게 여기는 것에 대한 비판 때문일 것입니다. 성품이 자유분방하기는 했어도 그 또한 현실 정치를 걱정하는 학자였고, 관리였습니다. 천하에 두려워할 만한 것은 오직 백성뿐인데도 불구하고 〈호민론豪民論〉에서 말하는 현실은 참혹했습니다.

> 백성들이 내는 세금이 5푼이라면 관청으로 돌아가는 이익은 겨우 1푼이고, 그 나머지는 간사한 개인들에게 약탈당해서 어지러이 흩어지고 만다. 또한 창고에는 저축해둔 것이 없어서 일이 생기면 1년에 두 번 세금을 거두기도 하니, 고을의 수령은 그것을 빙자해서 가혹하게 수탈을 하여 그 끝을 모를 정도다. 그러므로 백성들의 근심과 원망은 고려 말기보다 더 심하다. 윗자리에 있는 사람들은 두려워할 줄을 모르고 우리나라에는 호민이 없다고 생각할 뿐이다. 《호민론》

가혹한 수탈로 백성들의 근심과 원망은 극에 달했는데도 윗자리에 있는 사람들은 두려워할 줄을 몰랐습니다. 그들은 백성을 윗사람에 부림을 받는 항민恒民이나 윗사람을 원망만 하는 원민怨民 정도로 여겨 두려워하지 않았습니다. 하지만 허균은 말합니다. "하늘이 임금을 세우는 것은 백성을 기르기 위함이지 한 사람으로 하여금 위에서 방자하게 눈을 부릅뜨면서 도저히 채우지 못한 엄청난 욕심을 채우도록 하자는 것은 아니었다"고요. 그리고 또 말합니다. "세상에는 항민이나 원민만 있는 것이 아니라 푸줏간 안에 자취를 감추고 몰래 다른 마음을 키우며 천지 사이를 흘겨보다가 요행히 시대의 변고라도 있으면 자기가 원하는 바를 팔고자 하는 호민豪民도 있으니 두려워해야 한다"고요. 진나라가 망한 것은 '왕후장상이 어찌 종자 따로 있으랴?'라는 말을 하고 난을 일으킨 진승, 오광 때문이고, 한나라가 어지러워진 것 또한 황건적 때문입니다. 허균은 자신이 항민이 되겠다는 것이 아니라 가혹한 수탈에서 백성을 구제해야 올바른 정치를 할 수 있다고 강조하는 것입니다.

게다가 그는 〈소인론小人論〉이라는 글에서 군자라 칭하는 자들은 모두 공적인 것이 사적인 것을 이길 수 없어 소인과 다르지 않게 되었다면서 당시의 유자들을 비판합니다. 자기와 같은 편이면 모두 군자가 되고 다른 편이면 모두 소인이 되는 세상. 군자들은 자신들과 다르면 삿되다고 여겨 배척을 하고, 같으면 올바르다고 여겨 추켜세웁니다. 언제나 자신들의 이익에 의해서만 군자도 되고, 소인도 되는 정치 현실이 그로서는 탐탁지 않았습니다. 그리고 〈유재론遺才論〉이라는 글을 통해 공정한 인재 등용에 대해서도 다음과 같이 언급합니다.

우리 조선에 들어와서는 사람을 등용하는 길이 더욱 좁아져서, 대대로 명문이거나 벌족이 아니면 높은 벼슬에 통하질 못하니, 산림에 은거하고 있는 선비들은 비록 기이한 재주가 있어도 억눌려서 등용되지 못한다. 과거시험을 통해서 나오지 않으면 높은 지위에 오를 수 없으니, 비록 덕이 무성하여 드러난 사람이라 해도 끝내 재상에 오르지 못한다. 하늘이 재능을 부여한 것은 균등하지만, 명문세족과 과거를 가지고 한정을 하니 인재가 모자란다는 점을 언제나 병으로 여긴다는 것은 당연한 일이다. 예부터 지금까지 시대는 멀고 오래되었으며 천하가 넓지만 서얼 출신이라서 그 현명함을 버리고, 그 어미가 개가를 했다고 해서 그 재주를 쓰지 않는다는 것은 들어본 적이 없다. 우리나라는 그렇지 못하여, 어미가 천하거나 개가를 한 집안의 자손이면 모두 벼슬길에 끼지 못한다. 《유재론》

허균은 어렸을 때부터 선발될 기회를 애당초에 봉쇄당한 무수한 인재들을 보았습니다. 그가 쓴 전傳의 주인공들은 모두 재주는 뛰어나지만 서얼이어서, 개가한 어미의 자식이어서, 아니면 천출이라고 해서 쓰이지 못했던 인물들입니다. 〈손곡산인전〉의 이달은 허균의 스승이지만 천첩 소생의 서얼이고, 〈남궁선생전〉의 남궁두는 아전이며, 〈장생전〉의 장생은 비렁뱅이 천민입니다. 그리고 〈엄처사전〉의 엄처사는 몰락한 양반이고, 〈장산인전〉의 장산인은 대대로 의업에 종사해온 중인이었습니다. 우리나라는 예전부터 땅이 좁고 인재가 드물게 나와 근심이 많았는데도 불구하고 신분의 벽을 넘지 못하고 초야에 묻힌 인재들을 보며 허균은 답답해했습니다. 옛날의 현명한 인재들은 미천한 계층에서 많이 나왔는데, 왜 우리 조선에서는 그러지 못했는가? 사람들은 허균의 글에서 혁명을 읽었고, 이러한 혁명을 《홍길동전》으로 승화시켰을 것이라 단정합니다. 하지만 그는 학자로서 잘못된 사회를 비판하고 대안을 제시했을 뿐, 그 이상도 이하도 하지 않았습니다. 다만 그가 잘못을 했다면 윗사람들보다 먼저 시대를 내다보았다는 것이겠지요. 그는 그저 관원으로서 해야 할 일을 했을 뿐입니다.

허균은 조선의 성리학이 인성론의 문제를 넘어 예론의 시대로 넘어가던 시점에서 예교만 따르다가 세상사 이치를 보지 못하는 현실에 답답함을 느꼈습니다. 언제나 자신들의 이익에 의해서만 세상을 판단하고 재단하는 위정자들이 탐탁지 않았지요. 때문에 그는 누추한 방에서 거주하지만 언제나 그 안에서 한가롭게 천지와 고금을 살피는 삶을 꿈꾸었습니다. 행복이란 결코 부유하다고 해서 얻어지는 것이 아닙니다. 가난하지만 도를 즐길 줄 알고, 스스로를 행복하다고 여기는 삶이야말로 진정한 만족이고, 기쁨이지요. 세상사 뜻대로 안 되는 건 당연한 일입니다. 그렇다고 세상이 어디 한 번에 바뀌겠습니까? 허균이 꿈꾸던 세상은 한 번에 바뀌는 혁명을 통한 것이 아니라 어쩌면 가난하지만 한가로이 풍취를 즐길 줄 알고, 자신의 맡은 바 소임을 다하는 삶이었을 것입니다.

호민론

豪 民 論

　　천하에 두려워할 만한 것은 오직 백성뿐이다. 백성을 두려워
해야 하는 것은 홍수나 화재, 호랑이나 표범보다 더 크다. 윗자리
에 있는 사람들이 그늘을 업신여기고 길들여서 모질게 부려먹는
것은 도대체 어떤 이유인가?

　　대저 이루어진 것만을 즐기느라 항상 보는 것에 구속되어 있
는 자들은 순순히 법을 받들어 윗사람들에게 부림을 받으니, 이들
은 항민이다. 항민은 두려워할 만한 자가 못 된다. 매섭게 빼앗겨
서 살갗이 벗겨지고 뼈골이 부서지며 집안의 것을 다 내놓고 땅
의 소출을 바쳐서 끝없는 요구를 제공하느라 근심스레 한탄이나
하면서 윗사람을 원망하는 사람은 원민이다. 원민도 딱히 두려워
할 만한 존재는 아니다. 푸줏간 안에 자취를 감추고 몰래 다른 마
음을 키우며 천지 사이를 흘겨보다가 요행히 시대의 변고라도 있
으면 자기가 원하는 바를 팔고자 하는 이들은 호민이다. 대저 호
민은 몹시 두려워할 만하다. 호민은 나라의 틈새를 엿보고 일의
기미가 편승할 만한가를 노리다가 논두렁 위에서 팔을 휘두르며
한 번 크게 소리치면, 저 원민들은 소리를 듣고 모여들어 도모하
지는 않아도 함께 소리칠 것이다. 저 항민 역시 살기를 구하여 호

미, 고무래, 창자루 등을 들고 가서 그들을 따라 무도한 놈들을 죽이지 않을 수 없을 것이다. 진나라가 망한 것은 진승과 오광이 일으킨 난 때문이었고, 한나라가 어지러워진 것도 또한 황건적의 난 때문이었다. 당나라가 쇠하자 왕선지와 황소가 틈을 타서 일어났는데, 결국 이 때문에 사람과 나라가 없어지고 나서야 끝이 났다. 이는 모두 백성을 괴롭혀서 자기 배만 채우려 했던 죄과이며, 호민은 이 틈을 탔던 것이다.

대저 하늘이 사목(임금)을 세운 것은 백성을 기르기 위함이지, 한 사람으로 하여금 위에서 방자하게 눈을 부릅뜨면서 메워도 차지 않는 구렁 같은 욕심을 채우도록 하고자 한 것은 아니었다. 진나라와 한나라 이래의 재앙은 당연한 결과이지 불행이 아니다.

지금 우리나라는 그렇지 않다. 땅은 좁고 사람은 적은데 백성들은 게으르고 소심하며 기이한 절의와 호협한 기운이 없다. 그런 까닭에 평상시에도 큰 인물이나 뛰어나게 재능 있는 사람이 나와서 세상에 쓰이는 일도 없겠지만 난리를 당해도 호협한 백성과 사나운 병졸이 없으니 난의 우두머리로 나서서 이끌어 나라의 환란이 되는 자도 없다. 이 또한 다행스런 일이다.

비록 그렇다 하더라도, 지금의 시대는 왕씨(고려) 때와 같지 않다. 고려시대에는 백성들에게 세금을 부과하는 것에도 일정한 한계가 있었고, 산과 못에서 나오는 이익도 백성들과 함께 나누어 가졌다. 상업이 통용되었고, 공인에게도 혜택을 주었으며 또한 들어오는 것을 헤아려 소비하니 나라에는 남은 것이 있게 되었다. 그래서 갑작스러운 큰 전쟁이나 장례를 치른 경우에는 세금을 더 부과하지 않았다. 고려 말기에 와서까지도 삼공三空(흉년이 들어 제사를 못 지내는 것, 서당에 학동들이 오지 않는 것, 뜰에 개가 없는 것)을 걱정해주었다.

우리 조선은 그렇지 않아 변변치 못한 백성들에게서 거두어들인 것으로 귀신을 섬기고, 윗사람을 받드는 예절만 중국과 똑같다. 백성들이 내는 세금이 5푼이라면 관청으로 돌아가는 이익은 겨우 1푼이고, 그 나머지는 간사한 개인들에게 약탈당해서 어지러이 흩어지고 만다. 또한 창고에는 저축해둔 것이 없어서 일이 생기면 1년에 두 번 세금을 거두기도 하니, 고을의 수령은 그것을 빙자해서 가혹하게 수탈을 하여 그 끝을 모를 정도이다. 그러므로 백성들의 근심과 원망은 고려 말기보다 더 심하다. 윗자리에 있는 사람들은 두려워할 줄을 모르고 우리나라에는 호민이 없다고 생각할 뿐이다. 불행히도 견훤이나 궁예 같은 자가 나와 몽둥이를 휘두른다면 근심하고 원망하던 백성들이 가서 따르지 않으리라고 어떻게 보장할 것이며, 기주·양주·6합의 변란(황소의 난)은 까치발을 하고서 기다릴 것이다. 백성을 다스리는 자는 두려워할 만한 형세를 환히 알아서 지난날의 잘못을 고친다면 그런대로 유지할 수 있을 것이다.

天下之所可畏者, 唯民而已. 民之可畏, 有甚於水火虎豹.
在上者方且狎馴而虐使之, 抑獨何哉?

夫可與樂成而拘於所常見者, 循循然奉法役於上者, 恒民
也. 恒民不足畏也. 厲取之而剝膚椎髓, 竭其廬入地出, 以
供无窮之求, 愁嘆咄嗟, 咎其上者, 怨民也. 怨民不必畏
也. 潛踪屠販之中, 陰蓄異心, 僻倪天地間, 幸時之有故,
欲售其願者, 豪民也. 夫豪民者, 大可畏也. 豪民伺國之
釁, 覘事機之可乘, 奮臂一呼於壟畝之上, 則彼怨民者, 聞
聲而集, 不謀而同唱. 彼恒民者, 亦求其所以生, 不得不鋤
耰棘矜往從之, 以誅无道也. 秦之亡也, 以勝廣, 而漢氏之
亂, 亦因黃巾. 唐之衰而王仙芝黃巢乘之, 卒以此亡人國
而後已. 是皆厲民自養之咎, 而豪民得以乘其隙也.

夫天之立司牧, 爲養民也, 非欲使一人恣睢於上, 以逞溪
壑之慾矣. 彼秦漢以下之禍宜矣, 非不幸也.

今我國不然. 地陜阨而人少, 民且呰窳齷齪, 无奇節俠氣.
故平居, 雖无鉅人雋才出爲世用, 而臨亂, 亦无有豪民悍
卒, 倡亂首爲國患者, 其亦幸也.

雖然, 今之時與王氏時不同也. 前朝賦於民有限, 而山澤
之利, 與民共之. 通商而惠工, 又能量入爲出, 使國有餘
儲. 卒有大兵大表, 不加其賦. 及其季也, 猶患其三空焉.

我則不然, 以區區之民, 其事神奉上之節, 與中國等, 而民
之出賦五分, 則利歸公家者, 纔一分, 其餘狼戾於姦私焉.
且府無餘儲, 有事則一年或再賦, 而守宰之憑以箕斂, 亦
罔有紀極. 故民之愁怨, 有甚王氏之季. 上之人恬不知畏,

以我國無豪民也. 不幸而如甄萱弓裔者出, 奮其白挺, 則
愁怨之民, 安保其不往從, 而蘄梁六合之變, 可蹻足須也.
爲民牧者, 灼知可畏之形, 與更其弦轍, 則猶可及已.

(출전:《성소부부고》)

허균과《논어》

홍길동만큼이나 파란만장한 삶을 살아간 허균은 사람들이 말하는 것처럼 혁명가도 시대의 이단아도 아니었습니다. 그는 그저 누추한 방이지만 한가롭고 편안하게 앉아 책을 통해 천지와 고금을 살피는 삶을 꿈꾸었던 사람입니다. '누추한 방'이라는 제목이 붙은 〈누실명〉이라는 글에서 보여준 모습이 바로 그가 추구하던 삶의 전부였을 것입니다. 차 반 사발 따르고, 향 한 대 피우고 책에 파묻혀 세상을 논하는 삶. 사람들은 그의 방을 보고 누추하다 놀려대지만 자신이 생각하기에는 신선이 사는 곳이라며 자랑합니다. 마음 편하고 몸 편한데 누추한 게 뭔 대수냐고, 오히려 몸과 명성이 모두 썩는 게 누추한 것이지 군자가 산다면 누추한 건 상관없다고 말합니다.

이는 마치 공자가《논어》,〈술이〉편에서 "거친 음식을 먹고 맹물을 마시며 팔을 굽혀 베개를 삼더라도, 즐거움이 또한 그곳에 있다. 의롭지도 않은데 돈이 많고 지위가 높은 것은 내게는 뜬구름과 같다"고 한 것과 흡사합니다. 가난한데도 도를 즐길 줄 아는 삶을 '안빈낙도'의 삶이라 부릅니다. 군자라면 누구나 다 이러한 삶을 살고 싶을 것입니다. 행복이란 결코 돈 많고 지위가 높은 데서 얻어지는 것이 아닙니다. 허균은 도리어 이런 것을 누추하다고 말하지요. 언제나 자신들의 이익에 의해서만 세상을 판단하고 재단하는 위정자들의 삶이야말로 누추陋醜 그 자체인 것이니까요. 허균이 꿈꾸던 세상은 아마도 공자가 《논어》에서 말했던 안빈낙도의 삶이 아니었을까 생각합니다.

다른 사람이 알아주지 않더라도 성내지 않는 삶

《논어》는 춘추시대 그러니까 지금부터 약 2,500년 전 공자와 그의 제자들의 대화가 기록되어 있는 책입니다. 주周나라가 망하자 전국은 분열되었고 살육과 음모가 난무하였지요. 초나라 대부의 아들 오자서는 아버지와 형을 죽인 왕의 무덤을 파헤쳐 그 시체에 채찍질을 했고, 위나라 출공은 자기의 아버지를 아버지라 여기지 않고, 자기의 할아버지를 아비로 삼아 명분과 실상을 문란케 하였습니다. 이러한 소용돌이 속에서 공자는 천하의 도가 사라졌다고 판단하고 앞 시대 성왕聖王인 요·순·우·탕·문·무·주공의 도를 통해 세상을 바로잡고 싶어 했습니다. 따라서 그의 가르침은 대개 혼란한 세상을 헤쳐 나가는 삶의 지혜로 이루어져 있습니다. 그런데 이러한 삶의 지혜가 아래 대화에서 보듯이 제자들의 상황에 따라 달라진다는 것이 이 책을 읽는 데 어려움을 줍니다.

자로가 물었다. "옳은 것을 들으면 곧장 실행해야 합니까?" 선생님께서 말씀하셨다. "부형이 계신데 어떻게 그것을 들었다고 곧장 실행에 옮길 수 있겠느냐?" 염유가 물었다. "옳은 것을 들으면 곧장 실행해야 합니까?" 선생님께서 말씀하셨다. "들으면 곧장 실행에 옮겨야지!" 이러한 대화를 듣던 공서화가 물었다. "자로가 묻기를 '들으면 곧 실행해야 합니까?'라고 묻자, 선생님께서는 '부형이 계시다' 하셨고, 염유가 똑같이 물었을 때 선생님께서는 '들으면 곧장 실행하여야 한다'고 하셨습니다. 제가 의심이 나서 감히 묻습니다." 선생님께서 말씀하셨다. "염유는 뒤로 물러남으로 나아가게 한 것이요, 자로는 앞질러 나감으로 물러나게 한 것이다." (《선진》21)

이 책을 읽는 대부분의 독자들은, 일관성 없어 보이는 이러한 대화 때문에 전체보다는 부분에 집착하고 마음에 드는 잠언 몇 구절을 기억하는 것으로 《논어》를 통독했다고 생각합니다. 하지만 《논어》 전체를 관통하는 공자의 사상을 알고 나면 공자와 제자들과의 대화가 얼마나 생동감 넘치는지 알 수 있습니다. 일본의 학자 요시카와 고지로는 《공자와 논어》(조영렬 옮김, 뿌리와 이파리, 2006)라는 책에서 "《논어》의 이 딱 부러지지 않는 것이야말로 이 책의 존중할 만한 점이며, 공자의 후계자를 자임하는 맹자는 그것을 결여하고 있다"고 하면서 《맹자》는 원주율을 3.14로 표시하지만 《논어》는 그것을 단지 π로 표시한다고 하였습니다. 왜냐하면 어떤 것도 하나로 규정할 수 없는 인간사는 겉으로 보기에 3.14와 같이 단순해 보이지만 그 안에는 3.14159265358979……로 계속되는 소수점 이하의 수들이 있기 때문입니다. 따라서 공자는 제자들에게 이 무한의 수인 세상에서 소통할 수 있는 가장 적합한 삶의 태도를 제시해주려고 했던 것입니다. 형식보다는 내용을, 다시말해 삶의 겉치레보다는 진정성을 강조하였던 것이지요. 우리가 여전히 《논어》를 읽는 이유도 바로 여기에 있습니다.

　《논어》에서 공자는 제자들의 성격은 물론 그가 처한 상황까지 고려하여 가장 적합한 답을 제시하고 그렇게 살아가기를 요구하였습니다. 때문에 공자의 철학은 매우 현실적이고, 구체적이지요. '가家' 혹은 '국國'이라는 공동체를 유지하기 위해 그가 중시했던 것은 바로 '소통'입니다. '나'는 다른 사람 없이는 살아갈 수 없기에 공자는 다른 사람과의 관계 속에서 물 흐르듯 흘러가는 자연스러움을 철학의 기저로 삼았습니다. 이러한 그의 철학을 한마디로 하면 '인仁'이라 부를 수 있을 것이며, 《논어》 전편은 모두 이 '인'에 대한 설명이라 해도 과언이 아닐 것입니다. 흔히 '인'이라면 측은히 여기는 마음 혹은 사랑의 이치 등으로 풀이합니다. 하지만 측은히 여기는 마음이든 사랑의 이치든, 이것이 어느 한쪽에 편벽되거나 치우치는 순간 이러한 마음 또한 폭력이 됩니다. 따라서 편벽되지도 않고 치우치지도 않으며, 지나치거나 미치지 못함이 없는 상태가 바로 '인'이며, 공자가 말하는 '성인의 도'인 것입니다. 그래서 주희의 스승인 정호는 "의서에 손발이 마비된 것을 불인주仁이라 하니, 이 말이 인仁을 가장 잘 형용한 것이다"라고 하였던 것입니다. 인한 사람은 천지와 만물을 한 몸으로 여기니 자기 아닌 것이 없지요. 천지만물이 모두 자기와 일체임을 인식한다면 어느 것인들 이르지 못하겠습니까? 그런데 만약 천지만물이 모두 자기와 일체임을 인식하지 못한다면 저절로 자기와는 서로 관련이 되지 않겠지요. 이는 마치 손발이 마비되면 기가 관통하지 않아 아픔과 가려움을 느끼지 못하고 사지를 내 뜻대로 움직이지 못하게 되는 것과 같습니다. 이것이 바로 '불인'입니다. 그렇기 때문에 '인'은 바로 기가 통하는, 다시 말해 막힌 것을 터〔疏〕 통하게〔通〕 하는 '소통'을 뜻하는 것입니다.

그렇다면 어떻게 '인'한 상태로 살아갈 수 있을까요? 공자는 관계가 형성되는 순간 자신의 마음을 다하라고 말합니다. 이것이 바로 '충忠'입니다. 흔히 '충'이라고 하면 국가에 대한 '충'만을 생각하기 쉽지만 공자는 모든 대상에 대해 '충'하라고, 그러니까 자신의 마음을 다하라고 합니다. 글자 그대로 마음〔心〕을 오로지〔中〕 하는 것이지요. 하지만 무턱대고 자신의 마음을 다한다고 '소통'이 되는 것은 아닙니다. 자칫 자신의 마음을 다했다가는 관계가 깨질 수도 있으니까요. '소통'이 되기 위해서는 자신의 마음을 미루어 다른 사람의 마음을 살필 수 있어야 합니다. 이것을 '서恕'라고 합니다. 글자 그대로 같은〔如〕 마음〔心〕이 되는 것이지요. 공자가 제자인 자공에게 "종신토록 행할 만한 것은 '서'다"라고 했으며, 공자의 제자인 증자도 제자들에게 "선생님의 도는 '충'과 '서'

일 뿐이다"라고 했던 것으로 보면 이 두 단어가 공자 철학의 핵심을 내포하는 말임을 알 수 있습니다. 결국 공동체를 유지하기 위한 '소통'은 자신의 마음을 오로지 하되, 다른 사람과 같은 마음이 되는 것입니다. 이것을 공자는 '극기복례克己復禮'라고 했습니다.

> 안연이 인仁에 대하여 물었다. 선생님께서 말씀하셨다. "자기를 이겨 예禮로 돌아가면 인하게 된다. 하루라도 자기를 이겨 예로 돌아가면, 세상 사람들이 모두 인으로 귀의할 것이다. 인하게 되는 것이 자기에게 달려 있지, 남에게 달려 있겠는가?" (〈안연〉 1)

결국 소통을 방해하는 사욕을 제거해 천리의 절문節文이라는 '예'를 회복하는 것이 곧 인을 행하는 것이고, 관계를 유지하는 일이지요. 그런데 욕망의 구조가 나를 철저히 소외시키는 방법으로 작동되고 있는 한 자신의 욕망을 제거한다는 것이 쉬운 일은 아닙니다. 타자가 만들어 놓은 욕망대로 사는 한 우리는 언제나 상대적 결핍감을 느끼게 될 것이고, 이것 때문에 좌절하고 말 것입니다. 그렇다면 이 욕망의 고리는 어떻게 끊을 수 있을까요? 그것은 상대적 결핍감을 만드는 이분법적 사고의 대상을 무너뜨리는 것입니다. 어떤 것도 정해진 것은 없습니다. 다시 말해 어떤 것도 세상의 기준이 되지 않는다는 것이지요. 예컨대, 선악의 이분법이 그것입니다. 세상엔 절대적인 선도 절대적인 악도 존재하지 않습니다. 그것은 단지 대상에 대한 상대적 기준일 뿐이어서 그 대상이 사라지는 순간 선악도 사라지게 되는 것입니다. 대상이 이미 사라졌는데 무엇을 기준으로 선악을 구별 수 있을까요? 부귀와 빈천도 모두 같은 원리이지요. 따라서 욕망을 제거할 것이 아니라 욕망하는 대상을 제거해야 합니다. 다시 말해 무엇 때문에 결핍감을 느끼는지 알고, 그 결핍감을 만드는 대상을 제거하는 것이 필요합니다.

공자는 《논어》, 〈옹야〉편에서 제자인 안회의 삶을 보고 "훌륭하도다. 안회여! 다른 사람들은 한 그릇의 밥과 한 표주박의 물로 누추한 동네에 살면 그로 인해 생기는 근심을 견뎌내지 못하는데, 안회는 그 즐거움을 바꾸지 않으니, 훌륭하도다. 안회여!"라고 하였습니다. 이것이 바로 안빈낙도한 삶의 태도이며, 인의 실천인 것입니다. 누군가의 척도에 의해 규정되어 자신을 소외시키는 삶이 아닌 자신으로부터의 삶을 긍정하는 자세, 이러한 주체적 삶이 있을 때만이 가난한 가운데서도 편안한 마음으로 도를 즐길 수 있습니다. 《논어》의 시작이 "배우고 때때로 이것을 익힌다면 또한 기쁘지 않겠는가? 벗이 있는데 먼 곳으로부터 찾아온다면 또한 즐겁지 않겠는가? 다른 사람들이 알아주지 않더라도 성내지 않는다면 또한 군자답지 않겠는가?〈〈학이〉 1〉"라고 한 것은 결국 우遇와 불우不遇의 상황 속에서 어떻게 살 것인지를 가르치기 위한 공자의 철학을 요약한 것입니다. 자신이 배운 것을 때에 맞게 익혀 실천하고, 이러한 학문을 알아주는 벗 즉, 동지同志가 천 리 길도 마다치 않고 온다면 당연 기쁘고 즐거울 수밖에 없겠지요. 그리고 이렇게 된다면 다른 사람들이 설사 나를 알아주지 않더라도 성낼 필요가 없을 것입니다. 이것이 바로 어떤 기준이 되는 대상을 제거하고 주체적으로 살아가는 삶입니다.

따라서 공자는 처음부터 인류를 구원한다는 식의 거대한 말로 '인'을 설명하지 않고, 자신의 가까운 것에서부터 취해 비유할 수 있는 것으로 '인'을 설명하고, 이것부터 실천해야 한다고 가르쳤습니다.

> 자공이 말했다. "만일 백성에게 널리 은혜를 베풀고 뭇사람들을 구제할 사람이 있다면, 어떻습니까? 인하다고 일컬을 만합니까?" 선생님께서 말씀하셨다. "어찌 인에 그치겠는가? 틀림없이 성인이리라. 요임금과 순임금도 그렇게 하기는 쉽지 않았을 것이다. 대체로 인한 사람은 자신이 서고자 할 때 남을 서게 해주며, 자신이 이루고자 할 때 남을 이루게 해준다. 가까이 자기에서 취하여 비추어 보아 남을 이해할 수 있다면, 인을 실천하는 방법이라고 할 수 있다." (〈옹야〉 28)

이처럼 공자는 제자에게 '널리 베풀라'느니 '여러 사람을 구제하라'느니 하는 거대한 말로 '인'을 말하지 않았지요. 게다가 이 것을 치자治者의 이상적 모델로 삼지도 않았습니다. 오히려 이를

'성聖'이라 칭하고, 우리가 그러했을 것이라고 믿는 요임금과 순임금도 실제로 하지 못한 일임을 명시해줍니다. 《논어》에서 '배움'이 중요한 것은 바로 이 때문입니다. 공자는 "옛날의 학자들은 자신을 충실히 하기 위해 공부했는데, 지금의 학자들은 남에게 인정받기 위해 공부한다 (〈헌문〉 24)"라고 비난합니다. 자신을 위한 공부가 아닌 남을 위한 공부는 학문의 내용은 버려둔 채 형식만을 취하기 쉽습니다. 이렇게 되면 자신은 물론 세상을 속이는 학문이 되겠지요. '인'은 언제나 나와 나의 주변으로부터 시작되어야 하며, 누구나 실천 가능해야 합니다. 가난한 가운데서도 도를 즐길 수 있고, 다른 사람이 알아주지 않더라도 성내지 않으며, 세상과 소통하는 삶. 이 모두가 '인'의 실천이며, 허균이 꿈꾸던 삶일 것입니다.

이익

'추기급인'의 마음으로 세상을 다스리다

이익(李瀷, 1681~1763) 조선 후기의 학자로 실용적인 학문과
양반도 생업에 종사할 것을 주장했다. 자는 '자신(子新)'이고,
호는 '성호(星湖)'이다. 저서로는《성호사설》,《성호선생문집》
등이 있다.

'성호의 시시하고 자질구레한 이야기〔僿說〕'라는 제목의《성호사설》은 성호 이익이 지은 책으로, 그는 〈자서〉에서 이 책은 장난삼아 쓴 글이라고 겸손하게 말합니다. 하지만 책 속에 들어 있는 성호의 사유는 결코 가볍지 않을 뿐만 아니라 그는 이 책을 통해 조선 후기의 사회적 모순을 직시하고 이에 대한 직언을 서슴없이 내뱉습니다. 그도 그럴 것이 성호는 몰락한 집안의 자제로 형이자 스승인 이잠李潛의 죽음을 목도한 후 과거시험을 포기한 채 몸소 농사를 지으면서 학문에 침잠합니다. 그는 유학 속에서 민생을 도모하는 실용적인 학문을 추구하였는데, 이렇게 일구어낸 성호의 학문은 안정복安鼎福, 권철신權哲身 등의 제자들에게 이어졌고 그의 호를 딴 성호학파가 형성될 정도로 후대에 많은 영향을 미칩니다.

그의 집안은 여주 이씨로 서울과 경기도에 기반을 둔 남인의 명문가입니다. 증조할아버지 이상의李尙毅는 의정부 좌찬성°이었고, 할아버지 이지안李志安은 사헌부 지평°°을 역임했으며, 아버지 이하진李夏鎭은 도승지°°°를 거쳐 사헌부 대사헌°°°°에까지 오르는 누대에 걸친 관료 집안이었지요. 그러나 숙종 초기에 벌어진

° 의정부의 종1품 벼슬로 백관 통솔, 일반 정사 처리, 국토 계획, 외교 등을 맡았다.

°° 사헌부에 딸린 정5품의 벼슬로 문과 급제자 중 청렴하고 강직하여 시류에 영합하지 않고, 옳다고 믿는 바를 굽히지 않고 직언할 수 있는 젊고 기개가 있는 인재들만 임명되었다.

°°° 승정원의 6승지 중 수석 승지로 왕이 내리는 교서나 신하들이 왕에게 올리는 글 등 모든 문서를 총괄하는 왕의 비서장격으로서의 임무를 맡았다.

°°°° 사헌부의 장관으로 품계는 종2품이다. 정사를 논하고 백관을 감찰하며 기강을 확립하는 따위의 업무를 맡아보았다.

남인과 서인의 치열한 당쟁에서 남인이 실각하자 성호의 집안은 정계에서 배제되기 시작합니다. 특히, 숙종 6년(1680)에 남인계의 거두 허적許積과 그 서자 허견이 일으킨 문제로 인해 남인이 정권에서 축출되는 정변이 일어날 때 아버지 이하진은 평안도 운산에 유배되었다가 이듬해 그곳에서 숨을 거두게 됩니다. 성호는 아버지의 유배지에서 태어났으며, 이 사건으로 성호의 집안은 몰락의 길을 걷습니다.

그는 중형 이잠에게서 글을 배워 25세 무렵 과거에 응시하여 초시에 합격하지만, 회시會試°에서 이름을 기재한 것이 격식에 맞지 않는다는 이유로 시험 자격이 박탈됩니다. 게다가 이런 일이 있은 다음 해 세자 책봉 문제로 상소를 올린 형 이잠이 역적으로 몰려 곤장을 맞고 죽자, 성호는 그 충격으로 중앙 정계에 진출할 뜻을 접고 학문에만 전념합니다. 다행히 아버지가 정계에 있던 시절 모아둔 수천 권의 책이 그의 학문에 밑거름이 되어《성호사설》과 같은 방대한 책을 짓게 합니다. 처음에는 잊지 않기 위해 기록하였는데, 시간이 지나다 보니 그 내용이 많아져 문별로 분류하여 권질을 만들었으며, 책에 제목이 없을 수 없어 '사설'이라 이름 붙였다고 합니다. 이 책에는 경전과 문학은 물론 정치, 경제, 외교, 학문, 교육, 서양 소식, 지리, 전쟁, 무기, 종교, 이단, 형벌, 도둑,

---

° 문과를 보기 전 치루는 소과에는 초시와 복시 두 단계가 있는데, 초시 급제자가 서울에 모여 2차로 보는 시험 즉, 복시의 또 다른 이름.

유민, 서얼, 노비 문제 등 그야말로 조선 사회의 모든 것이 담겨져 있습니다. 그중에서도 정치권력에서 배제된 성호가 가진 사회 개혁의지는 경직되어 있던 유교 사상에 경종을 울리는 내용들로 타락한 사대부 체제와 피폐한 백성의 삶을 가감 없이 보여줌으로써 그 실상을 고발하는 동시에 진지한 대안을 제시하고 있습니다.

성호가 살던 시대는 해마다 기근이 들고 전염병이 돌아 백성들의 삶은 말 그대로 생지옥과 같았습니다. 지방의 수령이라는 자들은 도망가거나, 죽은 백성들에게서 거둘 것을 모두 일가친척들에게 거두었고, 친척으로도 모자라 마을 사람들에게까지 미쳤으니, 강한 자는 흩어져 도둑이 되고, 약한 자는 중이나 노비가 되어 양민이 거의 사라질 지경에 이르렀습니다. 그런데도 관원이라는 자들이 한다는 말이 "내가 그런 것이 아니라 흉년 때문"이니 답답할 따름입니다. 성호는 백성들이 가난하게 살 수밖에 없는 이유에 대해 다음과 같이 말합니다.

> 사람들은 "산과 하천이 많아 경작할 만한 땅이 적다"고 한다. 하지만 이 역시 그렇지 않다. 만약 높고 가파른 곳을 깎아 없애고, 하천을 좁게 만들어 땅을 늘린다면, 가난한 사람을 부자로 만들 수 있을까? 잘못은 땅에 있는 것이 아니다. 잘못은 명백히 사람이 만들어낸 제도에 있다. 문제는 백성이 생산한 재화를 위에 있는 사람이 마구 써버리는 데 있는 것이다. 《민빈民貧》

백성들이 가난한 까닭은 땅이 부족해서가 아니라 잘못된 제도에 있다고 그는 단언합니다. 백성들을 부유하게 해준다는 것은, 재물을 직접 나누어준다는 것이 아니라 백성이 스스로 재물을 쌓고 모으게 하고, 이를 나라에서 탐내어 백성들에게 해를 끼치지 않게 하면 됩니다. 말하자면 하늘에 밝은 해가 있으면, 백성이 어둡게 지내는 것을 걱정할 필요가 없지요. 백성들이 알아서 창을 내어 밝은 빛을 취할 것이기 때문입니다. 이와 마찬가지로 땅에 재물이 있으면 백성이 가난할 것을 걱정할 필요가 없습니다. 백성이 알아서 나무를 하고 풀을 베어 스스로 부유하게 될 테니까요. 백성들은 각자 슬기로움과 힘이 있습니다. 밭을 갈아 밥을 먹고, 우물을 파서 물을 마시면서 자기 삶을 넉넉히 살아나갈 방도를 마련합니다. 비록 2~3년 홍수가 나고 가뭄이 든다 하더라도 먼 앞날을 생각하고 먹을 것을 쌓아놓습니다. 그런데 국가는 이러한 백성의 삶도 모른 채 백성을 구제한다는 구실을 내세워 백성들의 것을 빼앗습니다. 성호는 이를 법을 빙자하여 재물을 갈취하는 연법緣法이라고 했습니다. 그리고 이 법은 겁탈하는 것보다도 화가 더 깊다고 말합니다. 겁탈은 한때에 그치지만 연법은 그 포학함이 다하지 않아서 이로운 것 같으면서도 실상은 해가 있기 때문입니다. 그런데도 백성들은 이 해악을 깨닫지 못하니 도적 중에서도 가장 큰 도적이 아닐 수 없습니다. 그 대표적인 것이 바로 춘궁기에 굶주린 농민에게 곡식을 빌려주고 가을에 돌려받는 환곡입니다. 환곡은 처음에는 백성을 위하여 설치한 것이었고, 이를 통해 이익을 도모하려는 목적은 아니었습니다. 그러나 후에 점점 폐단이 생겼습니다. 쥐가 곡식을 축낸다는 핑계로 봄에 환곡을 나눠줄 때 1할의 모곡을 가산하여 그것을 미리 받아 관용에 충당했으며, 백성에게 줄 때에는 작은 두량을 사용해 윗자리에 있는 사람들의 배를 불렸습니다. 그러니 백성들은 아무리 열심히 농사를 지어도 가난을 면할 수가 없었고, 결국 걸인이 되거나 도둑이 될 수밖에 없었습니다. 성호는 굶주림과 추위가 도둑을 만든다는 〈기한작도飢寒作盜〉라는 글에서 다음과 같이 말합니다.

> 어리석은 백성이 굶주림과 추위에 몰린 나머지 도둑이 되어 살길을 찾으니, 그것은 몸에 있는 이와 같은 신세라고 할 것이다. 이는 옷의 솔기에 숨어 살면서 사람을 물지 않으면 살아갈 방도가 없다. 살아 있는 몸뚱이를 갖고 있으니 죽음을 면할 방도를 찾는 것도 이상한 일이 아니다. 이의 처지에서 차라리 죽을지언정 사람을 물지 않겠다고 하는 것이 가능하겠는가? 이가 사람을 물어 살갗을 다치게 하면 사람이 모를 리가 없다. 사람 또한 부득이 이를 태워 죽이게 된다. 이는 사람을 깨물지 않으면 굶어 죽고, 깨물면 또 불에 타 죽고 만다. 어리석은 백성이 도둑이 되어 살길을 찾으니 부득이 잡아 죽여야 할 것이다. 하지만 그 실정을 보면 또한 동정할 만하다. (〈기한작도〉)

이는 사람을 물어 피를 빨지 않으면 굶어 죽을 것이고, 굶어 죽지 않기 위해 사람을 물면 사람은 이를 태워 죽일 것입니다. 도둑질 또한 같은 이치입니다. 백성들은 굶어 죽지 않기 위해 도둑질을 합니다. 그들도 도둑질이 나쁜 일이라는 것을 알면서도 살기 위해 훔칠 수밖에 없습니다. 때문에 그 실정을 알면 또한 어찌할 수가 없을 것입니다. 대개 도둑질은 먹고 입는 것이 부족하기에 하게 되는 것이니 굶주림과 추위에 내몰리면 올바른 도리를 돌아볼 겨를이 없어집니다. 위에서 다스리는 사람이 아무리 깨끗하고 욕심이 없는 사람이더라도 만약 백성에게 생업을 마련해주지 못하여 그들이 입고 먹을 것이 모자란 나머지 온갖 고생을 하게 된다면 어찌 도둑질을 하지 않을 수 있겠습니까? 더욱이 백성들이 하는 도둑질이 윗자리에 있는 사람들의 수탈 때문이라면 그 잘못은 도둑질하는 백성에게 있는 것이 아니라 자기 것이 아닌 데도 욕심을 내는 윗사람들에게 있는 것이겠지요. 때문에 도둑을 잡아 죽이는 것보다 먼저 해야 할 것은 윗자리에서 탐욕을 부리는 자들을 없애는 것입니다. 성호는 주장합니다. 백성을 편안케 하려면 먼저 수탈을 금해야 한다고 말이죠. 백성을 수탈하는 폐단을 없게 하기 위해서 세력이 중한 자를 줄이는 것보다 나은 방책은 없습니다.

이에 성호는 쓸데없는 관료는 없애야 한다는 〈파용관罷冗官〉이라는 글을 씁니다. 한나라 때에는 벼슬자리에 맞게 사람을 뽑아 쓸데없는 관료가 없었는데, 과거제도가 생기면서 벼슬자리는 생각하지 않고 사람을 먼저 뽑아 자리보다 관료의 수가 늘어 쓸데없는 관료가 생기게 되었습니다. 게다가 국가에 공이 있거나 조상이 높은 벼슬을 지내면 그 자식들은 과거를 보지 않고도 벼슬을 할 수 있는 문음門蔭이라는 길이 생기면서 관료의 수는 더욱 늘어났습니다. 이렇게 되자 송나라 때에는 포대기에 싸인 어린 아이에게까지 관복을 입히는 웃지 못 할 일이 생겨났으니 한심할 노릇입니다. 일이 이 지경에 이르렀으니 당연히 재주와 덕망 있는 사람들은 초야에 묻힐 수밖에 없었습니다. 이익은 "말을 기르는 자가 말 먹이가 없어짐을 염려해 감독관을 두었더니 말은 더욱 수척해졌다"는 말을 인용하면서 송나라가 망한 것은 오랑캐 때문이 아니라 쓸데없이 늘어난 관료 때문이라고 비판합니다. 그러면서 이익은 당시 자신이 살던 조선 또한 이와 같기 때문에 백성들은 날로 궁핍해질 수밖에 없다고 하였습니다. 나라의 정사는 백성을 편안케 하는 것임에도 불구하고 관료들은 백성들을 침탈하기에 바빴습니다. 침탈하는 자 중 가장 힘이 세고 권세가 강한 자는 당연히 관원이 으뜸이니 관원의 수를 줄이는 것이 방책일 것입니다. 게다가 이익은 〈서도명호胥徒名號〉라는 글에서 온 천하의 관직을 구하는 데 급급한 자들은 거의 사리사욕을 충족시키려는 자들이니, 한결같은 마음으로 공정하고 청렴하여 백성의 후생만을 힘쓰는 자는 과연 몇 사람이나 되겠냐며 관원들의 토색질을 비판합니다.

무릇 후세에 백성의 수요는 증가되지 않았는데, 백성을 다스리는 관원이 점점 많아진 것은 그 뜻이 침탈하는 데 있는 것이다. 그 침탈의 조목을 논한다면 대개 경卿이 한 자리요 대부가 한 자리이며, 그 아래 상사·중사·하사가 있고, 또 그 아래에 부府와 사史와 서胥와 도徒가 있다. 외방에는 감사·목사·부사와 감監과 영令과 이吏와 예隸 등속이 있으나 가장 백성에게 가까운 자는 수령과 아전과 예속이다. 그들은 거의가 뱃속에 착취하려는 마음이 가득 차 있으나 다만 힘이 부족해서 침탈하지 못하는 것이요, 조금이라도 권력만 있게 되면 침탈을 감행하는 것이니, 그 인원을 많게 하여 되겠는가? 《서도명호》

백성을 침탈하는 관원 위에는 그 관원을 침탈하는 관원이 있고, 그 위에는 또 다른 관원이 마치 피라미드처럼 펼쳐 있으니 백성은 곤궁할 수밖에 없습니다. 게다가 이 관원이라는 자들은 백성의 거죽을 벗기고 뼈를 발라 자신들의 잇속을 채우는 자들이기 때문에 이들이 많으면 많을수록 백성들이 핍박받는 것은 당연한 일이겠지요. 맹자가 양나라 혜왕을 만나 왕에게 이利가 아닌 의義를 강조한 것 또한 이러한 이유에서일 것입니다. 왕이 나의 나라에 무슨 이익이 있겠는가 하면, 그 아래 대부는 나의 집안에 무슨 이익이 있겠는가 할 것이고, 그 아래 사람들은 또한 나의 몸에 무슨 이익이 있겠는가 할 것입니다. 때문에 윗사람과 아랫사람이 서로 이익을 가지고 다투면 결국 나라는 위태로워질 수밖에 없습니다. 그런데 성호가 살던 당시가 바로 빼앗지 않으면 만족하지 않는 그런 시대였습니다.

　게다가 윗자리에 만연한 사치의 풍조는 국가를 더욱 위태롭게 했습니다. 서적은 말할 것도 없고, 날마다 쓰는 생활 도구까지도 모두 중국제를 사용하고 이것을 다투어 고상한 풍치로 삼았으니 재화를 생산하는 백성들의 삶은 날로 힘들어질 수밖에 없었습니다. 대개 정치가 밝지 않은 것은 공정하지 못한 데서 비롯되고, 공정하지 못한 것은 청렴하지 않은 데서 비롯됩니다. 청렴하지 않은 것은 검소하지 않은 데서 비롯되고, 검소하지 못함은 자기 분수에 만족하지 않는 데서 비롯됩니다. 사람들은 모두 편하고 부유하게 살고자 합니다. 이것은 타고난 본성이기도 하지만 또한 습관과 풍속이 그렇게 변화시키기도 합니다. 옛날에는 사치가 욕심에서 생겨났지만, 이제는 사치가 풍속에서 생겨나기 때문에 더 큰 문제라는 것이 성호의 생각입니다. 세상이 문벌을 숭상하여 재상의 자식들은 반드시 재상이 되고, 부귀하고 교만한 집안에서 태어난 사람은 죽을 때까지 부귀하고 교만하게 살다가 죽으니 갈수록 더욱더 사치스럽게 살지만 정작 자신은 그런 줄을 모릅니다. 때문에 성호는 《논어》, 〈안연〉편에 나오는 백성을 부릴 때에는 큰 제사를 받드는 것같이 해야 한다〔使民如承大祭〕"는 말을 인용해 〈사민여제〉라는 글을 씁니다. 이 말은 공자의 제자인 중궁이 인仁에 대해 묻자 선생께서 대답한 것으로 공자는 이 말 뒤에 "자신이 하고

자 하지 않는 것을 남에게 베풀지 말아야 하니, 이렇게 하면 나라에 있어서도 원망함이 없을 것이다"라고 하였습니다.

윗자리에 있는 사람이 인仁을 베풀면 아랫사람은 당연히 의義로써 보답할 것입니다. 이렇게 되면 자연스레 일이 잘 이루어질 것이고 그러면 위아래가 모두 편안해질 것입니다. 그런데 예나 지금이나 사람들은 이것을 잊고 자신의 이익만을 채우고 살려고 합니다. 재산과 학벌을 배경으로 한 정치인들은 매일 같이 '서민'을 입에 올리지만 그들이 서민의 삶을 살아보지 않았으니 서민의 생활을 알 턱이 없습니다. 행여 안다 해도 폐부로 공감하지는 못할 것입니다. 그러니 백성들의 삶은 성호가 살던 시대나 지금이나 이토록 팍팍할 수밖에요. 윗자리에 있을수록 겸손히 아랫자리의 삶을 알려고 노력해야 사회는 안정될 수 있습니다. '추기급인推己及人'이라 했던가요. 자기에게 미루어 남에게 미치는 마음이 곧 인을 행하는 방법이며, 이렇게 인을 베풀었을 때만이 아랫사람도 의로써 보답할 것입니다.

사민여제

使 民 如 祭

군자는 위에 있고, 소인은 아래에 있어 세력과 지위가 서로 떨어져 미치지 못하니 오막살이 백성들의 고통을 어찌 알겠는가? 겨울의 모피 옷과 여름의 갈포 옷은 한 해마다 필요한 것이므로 사람마다 모두 가지고 있다. 그러나 한창 더위에 모피 옷을 보거나, 엄한 추위에 갈포 옷을 본다면 오히려 내 몸이 견딜 수 없다고 생각할 것이니 하물며 일찍이 가깝게 지내보지 않은 사람은 오죽 하겠는가? 그러므로 모질고 해로운 정치는 모두가 잔인한 마음에서 나와 고의로 한 것이 아니라 살피지 않고 만흘히 하여 그 지경에 이르는 것이다. 진나라 대부 구계는 "문을 나갈 때에는 손님과 같이 하고, 일을 할 때에는 제사와 같이 하라"고 하였으며, 공자는 "문을 나갔을 때에는 큰 손님을 보는 것같이 하고, 백성을 부릴 때에는 큰 제사를 받드는 것같이 해야 한다"고 하였으니 이것은 잘 형용한 것이다. 제사라는 것은 신을 섬기는 도리이다. 신은 형상이나 소리를 보고 들을 수 없는 것이므로 지성으로 공경하고 받들며 재계하고 생각하면 거의 강림할 것이지만 여기에 있느니, 저기에 있느니 한다면 신이 흠향할지 모르겠다. 그러므로《시경》에 "신의 강림하심은 헤아릴 수가 없는 것이거늘 하물며 꺼려

할 수 있겠는가?"라고 하였다. 그러므로 오직 효자라야 그 귀신을 이르게 할 수 있으며, 오직 자애로운 어머니라야 그 어린애를 보호할 수 있는 것이다. 왜냐하면 진실로 구하면 들어맞음이 있기 때문이다. 어진 사람이 백성을 대함도 이와 같다. 그러므로 겹이 불을 덮고 수탄을 땔 때면 천하에 몸이 얼어붙는 사람이 있는 줄을 알아야 하고, 화려한 집에서 푸짐한 음식을 차릴 때에는 천하에 굶주림을 참는 자가 있는 줄을 알아야 하고, 일상생활이 안락할 때에는 천하에 노역에 시달리는 사람이 있는 줄 알아야 하고, 만사가 내 뜻대로 되어 기분이 좋을 때에는 천하에 원한을 품고 억울해하는 사람이 있다는 것을 알아야 할 것이니 이것이 백성을 부릴 때에는 큰 제사를 받드는 것같이 해야 한다는 뜻이다. 이것으로 미루어 보건대 큰 손님이 왔을 때에는 반드시 살펴보되 그 뜻을 말과 용모와 동작 등에서 알아내어 상황에 맞게 공경히 받들어야 한다. 그러므로 문에 나가 사람을 볼 때에도 마땅히 이와 같이 하여 자기에게 미루어 남에게 미치는 마음으로 행해야 하니, 이것이 곧 인을 행하는 방법이다. 이와 같이 그 글을 해석해보니 그 맛이 더욱 깊다.

君子居上, 小人在下, 勢位不相及也, 其菹屋愁苦何從而之. 冬裘夏葛, 卽一歲之用, 而人人皆有也. 然盛署見裘隆寒葛, 猶疑夫吾身之若不可堪, 況不曾親歷者乎. 故虐害之政, 未必皆出於忍心故爲也, 或多有不能察識, 慢忽而至

此耳. 曰季之言, 出門如賓, 承事如祭, 夫子衍之曰, 出門
如見大賓, 使民如承大祭, 此善名狀也. 祭者神之道也. 神
無形聲之可以聽聞, 故至誠敬承, 齋戒思惟庶幾降歆, 猶
曰於此乎於彼乎, 不知神之享之也. 故曰 不可度思, 矧可
射思. 是以惟孝子能格其鬼神, 惟慈母能保其赤子. 爲其誠
求而有中也. 仁人之於蒼生亦有是也. 故重裘獸炭, 知天
下有受凍者矣, 綺屋豐樽, 知天下有忍餓者矣, 起居安逸,
知天下有不堪勞役者矣, 快意任情, 知天下有懷抱寃鬱者
矣, 此使民如祭之說也. 因是而求之, 大賓至則必須察, 其
意旨於言貌動作之外, 方便敬承. 故出門見人, 皆宜如此,
推己以及人, 此乃爲仁之術也. 如是者其味益深.

(출전:《성호사설》)

성호와 《맹자》

　　성호가 살던 시대는 해마다 기근이 들고 전염병이 돌아 백성들의 삶은 말 그대로 생지옥과 같았습니다. 그럼에도 지방의 수령이라는 자들은 자기들의 잇속을 채우기 위해 도망가거나, 죽은 백성들에게서 거둘 것을 일가친척이나 마을 사람들에게 부과했지요. 그런데도 관원이라는 자들이 한다는 말이 "내가 그런 것이 아니라 흉년 때문"이라고 하니 인仁과 의義가 사라진 지 오래였습니다. 게다가 과거와 음서 제도의 폐해로 쓸데없이 관료가 늘어나면서 백성들은 도탄에 빠질 수밖에 없었습니다. 왜냐하면 백성들을 침탈하는 관원 위에는 그 관원을 침탈하는 관원이 있고, 그 위에는 또 다른 관원이 펼쳐 있으니 백성들의 삶은 나날이 곤궁해질 수밖에요. 맹자가 백성들과 함께 즐겨 사는〔與民偕樂〕 나라를 만들기 위해 이利가 아닌 의義를 강조한 것은 바로 이러한 이유 때문입니다.

　　《맹자》의 첫 장인 〈양혜왕장구상〉에서 맹자는 양粱나라 혜왕을 만나 나라의 이익보다 중요한 것은 인과 의임을 알려주는 구절이 있습니다. 중국 전체가 전쟁 상태였던 전국시대 맹자는 왕도 정치를 실현하고자 세상에 나섭니다. 하지만 맹자를 만난 양혜왕은 "선생께서 천리를 멀다 여기지 않고 오셨으니, 장차 내 나라를 어떻게 이롭게 해줄 수 있겠습니까?"라고 묻습니다. 이에 맹자는 다음과 같이 말하며 인의를 강조합니다.

> 왕은 어찌하여 이익에 대해서만 말하십니까? 진정 중요한 것은 인과 의일 뿐입니다. 한 나라의 왕이 '어떻게 하면 내 나라를 이롭게 할 수 있을까?' 궁리하면, 그 아래 대부는 '어떻게 하면 내 집안을 이롭게 할 수 있을까?'를 궁리하고, 선비와 서민들은 '어떻게 하면 내 한 몸 이롭게 할 수 있을까?'를 궁리합니다. 이처럼 위아래가 다투어 자신들의 이익만을 취하려 들면 나라는 위태로워질 것입니다. (《맹자》, 〈양혜왕장구상〉 1)

이처럼 왕은 왕대로, 대부는 대부대로, 선비는 선비대로 다투어 자신들의 이익만을 취하려 들면 백성들은 흩어지고 나라는 위태로워질 것이 뻔합니다. 그런데 성호가 살던 당시가 바로 빼앗지 않으면 만족하지 않는 그런 시대였습니다. 때문에 성호는 이런 사회적 모순을 직시하고 전국시대 맹자가 그랬던 것처럼 인의를 강조하며 백성들과 함께 살아가는 나라를 꿈꾸었습니다.

외물에 흔들리지 않는 삶

한문 공부를 시작하는 학생들에게 선생님께서 해주시는 말씀 중에 '맹자삼천독, 툭탁지성'이라는 말이 있습니다. 《맹자》를 3,000번 읽으면 우주만물의 이치를 꿸 수 있다는 이 말은 문리文理를 깨치기 위해서는 그만큼 많이 읽어야 한다는 의미와도 통합니다. 그런데 왜 하필 사서인 《논어》, 《맹자》, 《대학》, 《중용》 중 가장 두꺼운 《맹자》일까요? 그것은 맹자가 공자의 뒤를 이은 사상가이기도 하지만, 순서도 흩어져 있고 함축도 많아 이해하기 어려운 《논어》에 비해 '스토리'가 있어 읽기 쉽기 때문일 것입니다.

맹자는 기원전 327년에 태어나 기원전 289년에 죽은 것으로 추정되는데 이 시기는 역사적으로 전국戰國시대에 해당됩니다. '전국'이라는 말은 중국 전체가 통상적으로 전쟁 상태에 있었다는 것을 표현한 말인데, 그는 이러한 시기에 인과 의에 바탕을 둔 왕도정치를 실현하고자 했습니다. 스스로 "공자의 문도는 되지 못했지만 사람들을 통해 그를 사숙私淑했다"라고 말한 것으로 미루어 보건대 공자에게 직접적인 가르침을 받지는 않았으나 마음속으로 그를 사모해 공부했음을 알 수 있습니다. 《사기》의 〈맹자순경열전〉에는 공자의 제자인 자사의 문인들에게 배웠다고 하였지만 확실치는 않고, 스스로 공자의 가르침을 깨달았던 것으로 보입니다. 그는 당시의 많은 학자들이 그러했던 것처럼 자신의 사상을 받아 줄 제후를 만나기 위해 유세를 떠났습니다. 하지만 가는 곳마다 뜻이 합하지 못하자, 물러나 만장 등의 문도와 함께 《시경》과 《서경》을 서술하고, 공자의 뜻을 기술하여 《맹자》를 지었지요. 때문의 《맹자》는 기본적으로는 공자의 뜻을 전하고 있지만 당시 다른 학파와의 논쟁 속에서 공자의 사상을 나름대로 체계화하려고 한 노력도 엿보입니다.

　전국시대 각국의 제후들은 스스로를 왕이라 참칭하고 자신들의 이익만을 위해 인과 의는 저버린 채 싸움을 했습니다. 인하고서 그 어버이를 버리는 자는 있지 않으며, 의롭고서 그 군주를 뒤로 하는 자는 있지 않습니다. 하지만 인과 의가 사라진 시대, 제후국 내의 반역과 암살은 물론 아들이 아버지의 재산을 노리고 차남이 장남의 지위를 엿보는 등의 패륜이 끊이질 않았습니다. 위아래 모두 그들이 넘볼 수 있는 모든 욕망을 실현하고자 했습니다. 때문에 서로의 것을 빼앗지 않으면 만족하지 않는 그야말로 살육의 시대였지요. 개와 돼지가 사람이 먹는 양식을 먹어도 단속하지 않았고, 길에 굶어 죽은 시체가 나뒹구는데도 창고를 열 줄 모르고, 사람들이 굶어 죽으면 말하길 "내가 그렇게 한 것이 아니라, 흉년 때문이다"라고만 했으니 백성들은 도탄에 빠질 수밖에 없었습니다. 제후들이 자신의 욕망대로만 사는 한 그것이 칼이든 정치든 백성을 죽이는 것은 마찬가지였습니다. 이러한 참혹한 광경을 본 맹자에게 가장 중요한 것은 바로 마음을 보존하여 인간의 본성을 기르는 것이었습니다. 맹자는 말합니다. 마음을 다하는 자는 그 성性을 알면 하늘을 알게 될 것이라고요.

　그런데 우리는 살면서 많은 것에 마음이 흔들립니다. 맛있는

음식, 좋은 집, 예쁜 옷……. 내가 가진 것보다 맛있고, 좋고, 예쁜
것이 있다면 금방이라도 가지고 싶어 하지요. 이것은 모두 감각기
관에 현혹된 우리들의 욕심 때문입니다. 노력해서 가질 수 있다
면 괜찮겠지만 그렇지 못하면 이 욕심 때문에 남을 해칠 수도 있
습니다. 그리고 혹 노력해서 가질 수 있다 해도 절제하는 마음이
없다면 우리는 음식과 집과 옷의 노예가 되고 말 것입니다. 이러
한 욕심은 언제나 상대적이기 때문에 그것을 통제하는 마음을 놓
아버리는 순간 끝도 없는 나락의 길로 떨어집니다. 때문에 마음을
놓아버리는 '방심放心'은 금물이지요.

> 인仁은 사람의 마음이요, 의義는 사람의 길이다. 그 길을
> 버리고 그 길로 가지 않으며, 그 마음을 놓아버리고서도
> 찾을 줄을 모르니, 애처롭다. 사람이 닭과 개가 도망가면
> 찾을 줄을 알면서, 마음을 놓아버리고는 찾을 줄 모르니
> 학문하는 방법은 다른 것이 아니라 그 놓아버린 마음을
> 찾는 것일 뿐이다. 〈고자장구상〉 11)

사람들은 집에서 키우던 닭과 개가 없어지면 찾으려고 애쓰
면서, 자신의 마음이 달아났는데도 찾을 줄을 모르니 이것이 바
로 외물에 노예가 되는 것입니다. 외물에 노예가 되는 순간 우리
는 나를 잊은 채 외물에 끌려다닐 수밖에 없습니다. 따라서 맹자
는 놓아버린 마음을 찾는 것이 학문의 길이라고 했습니다. 맹자에

게 있어 학문은 원래 선善했던 마음, 그래서 자신의 감각을 절제할 수 있었던 그 마음을 보존하는 것입니다. 똑같은 사람인데 어떤 사람은 대인大人이 되고, 어떤 사람은 소인小人이 되는 것도 결국은 이 때문이지요. 귀와 눈은 생각하는 기능이 없기 때문에 외물에 가리어지니, 외물이 귀와 눈과 사귀면 거기에 끌려갈 뿐입니다. 하지만 마음의 기능은 생각할 수 있으니, 생각하면 얻고, 생각하지 못하면 얻지 못하는 것이지요. 그렇기 때문에 마음을 다해야 합니다. 이것이 바로 '진심盡心'입니다. 마음을 기르는 데 좋은 것은 욕심을 줄이는 것입니다. 맹자는 〈진심장구하〉에서 "사람됨이 욕심이 적으면 비록 마음이 보존되지 못하더라도 보존되는 것이 많을 것이고, 사람됨이 욕심이 많으면 비록 마음이 보존되더라도 보존되는 것이 적을 것이다"라고 했습니다. 마음을 다해 자신의 감각을 절제하는 것도 중요한 일이지만, 자신의 감각을 절제해 마음을 다하게 하는 것도 필요한 일이지요.

또한 이것은 공자가 '극기복례'°의 조목을 묻는 제자 안연에게 해주었던 말과도 같습니다. 예가 아니면 보지 말며, 예가 아니면 듣지 말며, 예가 아니면 말하지 말며, 예가 아니면 움직이지 않는 것. 이것은 결국 자신의 감각을 절제해 본연의 마음을 다하는

° 자신의 욕망을 누르고 예(禮)에 맞게 행동한다는 뜻. 《논어》, 〈안연〉편에서 공자의 제자인 안연이 인(仁)에 대해 묻자, "자기를 이겨 예로 돌아가면 인하게 된다"고 한 말에서 유래했다.

일인 것입니다.

하치만 살아 있는 한 매 순간 외물과 부딪혀 사는 것이 인간인데 어떻게 마음이 흔들리지 않고 본연의 마음을 다할 수 있겠습니까? 게다가 마음을 흔드는 것에는 자신의 의지 즉, 마음과는 상관없이 일어나는 두려움이나 공포 등도 있으니 마음만 다한다고 해결되는 것은 아닙니다. 그렇기 때문에 유혹이나 두려움 따위에 거리끼지 않는 내면의 강인함이 필요한 것이지요. 맹자는 이러한 내면의 강인함을 갖기 위해 '호연지기'를 기르라고 합니다. 그런데 사람들은 호연지기라 하면 강인함이라는 의미가 들어 있기 때문인지 산과 들에 나가 자신의 신체를 단련하는 것쯤으로 생각합니다.

그런데 맹자가 말하는 호연지기는 그 이상입니다. 호연浩然이란 넓고 큰 모습을 형용하는 의태어이고, 기氣는 이른바 몸에 가득 찬 것으로, 왕성하게 뻗친 몸에 가득 찬 기운이라는 뜻입니다. 때문에 이 기운은 지극히 크고 강해, 올곧게 기르고 상하지 않게 한다면 천지 사이에 꽉 차게 될 것이고, 또한 의義와 도道가 짝하여 생긴 것이므로 이것이 없으면 위축되고 말 것입니다. 이것은 의가 차곡차곡 쌓여 생겨나는 것이지 어쩌다 달라붙어 생겨나는 것이 아닙니다. 일상생활에 조금이라도 마음에 개운치 못한 것이 있으면 이것은 곧 시들고 맙니다. 그렇기 때문에 맹자는 호연지기에 대해 스스로도 설명하기 어렵다고 단서를 붙였습니다. 이것은 반드시 일로 삼되, 결과에 집착하지 말아야 하고, 마음에서 잊

어서도 안 되지만 억지로 자라게 도와서도 안 됩니다. 아래 글에
나오는 송나라 사람처럼 곡식의 싹이 자라지 않는다고 싹을 뽑아
땅 위로 올려 주어서는 결코 안 되는 것입니다.

> 송宋나라 사람 중에 곡식의 싹이 자라지 않는 것을 안타
> 깝게 여겨 그 싹을 뽑아 땅 위로 올려 준 자가 있었다.
> 그는 피로한 기색으로 집에 돌아와서 가족들에게 '오늘
> 은 참 힘들었다. 내가 곡식의 싹이 자라도록 도와주었다'
> 고 했다. 아들이 달려가 보니 싹은 이미 다 시들어버렸다.
>
> 《공손추장구상》 2)

천하에는 이처럼 곡식의 싹을 자라도록 억지로 돕는 자들이
많습니다. 유익함이 없다고 해서 버려두는 자는 싹에 김을 매지
않는 자입니다. 김을 매지 않는 것은 기름을 잃을 뿐 해될 것은 없
습니다. 하지만 곡식의 싹이 자라지 않는다고 조장助長하는 자는
유익함이 없을 뿐만 아니라 해롭기까지 하지요. 이는 결과에 집
착해 억지로 일을 하면 결국 얻는 것이 없다는 말입니다. 흔들리
지 않는 마음을 얻기 위해 호연지기를 기르라고는 하지만 이 기
운은 그냥 내버려둔다고 해서 길러지는 것도 아니며, 결과에 집착
한다고 해서 얻어지는 것도 아닙니다. 그러니 이것을 얻기 위해서
는 매 순간 깨어 있어야 합니다. 조급하게 강행해서도 안 되며, 억
지로 노력해서도 안 되지요. 그것은 맹자의 말처럼 의로움을 일삼

아 마음에 차곡차곡 쌓아야 얻을 수 있습니다. 그래야 마음이 외물에 흔들리지 않게 되어, 내가 나의 주체가 될 수 있지요. 혼란한 시대를 살았던 이익 또한 이러한 마음으로 세상을 다스리고자 했을 것입니다.

박제가

평범하고 상식적인 세계에서 벗어나다

박제가(朴齊家, 1750~1805) 조선 후기의 문인이자 실학자로 청나라 문물을 수용할 것을 주장했다. 자는 '차수(次修)'이고, 호는 '초정(楚亭)'이다. 저서로는 《북학의》, 《정유각집》 등이 있다.

　　18세기 북학파의 거두인 초정 박제가는 청나라에 4번이나 다녀온 경험을 바탕으로 조선의 학자로서는 드물게 상업과 유통을 중시하였고, 이용후생의 학문을 체계화하였습니다.《북학의》를 지어 임금님께 올리면서 "현재의 법을 바꾸지 않는다면 지금의 풍속 아래에서는 단 하루도 살 수가 없을 것이다"라고 진언한 후 현실을 개혁하기 위해서는 중국을 배워야 한다고 주장하였지요. 때문에 우리는 그를 문장가라기보다는 실학자 혹은 개혁사상가로 더 많이 알고 있습니다. 하지만 그는 사상가이기 이전에 박지원과 같이 의고주의擬古主義˚에 빠진 당시의 문풍을 바로잡으려고 했던 뛰어난 시인이자 산문가였습니다. 스스로 "물소 이마에 칼날 같은 눈썹을 하고, 눈동자는 검고 귀는 하얗다"고 묘사한 그의 모습은 청나라 화가 나빙羅聘이 그린 초상화에서 잘 드러납니다. 단소하지만 당찬, 그러면서도 어딘지 고독해 보이는 그는 자신의 성품에 대해 "고독하고 고매한 사람만을 골라서 남달리 친하게 사귀고, 권세 많고 부유한 사람은 멀리서 보기만 해도 사이가 멀어진다"고 말하였습니다. 백 세대 이전 인물에게나 흉금을 터놓고, 만 리 밖 먼 땅에나 가서 활개를 치는 사람, 구름과 안개의 색다른 모습을 관찰하고 각가지 새의 신기한 소리를 듣는가 하면 원

˚ 옛것 즉, 고대의 전형만을 숭배하고 모방하는 예술 경향. 조선 후기 글쓰기에서는 '문장은 반드시 진한을 본받아야 하고, 시는 반드시 성당을 본받아야 한다'는 복고주의 문장론이 지배적이었다.

대한 산천과 일월성신日月星辰, 미미한 초목과 벌레, 물고기, 서리, 이슬이 날마다 변화하는 이치를 가슴속에 또렷이 터득하고 그것을 언어로 표현하고자 노력한 사람이 바로 박제가입니다.

《대학》에서 뜻을 취하여 제가齊家라고 이름 한 그는 어려서부터 글씨 쓰기를 좋아하여 언제나 입에 붓을 물고 다녔으며, 측간에 가서는 모래 위에 글씨를 썼고, 어디에고 앉으면 허공에 글씨를 쓰며 공부를 했습니다. 하지만 그는 자신의 공부를 현실 정치에 반영할 수 없는 서얼 신분이었습니다. 자신의 이상을 실현하고 싶었지만 당시의 제도는 그를 받아들이지 않았지요. 때문에 그는 신분의 질곡을 초나라 시인 굴원屈原의 《초사楚辭》로 달래며, 이를 사모하여 호를 초정楚亭이라 지었습니다. 18~19세 즈음 연암 선생이 문장에 뛰어나 당세에 이름이 높다는 소문을 듣고 백탑 북쪽으로 선생을 찾아 나섰습니다. 연암은 초정이 찾아왔다는 전갈을 듣고 옷을 차려 입고 나와 맞으며 마치 오랜 친구라도 본 듯이 손을 맞잡고는 자신이 지은 글을 전부 꺼내어 읽어보게 했습니다. 그리고 몸소 쌀을 씻어 다관에다 밥을 안쳐 흰 주발에 퍼서 옥소반에 받혀 내오고는 술잔을 들어 격려해주었지요. 이 무렵 이덕무의 사립이 연암 집의 북쪽에 마주하고 있었고, 이서구의 사랑이 그 서편에 솟아 있었으며, 수십 걸음 떨어진 곳에 관재 서상수徐常修의 서재가, 그리고 거기서 북동쪽으로 꺾어지면 유득공의 집이 있었습니다. 때문에 한 번 그곳을 방문하면 돌아가는 것을 잊고 열흘이고 한 달이고 머물면서 지은 시문과 편지들을 엮어 책을 만들고, 술과 음식을 찾으며 낮을 이어 밤을 지내곤 했습니다. 이때 만든 책이 바로 '백탑'에서의 맑은 인연〔白塔淸緣〕'이라는 제목의 《백탑청연집》입니다. 지금은 전해지지 않지만 박제가는 이 책의 서에서 당시 백탑에서의 격의 없이 맑은 인연을 소개하였습니다.

사회적 진출이 가로막힌 서얼 출신인 박제가를 알아준 백탑의 모임에서 그는 책에 미친 이덕무, 돌에 미친 정철조鄭喆祚, 창검의 일인자인 백동수白東脩 등 권력의 중심부에서 벗어나 고독히 자신의 길을 가는 사람들을 만납니다. 하루는 꽃에 미쳐 '꽃의 역사〔百花譜〕'를 만든 김군의 그림에 서를 쓰면서 다음과 같이 말합니다.

벽癖이 없는 사람은 버림받은 자이다. 벽이란 글자는 질병과 치우침으로 구성되어 편벽된 병을 앓는다는 의미가 된다. 벽이 편벽된 병을 의미하지만 고독하게 새로운 세계를 개척하고, 전문적 기예를 익히는 자는 오직 벽을 가진 사람만이 가능하다. 김군은 늘 화원으로 날래게 달려가서 꽃을 주시한 채 하루 종일 눈 한번 꿈쩍하지 않는다. 꽃 아래 자리를 마련하여 누운 채 꼼짝도 않고 손님이 와도 말 한마디 건네지 않는다. 그런 김군을 보고 미친놈 아

◦ 원각사지십층석탑으로 현재 서울특별시 종로구 종로2가 탑골공원에 있다. 세조 11년 현재의 탑골공원 자리에 원각사가 세워졌으며, 세조 13년에 십층석탑이 건조되었다.

니면 멍청이라고 생각하여 손가락질을 하고 비웃는 자가
한둘이 아니었다. (《백화보서》)

요즘 말로 마니아mania라고 할 수 있는 벽癖은 간혹 광狂으로
오해되기도 하지만 어떤 일에 전문가가 되기 위해서는 꼭 필요한
것입니다. '미쳐야 미친다(不狂不及)'라고 하지 않았던가요? 밥 먹
는 일도 잊고 자신의 일에 매진했다는 모든 성공한 사람들의 말
뒤에는 바로 이런 벽이 있었습니다. 자신의 분야에서 최고가 되기
위해서는 노동이 고된 일이 아니라 참된 즐거움이 되어야 합니다.
이것이 벽이자 열정인 것이지요. 하지만 당시의 식자들은 이러한
벽을 그저 편벽된 병이라 생각하고 심지어 미친놈 아니면 멍청이
라 손가락질하며 자신에게는 이러한 병이 없음을 다행으로 여겼
습니다. 자신들이 만들어놓은 세상 밖으로 단 한 발자국도 나오지
않으려는 당시의 유자들은 그저 평범하고 상식적 세계에 안주하
며, 틀에 짜 맞추어진 규격품 같은 사고를 하고 있었습니다. 그러
니 고독하게 새로운 세계를 개척하고, 전문적 기예를 익히는 이런
벽을 인정할 리 없었지요. 박제가의 글에 소개된 친구들은 대개가
이런 벽을 가진 사람들이었으며, 박제가 또한 당시의 사람들에게
당벽唐癖, 즉 중국에 미친 병자라는 조롱을 받았습니다.

1778년 박제가는 채제공蔡濟恭의 도움으로 생애 첫 연행길에
오릅니다. 그리고 그곳에서 본 풍속 가운데 본국에서 시행하여 일
상생활을 편리하게 할 만한 것이 있으면 발견하는 대로 글로 기

록하여 《맹자》, 〈등문공장구상〉에 나오는 진량陳良의 말을 가져다
가 책 이름을 《북학의》라 지어 정조에게 올렸습니다. 이 책을 임
금에게 올리며 쓴 〈응지진북학의소〉에는 박제가가 목도한 당시
백성들의 고달픈 삶이 담겨 있습니다.

> 백성들은 화전을 일구고 나무를 하느라고 열 손가락 모두
> 뭉툭하게 못이 박혀 있지만 입고 있는 옷이라고 해야 십
> 년 묵은 헤진 솜옷에 불과하고, 집이라고 해야 허리를 구
> 부리고서야 들어가는 움막에 지나지 않습니다. 방 안에
> 는 연기가 가득하고 벽은 바르지도 않았습니다. 먹는 것
> 을 보면 깨진 주발에 담긴 밥과 간도 하지 않은 나물뿐입
> 니다. 부엌에는 나무젓가락만 달랑 놓여 있고, 아궁이 앞
> 에는 질항아리 하나가 놓여 있을 뿐이었습니다. (《응지진북
> 학의소》)

백성들이 이렇게 가난한 삶을 사는 이유는 너무도 간명했습
니다. 무쇠솥과 놋수저는 이정이 몇 차례 뺏어가서 꿔다 먹은 곡
식 값으로 납부되었고, 그들이 지는 부역에 대해서는 노비가 아
니면 군보의 신분이라 250~260전을 관에 납부했기 때문입니다.
하지만 당시의 사대부들은 백성들의 생활이 이렇게 날이 갈수록
곤궁해지고, 국가의 재정이 고갈되는데도 불구하고 팔짱을 낀 채
바라만 보고 구제하지 않으며, 과거의 습속에 안주하여 편안히 안

락을 누리면서 실정을 모른 체하고 있었습니다. 국가의 경비가 나오는 곳이 바로 여기인데도 말이지요. 첫 번째 연행 후 그는 정조가 발표한 서얼에 대한 차별을 없애고, 문무직으로의 진출을 허한다는 절목 덕택에 규장각 검서관이 됩니다. 그리고 개혁적 군주 정조의 밑에서 기회가 닿을 때마다 적극적이고 강한 어조로 개혁을 실천하자고 요청합니다. 《북학의》를 올리며 쓴 글에서 그는 나라의 근간인 농업을 장려하고자 한다면 반드시 농업에 해가 되는 것을 먼저 제거해야 한다고 주장합니다. 그 첫 번째는 바로 과거제도의 개혁을 통해 유생의 수를 줄여 노동 생산력을 증가시키는 일이고, 두 번째는 혈맥과 같은 수레를 통행시켜 물류의 흐름을 원활히 하는 일입니다. 하지만 그가 청에서 배워온 이 같은 선진문물을 오랑캐의 것이라 생각하는 당시의 유자들이 이를 받아들일 리 만무했습니다. 박제가는 이러한 사람들에게 "오늘날 사람들은 아교로 붙이고 옻칠을 한 속된 각막을 가지고 있어 아무리 노력해도 그것을 떼어낼 수가 없다. 학문에는 학문의 각막이, 문장에는 문장의 각막이 단단하게 붙여져 있다(《만필》)"라고 비판합니다. 그들은 변통을 모르고 그저 자신들의 세계에 갇혀 마치 아교로 붙이고 옻칠을 한 속된 각막을 가지고 세상을 바라보았지요.

때문에 박제가는 그들에게 붙은 단단한 각막을 떼고 세상을 바라보는 법을 가르쳐 주고자 하였습니다. 그는 〈시학론〉에서 송·금·원·명의 시를 모범으로 삼아 배운 자가 최상의 시인이고, 당시唐詩를 배운 자가 그 다음 수준의 작가이며, 시성詩聖이라 불

리는 두보의 시를 배운 자가 최하 수준의 작가라고 말합니다. 역
설적이게도 모범으로 삼아 배운 시의 수준이 높으면 높을수록 시
인의 수준은 도리어 더욱 낮아지고 있습니다. 대체 무엇 때문일까
요? 박제가는 그 이유를 이렇게 설명합니다.

> 두보를 배우는 자는 두보의 존재만 알 뿐이고 다른 작가
> 에 대해서는 보지도 않고 업신여긴다. 그래서 시를 쓰는
> 그의 솜씨는 갈수록 졸렬해진다. 당시唐詩를 배우는 자의
> 폐단도 마찬가지이다. 그래도 두보를 배우는 자보다는 다
> 소 나은 이유는 두보 이외에 왕유·맹호연·위응물·유종
> 원 같은 수십 명의 시인의 이름이 가슴속에 도사리고 있
> 기 때문이다. 그로 인해 두보를 배우는 자들을 능가하고
> 자 애쓰지 않아도 저절로 능가하게 되는 것이다. 이를 통
> 해 볼 때 저 송·금·원·명의 시를 모범으로 삼아 배운 시
> 인들의 식견은 이들보다 한결 나을 것이다. 더구나 수많은
> 책을 널리 공부한 바탕 위에 진실한 성정으로 시적 재능
> 을 발휘한 자의 식견이야 말할 나위가 있겠는가? 《시학론》

학문의 길은 배우는 자의 마음과 지혜를 활짝 열고, 견문을
넓히는 데 달려 있을 뿐, 모범으로 삼아 배운 것에 얽매이지 않아
야 합니다. 그런데 당시의 학문은 그렇지 않았지요. 언제나 고정
된 것, 그것도 내용이 아닌 겉모습에 묶여 변화하는 세상의 흐름

을 읽지 못했습니다. 두보를 배우는 자는 오직 두보만 알 뿐, 그 이외의 것에 대해서는 알려고 하지 않았습니다. 더욱이 그들은 두보 시의 내용을 배워야 하는데도 불구하고 언제나 껍데기인 형식만을 답습하였지요. 마치 땅에다 금을 그어 집을 짓고서는 '이곳이 공자께서 거처하던 집이다'라고 하며, 종신토록 눈을 감고 그곳을 벗어나지 않는 것과 같았습니다. 그런데도 사람들은 이를 모르고 마치 우물 안 개구리처럼 세상 밖의 이야기를 들으려 하지 않았을 뿐만 아니라 오히려 비난했습니다. 박제가의 이러한 혁신적 생각은 정조의 죽음과 함께 역사 속에 묻히게 됩니다. 그는 신유사옥°의 공포 분위기가 압도하던 때 노론 벽파°°의 미움을 받아 유배형에 처해지고, 2년 7개월간의 귀양살이를 마치고 고향에 돌아온 이듬해 56세의 일기로 생을 마감합니다.

젊은 시절 백탑의 모임에서 만나 평생을 함께 한 친구인 이덕무의 시집에 서序를 쓰면서 그는 저절로 감탄이 흘러나왔다고 말합니다. 이를 지켜보고 있던 어떤 사람이 묻습니다. "그의 시에서 어떤 느낌을 받고 이러시는지요?" 박제가는 대답합니다. "저

° 조선 순조 원년(1801)인 신유년에 있었던 가톨릭 박해 사건으로, 중국에서 세례를 받고 돌아와 전교하던 이승훈을 비롯하여 이가환, 정약종, 권철신, 홍교만 등 남인에 속한 신자와 중국인 신부 주문모 등이 사형에 처해졌다. 이는 수렴청정을 하던 정순황후를 배경으로 하는 벽파가 시파와 남인을 탄압하려는 술책에서 나왔다.
°° 조선 영조 때 사도 세자를 무고하여 비방한 당파(주로 노론 계열)로 사도 세자를 두둔한 시파와 맞섰다.

산과 들을 바라보면 아득하게 끝이 없는데, 고요한 물은 맑음을 머금고 외로운 구름은 하얗게 떠갑니다. 기러기는 새끼를 데리고 남으로 가고 맴맴 우는 매미는 울음을 그치려 합니다. 이런 느낌이 드니 어찌 무관의 시가 아니겠습니까?" 이 말에 그 사람은 "그런 풍경은 가을의 징후입니다. 시가 정녕 그런 정취를 다 담아낼 수 있을까요?" 박제가는 이렇게 대답합니다.

> 안 될 것이 어디 있을까요? 가을의 경계(際)를 말하면 됩니다. 그렇게 되려고 의도하지 않았는데도 그렇게 되는 것은 자연(天)이요, 그런 줄을 알고서 그렇게 행하는 것은 인간입니다. 자연과 인간 사이에도 반드시 구분(分)이 있습니다. 경계란 것은 구분이면서 안과 밖의 도를 공유합니다. 따라서 그 경계를 터득하면 만물이 잘 자라고 귀신을 감동시키지만, 그 경계를 터득하지 못하면 아득하여 자기와 마소가 어떻게 다른지도 분간하지 못합니다. 하물며 시는 어떻겠습니까? (《형암선생시집서》)

안과 밖, 중화와 오랑캐, 청과 조선 등 이 모든 것의 경계에 '도'가 있습니다. 그런데 세상 사람들은 그것을 모르고 언제나 누군가에 의해 만들어진 것만 진리라 믿고 다른 것은 보려고도 하지 않습니다. 때문에 자기와 마소가 어떻게 다른지도 분간하지 못하고 남이 정해준 대로 생각할 뿐이지요. 박제가는 말합니다. 하늘과 땅 사이에 가득 찬 모든 것이 시이자 학문이라고요. 계절은 변화하고, 온갖 소리는 웅성거리며 그 몸짓과 빛깔, 소리와 리듬은 자유자재합니다. 어리석은 자는 그런 현상을 깨닫지 못하지만 지혜로운 자는 그 현상을 받아들입니다. 따라서 다른 작가의 주둥이에서 나오는 말이나 우러러보고 케케묵은 종이쪽지에서 근거 없는 찌꺼기나 줍는 글쟁이들이야말로 근본에서 너무도 많이 벗어난 것이지요. 가을의 정취를 다 담으려면 가을의 경계를 알아야 하듯 세상의 이치를 얻으려면 남의 생각, 남의 기준이 아닌 그것이 구분되는 경계를 알아야 합니다. 평범하고 상식적인 세계에 안주하지 않고, 규격품 같은 사고에서 벗어나려면 자연의 그러함에 귀 기울이듯 나의 삶에도 귀 기울여야 합니다.

**원문
읽기**

북학변

北 學 辨

하등의 선비는 오곡을 보고서는 중국에도 이런 것이 있느냐고 묻고, 중등의 선비는 중국의 문장이 우리만 못하다고 말하며, 상등의 선비는 중국에는 이학이 없다고 한다. 정말로 그렇다면 중국에는 어떤 것도 없다는 말이 된다. 내가 중국에는 배울 만한 것들이 있다고 하였지만 실제로는 거의 없다는 것이다. 그러나 천하는 넓다. 그곳에는 무엇이 없겠는가? 내가 거쳐간 곳은 유연 지역의 한 모퉁이에 불과하고, 내가 만난 사람은 문학하는 선비 몇 명에 불과할 뿐, 도를 전하는 큰 학자를 실제로 본 것은 아니었다. 그렇기 때문에 그곳에 배울 만한 학자가 없다고 감히 말하지는 못하겠다.

천하의 수많은 서책을 다 읽지도 않고, 천하의 드넓은 땅을 다 밟아보지도 않은 사람들이 육롱기·이광지의 성명과 고정림의 존주와 주죽타의 박학 그리고 왕어양·위숙자의 시문이 천하에 공인되고 있음을 알지도 못하면서 "도학과 문장이 모두 볼 것이 없다"고 단언해버린다. 그리하여 천하의 공의까지도 싸잡아서 불신한다. 나는 오늘날 사람들이 도대체 무엇을 믿고 저러는지 알지 못하겠다. 서책은 지극히 많고, 의리는 무궁하다. 그러므로 중국의 서책을 읽지 않는 것은 스스로를 한계 짓는 것이요, 천하가 전부 오랑캐라고 사람들을 속이는 것이다.

중국에는 육상산·왕양명의 학문도 있지만 주자의 적통을 전하는 것 역시 그대로 남아 있다. 우리나라 사람들은 정자와 주자만을 말하기 때문에 이단이 전혀 없다. 사대부들이 감히 강서와 여요로 대표되는 양명학 학설을 말하지 못하는 것은 그들이 추구하는 도가 한 가지에 집약되어 있기 때문이다. 우리나라는 사람들을 과거시험으로 몰아 풍속으로 묶어 놓았다. 그것을 따르지 않으면 자신은 몸을 편안케 할 수 없고, 나아가서는 자손을 보전할 수가 없다. 이것이 바로 규모가 넓은 중국보다 못한 이유이다. 우리가 가진 장기를 모두 발휘하더라도 중국에 있는 한 가지 일을 잘하는 데 불과하다면, 저들과 비교하고 따져보는 것 자체가 이미 자신의 능력을 전혀 헤아려보지 않은 행위일 것이다.

내가 북경에서 돌아왔더니 나라 안의 인사들이 문이 닳도록 찾아와 "저들의 풍속이 어떠한지 알고 싶다"며 물었다. 내가 벌떡 일어나 "그대는 저 중국의 비단을 보지 못했습니까? 꽃과 새와 용의 무늬가 번쩍번쩍 살이 있는 듯하여 지척 간에도 형형색색 서로 다른 모양으로 바뀝니다. 그것을 본 사람은 비단 짜는 기술이 이런 수준에까지 이른 줄은 몰랐다고 말합니다. 우리나라의 무명이 가로세로 얼기설기 엮은 것과 비교하면 어떻습니까? 어떤 물건이고 그렇지 않은 것이 없습니다. 그들이 하는 말 자체가 문자이고, 그들이 사는 집은 금벽입니다. 다닐 때는 수레를 타고, 그 냄새도 향기롭습니다. 그들의 도읍과 성곽, 음악은 번화하고 화려하며, 무지개다리가 놓이고 푸른 가로수가 늘어진 거리를 우르릉 왁자지껄 오가는 수레와 인파는 그림 속 풍경과 똑같습니다. 부인들은 모두 예스런 비녀를 꽂고 긴 옷을 입고 다녀서 멀리서 바라다보면 우아해보입니다. 짧은 저고리에 넓은 치마를 입는 오늘날 우리의 여인들이 오히려 몽고의 의복 제도를 답습하고 있는 것과는 달랐습니다"라고 말하자 그들은 모두 망연자실하여 내 말을 믿으려 하지 않았다. 그들은 희망을 잃고 가버렸다. 그러면서 내가 오랑캐 편을 든다고 생각했다. 아아! 그들은 모두 앞으로 우리나라의 도를 밝히고, 우리나라의 백성을 다스릴 사람들이다. 그럼에도 불구하고 완고함이 이와 같으니 지금의 풍속이 진작되지 않고 있는 것은 당연하다. 주자는 말하길 "의리를 아는 사람이 많기를 바랄 뿐이다"라고 하였다. 나는 이 점에 대해 불가불 따지지 않을 수가 없었다.

下士, 見五穀, 則問中國之有無, 中士, 以文章爲不如我也, 上士, 謂中國無理學. 果如是, 則中國遂無一事. 而吾所謂可學之存者無幾矣. 然天下之大. 亦何所不有? 吾所經歷者, 幽燕之一隅, 而所遇者文學之士數輩而已, 實不見有傳道之大儒. 而猶不敢謂必無其人焉者.

以天下之書未盡讀, 天下之地未盡踏也, 今不識陸隴其李光地之姓名, 顧亭林之尊周, 朱竹陀之博學, 王漁洋魏叔子之詩文, 而斷之曰, 道學文章俱不足觀. 並擧天下之公議而不信焉. 吾不知今之人, 何恃而然歟. 夫載籍極博, 理義無窮. 故不讀中國之書者, 自畫也, 謂天下盡胡也者, 誣人也. 中國固有陸王之學, 而朱子之嫡傳自在也. 我國人說程朱, 國無異端. 士大夫不敢爲江西餘姚之說者, 豈其道出於一而然歟. 驅之以科學, 束之以風氣. 不如是, 則身無所宴, 不得保其子孫焉耳, 此其所以反不如中國之大者也. 凡盡我國之長技, 不過爲中國之一物, 則其比方較計者, 已是不自量之甚者矣.

余自燕還, 國之人士踵門而請曰, 願聞其俗. 余作而曰, 子不見夫中國之緞錦者乎? 花鳥龍文, 閃鑠如生, 咫尺之間舒慘異態. 見之者不謂織之至於斯也. 其與我國之綿布經緯而已者, 何如也? 物莫不然. 其語文字, 其屋金碧. 其行也車, 其臭也香. 其都邑城郭笙歌之繁華, 虹橋綠樹殷殷匈匈之去來, 宛如圖畵. 其婦人皆古髻長衣, 望之亭亭. 不似今之短衣廣裳, 猶襲蒙古也. 皆茫然不信. 失所望而去. 以爲右袒於胡也. 嗚呼, 夫此人者, 皆將與明此道治此民者也. 其固如此, 宜今俗之不振也. 朱子曰, 惟願識義理人多. 余不可以不辨於玆.

(출전:《북학의》)

초정과 《대학》

친구인 이덕무의 시에서 가을의 징후를 느꼈다는 박제가에게 어떤 사람이 묻습니다. "시가 정녕 그런 정취를 담아낼 수 있을까요?" 그러자 박제가는 "안 될 것이 어디 있을까요? 다른 것은 말할 것 없이 가을의 경계(際)를 말하면 됩니다. 그렇게 되려고 의도하지 않았는데도 그렇게 되는 것이 자연(天)이요, 그런 줄을 알고서 그렇게 행하는 것이 인간입니다. 자연과 인간 사이에도 반드시 구분(分)이 있습니다. 경계란 것은 구분이면서 안과 밖의 도를 공유하고 있습니다"라고 대답합니다. 구분이면서 안과 밖의 도를 공유하는 경계, 이것을 터득하면 세상 모든 것과 소통할 수 있습니다. 계절은 변화하고, 온갖 소리는 웅성거립니다. 그리고 그 몸짓과 빛깔, 소리와 리듬은 자유자재하지요. 때문에 이 자유자재한 자연과 더불어 도를 공유해 소통하게 되면 이것이 시이자 학문이 되는 것입니다. 《대학》에서 뜻을 취하여 제가齊家라고 이름한 그의 학문은 이처럼 안팎의 도를 공유해 소통하는 것입니다. 제가라는 이름이 비록 집안을 가지런히 한다는 뜻이지만 몸을 닦는다는 '수신'이 격물·치지·성의·정심을 통해 자신의 인격을 수양하는 것이라면, '제가'는 치국과 평천하 즉, 세상 경영의 시작을 의미합니다. 그리고 이것은 명덕을 밝힌 자만이 할 수 있는 것으로 그의 말처럼 안과 밖의 도를 공유할 때만이 가능해질 수 있는 일입니다.

이른바 그 집안을 가지런히 함이 그 몸을 닦음에 있다는 것은 사람이란 대개 자기가 가까이 하고 사랑하는 데에 편벽되며, 천하게 여기고 미워하는 데에 편벽되며, 두려워하고 존경하는 데에 편벽되며, 가엽게 여기고 불쌍히 여기는 데에 편벽되며, 거만하고 태만히 하는 데에 편벽된다. 그러므로 좋아하면서도 그 나쁜 점을 알며, 미워하면서도 그 좋은 점을 아는 자가 천하에 드믄 것이다. (《대학》, 전8장)

수신을 통해 자신의 인격이 수양되지 않는다면 사람들은 결국 자신의 욕망 즉, 자기가 사랑하고 미워하고 두려워하고 불쌍히 여기고 거만한 대로만 치우쳐 살기 때문에 안과 밖의 도를 공유할 수가 없게 됩니다. 세상 경영의 시작이 비록 '제가'이긴 하지만 제가는 명덕을 밝혀 스스로 그러한 자연과 소통할 수 있는 자만이 할 수 있습니다. 평범하고 상식적인 세계에 안주하지 않고, 규격품 같은 사고에서 벗어나려면 박제가의 말처럼 변화무쌍한 자연의 그러함에 귀 기울이는 삶이 필요하겠지요. 그것은 결국《대학》에서 말하는 명덕을 밝히며 사는 일일 것입니다.

몸으로 배우는 삶의 공부

《대학》은 본래《예기》중 한 편이었는데, 송대 사마광이 처음으로 따로 떼어 독립된 형태의 단행본을 만들었다고 합니다. 이후 정호·정이 형제가 이 책의 중요성을 강조하였고, 주희는 이들의 관점을 계승하여《대학》을 유가 이념의 핵심이 정리된 책이라 여기게 되었습니다.《대학》의 전문은 '경經' 1장과 '전傳' 10장으로 구성되어 있으며, '경'은 공자의 말을 증자가 전술한 것이고, '전'은 증자의 뜻을 제자들이 기록한 것입니다. 주희는 〈독대학법〉에서《대학》을 읽어야 하는 이유에 대해 다음과 같이 말합니다.

> 《논어》와《맹자》는 일에 따라 문답하여서 그 줄거리를 보기가 어렵다. 하지만《대학》은 증자가 공자께서 옛 사람들이 공부했던 큰 방법을 말한 것을 전하였고, 제자들이 또 그 뜻을 밝혀 기록하였다. 때문에 앞뒤가 서로 연결되어 있고, 본체와 차례가 모두 갖추어져 있으니, 이 책을 열심히 읽으면 옛 사람들이 학문을 해 향했던 곳을 알 수 있다. 그러고 나서《논어》와《맹자》를 읽으면 곧 이해하기 쉬울 것이니, 뒤에 따라오는 공부가 아무리 많더라도 대체는 이미 세워진 것이다. 〈독대학법〉

사서인《논어》,《맹자》,《대학》,《중용》중《논어》와《맹자》는 대화로 기록되어 있어 제자들과의 문답 상황을 자세히 알지

못하면 정확한 의미를 알기가 어렵습니다. 게다가 《논어》의 경우
는 책의 순서가 뒤섞여 있고, 함축도 많아 대화의 상황을 알았다
하더라도 의미를 이해하기가 쉽지 않지요. 하지만 《대학》은 주희
의 말처럼 앞과 뒤가 서로 이어져 있고, 몸체와 큰 줄기가 모두 갖
추어져 있어 이해하기가 어렵지 않다는 것이 가장 큰 특징입니다.
게다가 주희는 "지금 또 《대학》을 열심히 읽으면 마음에 간가間
架(선반)가 생긴다. 그러고 나서 다른 책으로 메울 수 있다"라고 하
여 이 책이 복잡한 우리의 마음을 정리하는 데 도움을 주며, 정리
된 마음으로 다른 책을 읽으면 이해하기가 쉬울 것이라 말합니다.
이처럼 《대학》은 처음 배우는 사람이 덕에 들어가는 문으로 마음
공부의 단초를 제공합니다. 때문에 공부하는 사람들에게 있어 기
본이 되는 필독서인 것이지요.

　　"큰 학문의 도는 명덕을 밝히는 데 있으며, 백성을 새롭게 하
는 데 있으며, 지극한 선에서 멈추는 데 있다〔大學之道, 在明明德, 在新
民, 在止於至善〕"로 시작되는 《대학》의 경 1장을 중고등학교 윤리 시
간에 배웠던 게 어렴풋 기억이 날 것입니다. 시험을 위해 열심히
외웠던 《대학》 삼강령이 바로 이것이고, 이 책의 핵심입니다. 경經
이라는 글자는 베틀의 종선 즉, 날줄을 뜻합니다. 옷감을 짜기 위
해서는 먼저 몇 가닥의 날줄을 고정시킨 다음 베틀의 북을 횡으
로 왕복시켜야 하기 때문에 횡선인 씨줄은 반복하여 움직이지만,
종선인 날줄은 움직여서는 안 되지요. 따라서 경은 변하지 않는
원칙을 말할 때 쓰입니다. 이 구절이 마음 공부의 기준이 되는 것

또한 이러한 이유 때문입니다. 하지만 제도권 어디에서도《대학》
의 이처럼 제일 중요한 '명명덕' 즉, '밝은 덕을 밝혀라'에 대해서
는 상세히 가르쳐주지 않았습니다. 가르쳐주었다 해도 그저 '선
한 마음' 혹은 '사욕을 제거한 상태' 정도가 전부였지요. 그러나
고전 공부의 시작은 바로 여기에 있다고 해도 과언은 아닐 것입
니다. 다시 말해, 명덕을 밝히는 일이 공부의 시작이자 끝인 셈이
니까요.

　주희는 경 1장 주註에서 "명덕이란 사람이 하늘에서 얻어 허
령하고 어둡지 않아 여러 이치를 갖추어 만 가지 일에 응하는 것
이다"라고 하였습니다. 하지만 언제나 그렇듯이 고전 공부는 주
가 더 어렵습니다. 그러고 나서 주희는 "다만 기품으로 구애되고,
인욕으로 가리어지면 어두워질 때가 있다. 그러나 그 본체의 밝
음은 일찍이 쉰 적이 없다. 때문에 배우는 자가 마땅히 그것이 발
한 바로 인하여 마침내 이를 밝혀 그 처음을 회복해야 한다"고 했
습니다. 주희의 주로 미루어 보건대 명덕은 하늘에서 부여받은 것
으로 잡된 생각 없이 마음이 신령하여 어둡지 않은 것, 다시 말해
'순수 선' 그 자체입니다. 하지만 기질에 따른 구애와 사욕에 가리
어져 어두울 때가 있기도 합니다. 때문에 공부하는 사람은 매 순
간 이것을 인식해 하늘에서 처음 부여 받은 '순수 선'의 상태를 유
지해야 한다는 것입니다. 하지만 여전히 막연하지요. 결국 제도권
에서 말한 '선한 마음' 혹은 '사욕을 제거한 상태'로 귀결됩니다.

　그렇다면 '선'이란 무엇일까요? '악'의 반대말입니다. 그럼

'악'이란 무엇일까요? '선'의 반대말이지요. 답이 없습니다. 머릿속에서는 맴돌지만 구체적으로 설명할 수가 없습니다. 왜냐하면 어떠한 기준에 의해 만들어진 근대적 선악 개념으로는 설명할 수 없기 때문입니다. 세상에는 절대적인 선도, 절대적인 악도 존재하지 않습니다. 그것은 단지 고정된 기준일 뿐 그것이 사라지는 순간 선도 악도 사라지게 됩니다. 기준이 사라졌는데 무엇으로 선과 악을 구별할 수 있겠습니까? 세상은 끊임없이 변합니다. 어제의 태양이 오늘의 태양이 될 수 없듯이 매 순간 우리는 다른 삶과 마주합니다. 그런데 어떻게 고정된 기준으로 세상을 재단할 수 있단 말입니까? 때문에 '명덕'은 어떤 기준에 의해 구별되는 근대적 선악 개념과는 그 차원이 다릅니다. 그것은 어느 쪽에도 편벽되지 않고, 치우치지도 않으며, 지나치거나 미치지 못함이 없는 상태, 그리고 그런 상태로 매 순간 최선을 다하는 것, 다시 말해 세상과의 소통을 의미합니다. 만약 소통을 '선'이라 한다면 막힘은 '악'이 되는 것이지요. 하지만 어떤 고정된 기준이 있는 것이 아니기 때문에 언제나 때에 딱 들어맞게 행동〔時中〕하는 것이 매우 중요합니다.

그래서 옛날에 명덕을 천하에 밝히고자 했던 사람은 먼저 그 나라를 다스렸고〔治國〕, 그 나라를 다스리고자 했던 사람은 먼저 그 집안을 가지런히 했다〔齊家〕고 합니다. 그리고 그 집안을 가지런히 하려면 먼저 그 몸을 닦아야 하는데〔修身〕, 그 몸을 닦으려면 먼저 그 마음을 바르게 하고〔正心〕, 그 마음을 바르게 하려면 먼저 그 뜻을 성실히 하고[誠意], 그 뜻을 성실히 하려면 먼저 그 앎을 지극히 하고[致知], 그 앎을 지극히 하려면 먼저 사물의 이치부터 궁구해야 한다[格物]고 말한 것입니다. 이것을 《대학》 팔조목이라 부르는데 이를 삼강령과 연관시켜 보면 다음과 같습니다. 격물·치지·성의·정심을 통한 수신은 '명덕'을 말한 것이고, 제가·치국·평천하는 '신민'의 일을 말한 것입니다. 다시 말해 백성을 새롭게 한다는 신민의 일 또한 명덕이 밝혀져야 되는 것이고, 이는 어느 쪽에도 치우치지 않고, 매 순간 최선을 다하며, 언제나 때에 들어맞게 해야 하는 것입니다. 그러기 위해서는 천자로부터 일반 백성에 이르기까지 모두가 끊임없이 스스로를 닦아야 합니다. 공부란 다른 것이 아니라 바로 이것을 말함이지요.

'명덕'의 또 다른 말은 '성性'이라 할 수 있습니다. 송대 성리학자들의 표현을 빌면 성은 곧 이[性卽理]이지요. '이'가 천지간의 사람과 사물이 공유하는 이치를 통틀어 말한 것이라면, '성'은 나에게 있는 이치를 말한 것입니다. '성性'은 '마음 심心'과 '날 생生'이 합쳐져 만들어진 글자로 사람이 태어나면서부터 '이'가 마음에 갖추어지므로 '성'이라고 이름 하였다고 합니다. 이것의 큰 조목은 '인·의·예·지' 네 가지입니다. 맹자는 이 네 가지에 대해 《맹자》, 〈공손추장구상〉에서 "측은지심 인지단야. 수오지심 의지단야. 사양지심 예지단야. 시비지심 지지단야"라고 했습니다. 여기서 '인仁'이란 '측은한 마음,' '동정', '사랑' 등으로 표현되지만 이것을 바로 '인'이라고 할 수는 없습니다. 왜냐하면 '사랑' 혹은 '동정'은 '정情'이지 '성'이 아니기 때문입니다. 다시 말해 사랑하는 마음도 '시중時中', 즉 때에 딱 들어맞는 행동을 하지 못하거나 어느 한쪽에 편벽되면 결국 관계를 저버릴 수가 있고, 심지어는 사람에게 큰 해를 끼칠 수도 있습니다. 따라서 편벽됨 없이 때에 딱 들어맞는 삶을 살아가는 것. 이것이 '성'을 다하는 것이고, '명덕'을 밝히는 삶인 것입니다.

이러한 맹자의 '사단四端'을 확장해 동양의 자연관과 연결시키면 왜 '명덕'을 밝히고 살아야 하는지가 극명해집니다. 자연 혹은 우주는 음(月)과 양(日) 그리고 목, 화, 토, 금, 수 다섯 가지 물질로 이루어져 있습니다. 이를 일러 음양오행이라 하는데, 이 음양오행의 조화와 균형 속에서 우리가 살고 있는 것입니다. 해가 지면 달이 뜨고, 봄이 가면 여름이 오고. 이러한 현상이 일어나는 것은 바로 스스로 그러한 자연自然 때문이지요. 따라서 이중 어느 하나라도 사라져 조화가 깨진다면 스스로 그렇게 살아가는 자연의 삶은 무너져 인간은 살 수가 없게 됩니다. 동양에서는 일찍부터 인간도 자연의 일부라 생각해 인간의 몸과 마음에도 이 같은 음양오행이 있다고 생각하였습니다. 예를 들어 인간 몸의 오장五臟인 간은 목, 심장은 화, 신장은 수, 폐는 금, 비장은 토라 생각하고, 인간 마음의 오상五常인 인은 목, 예는 화, 지는 수, 의는 금, 신은 토라 생각하였지요. 따라서 하늘의 조화가 자연을 유지하고, 몸의 조화가 인간을 병들지 않게 하듯 마음의 조화가 인간을 인간답게 살아가게 합니다. 그리고 이들은 모두 유기적으로 연결되어 있어

서로 소통했을 때만이 가장 자연스러움 삶을 살아갈 수 있습니
다. 때문에 인간은 태어날 때 하늘로부터 부여받은 명덕을 매 순
간 밝히지 않으면 안 되는 것이지요. 마치 처음 산 거울을 닦지 않
으면 잠깐 사이에 거울이 더렵혀지듯 인간의 마음도 매 순간 닦
지 않으면 사욕이 생겨 하늘이 인간에게 준 마음을 더럽히게 됩
니다. 이렇게 해서 인간의 오상 중 어떤 하나라도 없어지게 되면
인간은 곧 금수와 같아질 것입니다. 이것이 우리가 명덕을 밝혀야
하는 까닭이며, 우리가 매일매일 쉬지 않고 공부해야 하는 이유입
니다. 박제가가 가을의 정취를 다 담으려면 가을의 경계를 알아야
한다는 말 뜻 또한 이와 같겠지요.

독서상우
책을 읽으며
옛현인과
벗하리…

혼란한
세상에서
살아가기

처세

處世

이규보

모든 빛을 담을 수 있는
흰 구름처럼 살다

이규보(李奎報, 1168~1241) 고려 후기의 문신이자
문장가였다. 자는 '춘경(春卿)'이고, 호는 '백운거사(白雲居士)',
시호는 '문순(文順)'이다. 저서로는 《동국이상국집》,
《백운소설》 등이 있다.

　　고려시대 최고의 문장가로 꼽히는 이규보의 이름은 본래 '인
저仁氐'였습니다. 여러 차례 과거에 낙방한 뒤에도 계속해서 시험
을 준비하며 지내다 20세가 되던 해, 꿈에 문학을 관장하는 규성
奎星이 나타나 합격을 알려 주었습니다. 이에 이름을 '규성의 보
답'이라는 뜻의 '규보奎報'로 바꾸고 그해 과거에 응시했는데 과연
일등으로 합격했습니다. 어릴 때부터 문학적 자질이 뛰어나 나이
19세에 당대 최고 문인들의 모임인 죽림고회竹林高會에 참여했다
가 이담지李湛之라는 사람으로부터 "우리 모임에 있던 오세재吳世才
가 동쪽으로 내려가 돌아오지 않으니, 그대가 그의 자리를 메우면
어떻겠나?"라는 제안을 받습니다. 이규보는 "칠현이 무슨 조정
의 관직이라고 빠진 자리를 메운단 말입니까? 혜강과 완적 뒤에
그 자리를 이었다는 소리는 듣지 못하였소이다"라고 대답해 좌중
에 있던 사람들을 당황케 했습니다. 그리고 그 자리에서 받은 운
자韻字°로 "영광되게 대나무 아래 모임에 참석하여 / 흔쾌히 항아
리 안의 술을 비웠네. / 알지 못하겠다, 칠현 중에 / 오얏 씨를 뚫
을 사람은 누구일지?"라는 시를 지어 읊었습니다. 시를 들은 사람
들이 화를 내는 기색을 보이자 이규보는 거만하게 한껏 술을 들
이켜고는 나와 버렸다고 합니다. 중국의 죽림칠현 중 한 사람인
왕융은 사람됨이 몹시 인색하여 자기 집에 있는 좋은 오얏나무가

° 한시의 운을 다는 글자.

혹여 다른 사람들의 손에 들어갈까 염려해 오얏을 먹고 나면 반
드시 씨를 송곳으로 뚫어버렸다고 하니 이 시를 들은 사람들이
화를 냈던 것은 당연한 일이지요.

죽림고회는 오세재, 임춘林椿, 이인로李仁老, 조통趙通, 황보항皇
甫沆 , 함순咸淳, 이담지로 구성된 일종의 문학 동호회였습니다. 이
모임은 위魏·진晉의 정권 교체기에 부패한 정치권력에 등을 돌리
고 죽림에 모여 거문고와 술을 즐기며 청담으로 세월을 보낸 죽
림칠현을 본떠 만든 것입니다. 이들은 모두 '문신이라면 낮은 벼
슬이라도 죽여 종자를 남기지 말자'고 하면서 일어난 '무신의 난'
(1170)°으로 몰락한 옛 문신 귀족의 자제들로 자신의 의지와는 상관
없이 현실 정치의 풍파에 어쩔 수 없이 죽림으로 밀려나 시와 술로
세월을 보냈던 사람들이었습니다. 때문에 어떤 세계관적 선택에
의해 자발적으로 죽림에 들어간 죽림칠현과는 거리가 멀었지요.
이들은 한편으로 무신의 난 이전의 옛 영화를 동경하면서도 다른
한편으로는 무신들이 지배하는 개경으로 가고 싶은 욕망을 가지
고 있었습니다. 그러니 본래 뜻은 천지의 밖에 하늘과 땅도 가두지
못하고, 끝없이 텅 빈 세계에서 우주의 순수한 근원과 더불어 노니
는 이규보에게 이처럼 자신들의 욕망을 숨기고 마치 죽림칠현이

° 고려 의종 24년에 일어난 무신들의 정변이다. 표면적으로는 김부식의 아들 김돈중이 대
장군인 정중부의 수염을 촛불로 태운 일이나, 젊은 문신 한뢰가 대장군 이소응의 뺨을 때
리는 사건이 도화선이 된 것으로 되어 있다. 그러나 사실 무신난의 배경에는 무관을 경시
하고 문관을 우대하는 고려의 우문정책이 있었다.

라도 된 냥 살아가는 사람들이 마땅찮아 보였을 것입니다.

젊은 시절 그는 소탈한 성격 탓에 스스로를 잡도리 할 줄 몰랐으며, 온 천지와 우주를 좁게 여겼고, 항상 술에 취해 지냈기 때문에 광객狂客이라 불렀습니다. 하지만 그는 스스로를 '백운거사白雲居士'라 칭하고 흰 구름처럼 살기를 바랐지요.

대개 구름이란 뭉게뭉게 피어나 한가롭게 떠다닌다. 산에도 머물지 않고 하늘에도 매이지 않으며, 동쪽이든 서쪽이든 훨훨 날아다녀 어디에도 구애받지 않는다. 잠깐 사이에 변화하니 처음도 끝도 헤아릴 수가 없다. 뭉게뭉게 성대하게 펼쳐지는 모양은 군자가 세상에 나가는 것 같고, 스르륵 걷히는 모습은 고결한 선비가 은둔하는 것 같다. 비를 내려 메마른 초목을 살리니 어질다 하겠으며, 왔다가도 정착하지 않고 떠날 때도 미련이 없으니 화통하다 하겠다. 빛깔이 푸르거나 누렇거나 붉거나 검은 것은 구름의 원래 색이 아니요, 오직 희고 아무런 빛깔이 없는 것이 구름의 본래 색이다. 덕이 저와 같고 빛깔 또한 이와 같으니 만약 사모하여 배운다면 나아가서는 만물을 윤택하게 하고 들어와서는 마음을 비우게 될 것이다. 《백운거사 어록》

이처럼 마음속으로는 언제나 아무런 빛깔 없이 희디흰 순수한 빛을 갖은 흰 구름처럼 뭉게뭉게 피어나 한가롭게 떠다니고 싶어 하지만 먹고사는 문제를 해결하기 위해 그도 어쩔 수 없이 벼슬자리를 찾습니다. 그러면서도 한편으로는 "전원에 돌아갈 계획 늦어 가니 / 도연명에게 부끄럽네. / 사방을 돌아봐도 작은 이 한 몸뿐 / 하루에 얼마나 먹는단 말인가. / 그런데도 먹고살 길 찾느라 / 구름 인 푸른 산으로 떠나지 못하네"라는 시로 자신의 심경을 토로하기도 합니다. 그러던 중 그의 시가 당시 집권자였던 최충헌崔忠獻의 눈에 띄어 32세에 비로소 벼슬길에 올라 지방과 중앙관청의 하급 관리로 지내게 됩니다. 이후 그의 시를 더욱 사랑한 최우崔瑀가 정권을 잡으면서 높은 벼슬로 발탁되어 재상의 지위까지 오르지요. 세상 사람들은 이규보의 삶을 보고 권력에 아부하는 지조 없는 문인이라 비난하기도 하지만 그의 생각은 달랐습니다. 그는 〈반유자후수도론反柳子厚守道論〉이라는 글에서 유자후 즉 당나라 때의 문장가인 유종원柳宗元이 《춘추좌전》에 있는 "도를 지키는 것이 관직을 지키는 것만 못하다〔守道不如守官〕"라는 말을 부정하면서 쓴 글을 가져와 자신의 주장을 폅니다. 유종원은 "물物이란 도道의 기준이니, 물을 지키는 것을 기준에 따라 한 뒤에야 비로소 도가 보존된다. 만일 이것을 버린다면 도를 잃게 된다. 관직은 도의 그릇이니, 도를 지켜야 관직을 잃지 않게 된다. 그런데 '도를 지키는 것이 관직을 지키는 것만 못하다'고 한다면 근본을 잃은 것이다"라고 하였습니다. 그러나 이규보는 이 말이 특별히 최고의 지혜를 가진 자에게만 해당되지 일반 사람들에게는 맞지 않는다고 반박합니다.

중등이나 하등에 속하는 사람들은 도가 관직을 지키는 근본임을 알지 못한다. 때문에 망령되이 도의 소재만을 찾아 스스로 능히 도를 지킨다고 생각하여 관직을 지키는 데에 소홀히 한다. 이로 인해 직책이 무너지고 당면한 사태를 잃는다면 화를 당할 것이니, 관직을 지킬 수 있겠는가? 이는 사람을 불의에 빠지게 하는 것이니, 어찌 성인의 말이라 할 수 있겠는가? 만일 '도를 지키는 것이 관직을 지키는 것만 못하다'고 생각하여 노력하고 삼가서 관직을 잘 지킨다면 또한 도에 가깝게 될 것이니, 도가 어찌 보존되지 않겠는가. 《반유자후수도론》

무신정권하에 도는 땅에 떨어져 사라졌지만 사라진 도를 찾겠다고 세상을 등지고 살 수만은 없습니다. 도의 소재만 찾아 관직을 지키는 데에 소홀히 한다면 직책은 무너지고 당면한 사태는 잃어버려 더 큰 화가 닥쳐올 것이 자명합니다. 이규보가 무신정권에서 벼슬을 하는 이유 또한 여기에 있는 것이지요. 자신의 확고한 신념으로 정치에 참여해 역사의 커다란 전환에 기여코자 하는 것이 학자의 도리라고 생각했습니다. 그의 이러한 생각은 물物을 바라보는 태도가 당시의 주류적 생각과는 달랐기 때문입니다. 지난 시기 문벌 귀족들은 물을 천시하고, 눈에 보이지 않는 도만을 찾아 현실과는 동떨어진 삶을 살았습니다. 하지만 이규보는 도가 물이나 관직보다 우선한다는 초월성을 부인하며 열심히 일하고 생활하는 속에 '도'가 있다고 주장합니다. '조물주에게 묻다(〈문조물問造物〉)'라는 제목의 글에서 그는 조물주의 입을 빌려 "내 손으로 만물을 만드는 걸 자네는 본 적이 있는가? 만물은 저절로 생겨나고 저절로 변할 뿐이라네. 내가 무얼 만들며, 무얼 알겠는가? 나에게 왜 조물주라는 이름을 붙였는지 나는 모른다네"라고 해 조물주 스스로 자신의 소임은 물론 자신이 조물주라는 것을 부인하게 합니다. 물은 스스로 생겨나 스스로 변하기 때문에 어떤 것의 부림을 받을 수가 없습니다. 따라서 물을 이용하는 일상적인 활동을 통해서도 '도'는 발현될 수 있는 것이지요. 어떤 마음을 가진 뒤에 물을 만나는 것이 아니라 텅 빈 마음으로 물을 만나기 때문에 사물을 있는 그대로 볼 수 있는 것입니다.

그의 이러한 생각은 시를 쓰는 태도에도 고스란히 드러나 있습니다. 이규보는 〈백운소설〉에서 "나는 본래 시를 좋아한다. 전생의 빚이라고도 하지만, 병이 들었을 때에는 더욱 좋아해서 그 정도가 보통 때의 배가 되니 그 까닭을 모르겠다. 흥興이 나고 물物에 촉발될 때마다 읊지 않은 날이 없고, 그렇게 하지 않으려 해도 않을 수 없다. 그래서 이것 역시 병이라 말한 것이다"라고 해 시는 흥이 나서 물에 촉발되기 때문에 쓰는 것이고, 물이 시를 쓰도록 하기 때문에 쓰지 않으려 해도 쓰지 않을 수 없다고 말합니다. 시는 마음에 품은 뜻을 물에 의탁해 쓰는 것이 아니라 물 자체가 지닌 의미를 표현하는 것입니다. 이렇게 쓰인 문장이기에 있는 그대로의 뜻을 드러낼 수 있는 것이지요. 또한 쓰지 않으려 해도 쓰지 않을 수 없는 것 역시 괴로운 병임에 틀림없습니다. 물은 도의 기준이지만 물에 접한다고 해서 바로 도를 알 수 있는 것은 아니듯이, 물은 시의 근거이지만 물에 촉발된다고 해서 바로 시가 되는 것은 아니지요. 이규보는 이 괴로운 병이 시 귀신인 시마詩魔가 붙어서 생겨났다고 생각해 〈구시마문驅詩魔文〉을 지어 시 귀신의 죄를 물으며 쫓아내려고 하였습니다.

> 땅은 항상 고요하고 하늘은 이름을 붙이기 어려우며, 알 듯 모를 듯한 것은 조화요, 흐릿하여 잘 드러나지 않은 것은 신명神明이다. 어둡고 아득하며 캄캄하고 어둑어둑하며, 오묘한 이치가 깊이 감추어져 있어 자물쇠와 빗장을 채워 두었다. 그런데 너는 이것을 생각하지 않고 심오하고 신령한 것을 정탐하고 기미를 발설하면서도 당돌하게 멈추지 않는다. 달의 겨드랑이를 들추어 달이 아파하고 천심天心을 헤집어 하늘이 놀란다. 이 때문에 신이 근심하고 하늘이 불편하니, 너로 인해 사람의 생활이 각박해진다. 이것이 너의 두 번째 죄다. (《구시마문》)

이는 시가 천기를 누설한 죄를 묻고 있기는 하지만 죄를 따져 묻는다기보다는 시가 물의 본질을 드러내는 도구임을 역설한 것입니다. 남의 글로 꾸미고 장식하지 않은, 다시 말해 텅 빈 마음으로 쓴 시만이 물의 숨은 비밀을 캐내어 있는 그대로의 뜻을 밝힐 수 있는 것이지요. 때문에 이규보는 다른 사람의 글을 따라 하기보다는 물에서 일어난 뜻을 통해 자신만의 글을 쓰고자 합니다. 친구인 전이지全履之는 이규보의 글에 대해 "비록 시로 명성이 있는 몇몇 사람도 모두 동파를 본받았음을 면하지 못하되 다만 그 어귀를 도용할 뿐만 아니라, 아울러 그 뜻까지 낚아채어 스스로 잘 되었다고 한다. 그러나 유독 그대만이 옛사람의 것을 답습하지 아니하고 조어가 모두 새로운 뜻을 내어 족히 사람들의 이목을 놀라게 하니 요즘 사람으로서는 비할 바 아니다"라고 칭찬합니다. 이규보는 이 편지를 받고 동파 따르기에 급급한 당시의 문풍을 다음과 같이 비꼽니다.

> 무릇 옛사람의 체를 본뜨는 자는 반드시 먼저 그의 시를 열심히 읽은 후에 본받아 따라가게 되는 것이요, 그렇지 않으면 표절하기도 오히려 어려운 것이다. 도둑에 비유하면, 먼저 부자의 집을 엿보아서 그 집의 문과 담의 위치를 눈에 익혀둔 뒤에야 집에 들어가 남의 것을 탈취하여 자기 것으로 만들어도 남이 모르게 할 수 있지만, 그렇지 않으면 남의 주머니를 더듬고 상자를 들기도 전에 반드시 잡힐 것이니 그 재물을 훔칠 수 있겠는가? (〈답전이지논문서 答全履之論文書〉)

남의 것을 훔치는 일은 들키지 않았다고 해도 나쁜 일입니다. 그런데 훔칠 물건이 어디에 있는지 익혀 두지도 않고 도둑질을 한다면 잡힐 것이 분명한데 어떻게 훔칠 수가 있겠습니까? 남의 글을 본뜨는 것 또한 같은 일인데 사람들은 이것을 인식하지 못하고 어귀를 도용할 뿐만 아니라 그 뜻까지 낚아채고도 부끄러워하지 않고 있으니 답답할 따름입니다. 이규보는 사람들이 소동파의 시를 좋아해서 해마다 과거시험 뒤 합격자 명단이 붙으면 '올해에 또 서른 명의 동파가 나왔다'고 말하며 이를 자랑스러워하는 당시의 시풍과 창작 방법에 문제를 제기합니다. 무릇 시란 뜻으로 주를 삼는 것이어서, 뜻을 베푸는 것이 가장 어렵고 말을 꾸미는 것이 그 다음 어렵습니다. 뜻은 또한 기운으로 주를 삼는 것이니, 기운의 우열로 말미암아 곧 얕고 깊음이 있습니다. 그러나 기운은 하늘에 근본을 둔 것이니 배워서 얻을 수 없습니다. 그러므로 기운이 약한 자는 문장을 수식하는 데 공을 들이고 뜻을 우선시하지 않습니다. 대개 문장을 아로새기고 구절을 꾸미면 진실로 아름답기는 하지만, 그 속에 함축적이고 심오한 뜻이 없기 때문에 처음에는 완미할 만하지만 두어 번 곱씹으면 여운이 없습니다. 이는 시뿐만 아니라 우리가 살아가는 삶도 마찬가지입니다. 사람들이 살아가는 데에도 그 사람의 됨됨이가 중요한 법인데, 이를 갖추기가 어려워 겉모습만 그럴듯하게 꾸민다면 처음에는 좋아 보이지만 두어 번 만나보면 진실함이 없음을 단박에 알 수 있듯이 말입니다.

때문에 이규보는 그가 젊은 시절에 지었던 백운거사라는 호
처럼 평생을 흰 구름처럼 살기를 바랐습니다. 흰 구름의 빛깔이
희디흰 까닭에 여러 색깔을 담을 수 있듯 시는 물론이고 사람도
이러해야 한다는 것이지요. 그래야 아름다운 문구로 수식하지 않
고도 씹으면 씹을수록 맛이 나는 글을 쓸 수가 있으며, 있는 그대
로의 뜻을 담을 수 있는 것입니다. 남의 글을 보고 베끼고 겉모습
만 흉내 내는 것이 아닌, 있는 그대로의 뜻을 드러내는 것, 이것이
이규보가 추구하는 문장이자 살아가는 방식입니다. 때문에 그의
많은 글들은 이러한 철학이 반영되어 있습니다. 민족의 주체성을
내세운 서사시 〈동명왕편〉이나 술을 의인화한 〈국선생전〉 등은
사물을 대하는 그의 태도에서 만들어진 결과물이지요. 흰 구름이
세상의 모든 빛을 담아내듯 꾸밈없는 문장, 꾸밈없는 삶이야말로
세상 모든 뜻을 담을 수 있을 것입니다.

백운거사어록
白 雲 居 士 語 錄

늙은 내가 이름을 숨기고자 이름을 대신할 만한 것을 생각해
보았다. "옛사람들은 호를 지어 이름을 대신한 이가 많았다. 사는

곳으로 호를 짓고, 집에 소중히 간직한 물건을 가지고 호를 삼고, 자신이 하고자 하는 포부로 호를 만들었다. 왕적王績이 동고자東皐子, 두자미杜子美가 초당선생草堂先生, 하지장賀知章이 사명광객四明狂客, 백낙천白樂天이 향산거사香山居士로 호를 지은 것은 사는 곳을 따른 것이고, 도잠陶潛이 오류선생五柳先生, 정훈鄭熏이 칠송처사七松處士, 구양자歐陽子가 육일거사六一居士로 호를 삼은 것은 집에 소중히 간직한 물건을 따른 것이다. 그리고 장지하張志和가 현진자玄眞子, 원결元結이 만랑수漫浪叟로 호를 만든 것은 자신이 하고자 하는 포부를 따른 것이다. 나는 이들과는 처지가 다르다. 사방에 정처 없이 떠돌아다녀서 사는 곳이 일정하지 않고, 집이 텅 비어 소중히 간직한 물건도 없고, 생각이 모자라 하고자 하는 포부도 없다. 세 가지가 다 옛사람에 미치지 못하니 내 호를 무엇이라 하면 좋겠는가? 어떤 이는 나를 보고 초당선생이라 하지만 나는 두자미가 이미 초당선생이라 했기에 사양하고 받아들이지 않았다. 더욱이 나는 초당에 잠깐 머물렀을 뿐 거주하지는 않았다. 잠깐 머문 것을 가지고 호를 삼는다면 호가 너무 많지 않겠는가? 평생토록 거문고와 술과 시, 이 세 가지를 아주 좋아했던 까닭으로 처음에는 나대로 삼혹호선생三酷好先生이라 하였다. 그러나 거문고 타는 것은 정밀하지 못하고, 시 짓는 것 또한 미흡하며, 술도 많이 마시지 못하니 이 호를 만약 그대로 가진다면 세상에서 듣는 사람들이 크게 비웃지 않겠는가? 그래서 호를 고쳐 백운거사라고 했다."

그러자 어떤 사람이 물었다. "그대는 장차 청산으로 들어가 흰 구름 속에 누우려고 하는가? 어찌하여 이 같은 호를 지었는가?”

나는 이렇게 대답했다. “그런 것이 아니다. 흰 구름은 내가 사모하는 것이다. 사모하여 그것을 배운다면 비록 그 실질을 얻지 못할지라도 또한 가깝게는 될 것이다. 대개 구름이란 뭉게뭉게 피어나 한가롭게 떠다닌다. 산에도 머물지 않고 하늘에도 매이지 않으며, 동쪽이든 서쪽이든 훨훨 날아다녀 어디에도 구애받지 않는다. 잠깐 사이에 변화하니 처음도 끝도 헤아릴 수가 없다. 뭉게뭉게 성대하게 펼쳐지는 모양은 군자가 세상에 나가는 것 같고, 스르륵 걷히는 모습은 고결한 선비가 은둔하는 것 같다. 비를 내려 메마른 초목을 살리니 어질다 하겠으며, 왔다가도 정착하지 않고 떠날 때도 미련이 없으니 화통하다 하겠다. 빛깔이 푸르거나 누렇거나 붉거나 검은 것은 구름의 원래 색이 아니요, 오직 희고 아무런 빛깔이 없는 것이 구름의 본래 색이다. 덕이 저와 같고 빛깔 또한 이와 같으니 만약 사모하여 배운다면 나아가서는 만물을 윤택하게 하고 들어와서는 마음을 비우게 될 것이다. 흰색을 지키고 정상에 처하면 들어도 들리지 않고 보아도 보이지 않아 드넓고 텅 빈 자유의 세계로 들어갈 수 있으니 구름이 나인지 내가 구름인지 모르게 된다. 이와 같다면 옛사람이 터득한 실제에 가깝지 않겠는가?”

어떤 사람이 말하였다. “거사라고 한 것은 어째서인가?”

내가 대답하였다. “산에 살건 집에 살건 오직 도를 즐길 수 있는 자라야 거사라 부를 수 있다. 나는 집에 살면서 도를 즐기는 사람이다."

어떤 사람이 말하였다. "참으로 이와 같다. 그대의 말은 이치를 꿰뚫고 있으니, 기록해두는 것이 좋겠다."

그러므로 이것을 적는다.

李叟欲晦名, 思有以代其名者. 曰, 古之人, 以號代名者多矣. 有就其所居而號之者, 有因其所蓄, 或以其所得之實而號之者. 若王績之東皐子, 杜子美之草堂先生, 賀知章之四明狂客, 白樂天之香山居士, 是則就其所居而號之也. 其或陶潛之五柳先生, 鄭熏之七松處士, 歐陽子之六一居士, 皆因其所蓄也. 張志和之玄眞子, 元結之漫浪叟, 則所得之實也. 李叟異於是. 萍蓬四方, 居無所定, 寥乎無一物可蓄, 缺然無所得之實. 三者皆不及古人, 其於自號也, 何如而可乎? 或目以爲草堂先生, 予以子美之故, 讓而不受. 況予之草堂, 暫寓也, 非居也. 隨所寓而號之, 其號不亦多乎? 平生唯酷好琴酒詩三物, 故始自號三酷好先生. 然鼓琴未精, 作詩未工, 飮酒未多, 而享此號則世之聞者, 其不爲噱然大笑耶? 翻然改曰, 白雲居士.

或曰, 子將入靑山臥白雲耶? 何自號如是?

曰, 非也. 白雲吾所慕也. 慕而學之, 則雖不得其實, 亦庶幾矣. 夫雲之爲物也, 溶溶焉洩洩焉. 不滯於山, 不繫於天, 飄飄乎東西, 形迹無所拘也. 變化於頃刻, 端倪莫可涯也. 油然而舒, 君子之出也, 斂然而卷, 高人之隱也. 作雨而蘇旱仁也, 來無所着, 去無所戀通也. 色之靑黃赤黑, 非雲之正也, 惟白無華, 雲之常也. 德旣如彼, 色又如此, 若慕而學之, 出則澤物, 入則虛心. 守其白處其常, 希希夷夷, 入於無何有之鄕, 不知雲爲我耶, 我爲雲耶. 若是則其不幾於古人所得之實耶?

或曰, 居士之稱何哉?

曰, 或居山或居家, 惟能樂道者而後號之也. 予則居家而樂道者也.

或曰, 審如是. 子之言達也, 宜可錄.

故書之.

(출전:《동국이상국집》)

김시습

/

조화로운 세상을 위해 방랑하다

김시습(金時習, 1435~1493) 조선 전기의 학자이자 문인으로
유·불 정신을 아울러 포섭한 사상과 문장으로 일세를 풍미했다.
자는 '열경(悅卿)'이고, 호는 '매월당(梅月堂)'이다. 저서로는
《금오신화》, 《매월당집》 등이 있다.

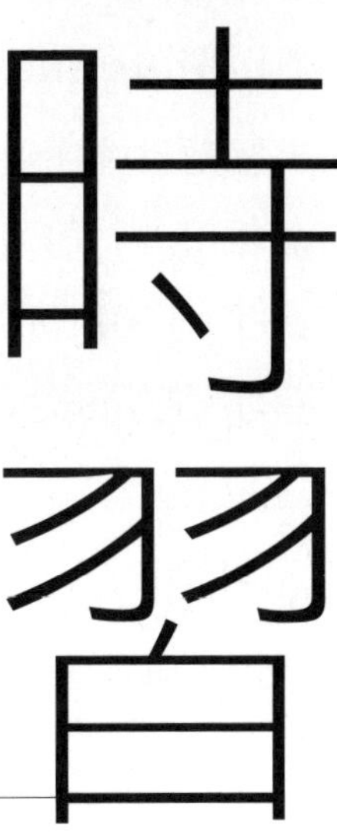

세조의 정변과 찬탈 이후 단종의 복위를 꾀했던 사람들이 사형을 당하고, 이듬해 단종도 유배지에서 죽임을 당합니다. 그러니 왕도정치를 꿈꾸며 공부했던 유학자들은 삶의 지표를 잃고 미치지 않고는 살 수가 없었지요. 우리나라 전기체 소설의 효시라 알려진《금오신화》의 저자 김시습 또한 이러한 세상을 경멸하며 유유자적 초연한 삶을 살고자 전국을 떠돌아다녔습니다. 그러면서 당시의 소회所懷를 글로 담습니다. 사람들은 그를 미치광이 중이라 놀려댔지만 그는 자신이 평생 꿈꾸었던 삶을 위해 때를 기다리며 방랑하였습니다.

김시습은 태어난 지 여덟 달 만에 글자를 안 신동이었습니다. 이웃에 살던 친척 할아버지는 그의 이러한 재능을 알고는 '시습'이라는 이름을 지어주었습니다. '시습'은《논어》, 〈학이〉편 맨 처음에 나오는 "배우고 그것을 때에 맞게 익힌다면 또한 즐겁지 않겠는가?〔學而時習之, 不亦說乎〕"에서 따온 것으로 공자 사상의 근간이 되는 말입니다. 그는 외할아버지로부터 말보다는 천자문을 먼저 배워 말은 잘하지 못했지만 뜻은 모두 통하여 알 수 있었다고 합니다. 세 살에 이미 글을 지을 수 있었고, 다섯 살에는《대학》과《중용》을 읽었으며, 시문도 지었지요. 이러한 소식을 들은 세종은 어린 시습의 천재성에 감탄하여 그를 불러 비단을 하사하고 성장하면 크게 쓰겠다는 약조까지 내렸습니다. 이 일로 사람들은 그의 이름을 함부로 부르지 않고 '오세五歲'라 불렀다고 합니다.

이후 그는 유가 경전은 물론 온갖 역사서에서부터 제자백가에 이르는 책들을 탐독해 관료로서의 자질을 갖추어 갔습니다. 하지만 그가 16세가 되던 해 어머니가 돌아가셨고, 몸이 약한 아버지는 집안일을 꾸려나가기 위해 후처를 맞았으나 계모는 그에게 애정을 보이지 않았습니다. 만년에 쓴 〈상유양양진정서〉에서 그는 당시의 괴로웠던 심경에 대해 "부친이 계모를 얻으셔서 세상사가 어그러지고 각박해졌다"라고 표현하였습니다. 그 뒤로 외할머니가 길러주셨으나 어머니의 삼년상이 채 끝나기도 전에 할머니마저 세상을 뜨셨으니 삶은 홀연 쓸쓸해졌습니다. 어머니와 외할머니의 잇단 죽음으로 시습은 인생의 문제를 깊이 사색하게 되었고 어머니 상을 마치자 그는 조계산 송광사에 들어가 불법을 익히며 마음을 닦았습니다.

김시습이 19세가 되던 계유년(1453), 세종과 문종이 잇달아 승하하고 어린 단종이 즉위하자 수양대군은 좌의정 김종서金宗瑞, 영의정 황보인皇甫仁 등을 죽이고, 친동생 안평대군과 그의 아들을 강화도로 유배시킨 뒤 대권을 잡는 계유정난을 일으켰습니다. 이후 수양대군은 단종을 위협해 왕위마저 빼앗아버렸지요. 삼각산 중흥사에서 과거시험을 준비하던 시습은 신하가 왕을 참람하는 이 어처구니없는 소식을 듣고는 방문을 걸어 잠그고 사흘 동안 바깥에 나가지 않다고 합니다. 그러고는 어느 날 저녁, 느닷없이 통곡하며 책을 다 불사르고 거짓 미친 체하고는 더러운 뒷간에 빠졌다가 도망친 후 머리를 깎고 중이 되어 이름을 설잠雪岑이라 하고 전국을 떠돌았습니다. 당시 그는 세조의 정변과 찬탈에 대하

여 직접 비판한 시문을 남기지는 않았지만 만년에 관동에서 후한
말 동탁이 권세를 제멋대로 부리며 함부로 날뛰는 일에 대해 "개
에게 뼈다귀를 주지 말아라 / 떼로 모여 어지러이 다툴 것이니 /
그 무리와 어긋날 뿐만 아니라 / 종당에는 주인과도 어긋나리라.
/ 주 왕실 높인다며 정벌을 일삼고 / 한 왕실 안정시킨다며 어린
황제 죽이다니. / 명분을 엄하게 하는 것만 못하니 / 근왕勤王하여
행동을 같이 하여라"(《술고述古》)라는 시를 써 당시의 일을 암시적
으로 비판하였습니다.

게다가 얼마 뒤 단종의 복위를 꾀했던 성삼문成三問, 박팽년朴
彭年, 이개李塏, 하위지河緯地, 유성원柳誠源, 유응부兪應孚 등이 사형을
당하자 공주 동학사에 있던 김시습은 서울로 와 저잣거리에 버려
진 이들의 시신을 수습하여 노량진에 묻어주었습니다. 이듬해 단
종마저 영월에 유배되었다가 죽임을 당하니 왕도정치를 꿈꾸며
공부했던 유학자들은 허탄했습니다. 그는 훗날 〈동봉육가東峯六
歌〉라는 시에서 다음과 같이 노래해 뜻 한번 펴지 못하고 떠돌 수
밖에 없는 당시의 비분강개한 심경을 토로합니다.

활시위 당겨 사악한 별 쏘려 했더니 / 옥황상제 사는 별
이 하늘 가운데 있네. / 긴 칼 뽑아 여우 베려 했더니 /
백호가 산모퉁이 지키고 섰네. / 북받치는 설움 풀지 못하
고 / 휘이 하고 휘파람 불지만 곁에 아무도 없네. / 어허,
여섯째 노래요! 노래가 한숨 된다 / 씩씩한 뜻은 무너지

고 괜스레 수염만 쓸어 보네. 《동봉육가》

이렇게 희망 없는 세상에서 그가 선택한 일은 머리를 깎고 중이 되어 세상을 떠도는 것이었습니다. "처신하는 것이 갈수록 성글고 오활하여 남들과 비슷하게 살지 못했기에 어떤 이들은 나를 바보라고 여겼고, 또 어떤 이들은 나를 미치광이라 했다. 소라 불러도, 말이라 불러도 나는 모두 옳다며 고개를 끄덕였다 《상유양양진정서》"는 그의 만년 회고처럼 미치지 않고는 살 수 없는 세상에서 그는 세상을 경멸하며 유유자적 초연한 삶을 살아가고자 했습니다. 1458년 봄, 시습은 동학사에서 단종에게 제를 올리고 승려의 차림으로 바로 방랑의 길을 떠납니다. 북으로는 평양에 들러 대동강과 묘향산, 동으로는 금강산과 오대산, 남으로는 다도해에 이르는 호탕한 유람 속에서 그는 《유관서록》, 《유관동록》, 《유호남록》을 정리하고 후지를 남겼습니다. 그중 〈탕유관서록후지〉에서 자신이 산천을 떠돈 이유에 대해 다음과 같이 말합니다.

하루는 갑자기 개탄스러운 일을 당하고는, 남자가 이 세상에 태어나 도를 행할 수 있는 상황이라면 제 한 몸을 깨끗이 한다면서 인륜을 어지럽힘이 부끄럽지만, 도를 행할 수 없을진댄 홀로 자기 자신만을 착하게 수양함이 옳다고 여겼다. 속세의 바깥을 떠다니면서 북송 때의 도사 진단陣搏과 당나라의 도사 손사막孫思邈의 풍모를 사모하여 그들처럼 도사의 행각으로 살아갈까 하였으나, 우리나라에는 아직 그러한 풍속이 없어 머뭇머뭇하였다. 그러다 어느 날 저녁에 만일 장삼을 걸치고 승려가 된다면 소원을 풀 수 있으리라고 문득 깨달았다. 《탕유관서록후지》

현실 정치에서 도를 행할 수 없다면 나만이라도 착하게 수양해야 뒷일을 기약할 수 있기에 그는 길을 떠났습니다. 그리고 1462년 28세의 김시습은 긴 유랑을 끝내고 경주 남산인 금오산 중턱에 있는 용장사에 방 한 칸을 얻습니다. 이곳에서 일생을 마치려던 그는 돌연 서울로 책을 사러 갔다가 효령대군을 만난 후, 원각사 낙성회°에 참석하게 되면서 잠시 서울에 머뭅니다. 하지만 그는 오나라 장한이 제나라에서 벼슬을 할 때 가을바람이 불자 고향의 농어회와 순챗국°°이 먹고 싶어져서 벼슬을 내던지고 돌아갔듯이, 물과 구름 깊은 금오산이 그리워져 다시 경주로 돌아옵니다. 그리고 이곳에서 우리 고전소설의 걸작으로 꼽히는《금오신화》라는 단편소설집을 엮어냅니다. 당시에 읽히던 기존의 전기소설과는 다른 소재와 발상으로 새로운 이야기를 엮었다 해서 '신화新話'라는 이름이 붙여진 이 소설집에서 그는 현실에 대한 분

° 사찰이나 탑 등의 건축을 마쳤을 때, 불상을 새로 조성하거나 경전을 새롭게 인출하거나 판각하였을 때 그 성공을 경축하는 법회.
°° 순채의 어린잎으로 끓인 국.

노와 슬픔 그리고 자신의 사상을 담아냅니다.

특히, 불교나 무속 신앙, 귀신 이야기에 의심을 품었던 박생이 꿈에 남염부주에 도착해 그곳의 왕인 염마와 대화한다는 〈남염부주지〉는 주공, 공자, 석가는 물론 귀신과 천당, 지옥에 관한 이야기를 통해 평소 자신의 생각을 담습니다. 그리고 우리나라의 역대 왕조의 흥망성쇠를 말하는 대목에서는 자신이 가졌던 애민적 정치사상을 드러내기도 합니다.

나라를 가진 자는 폭력으로 인민을 위협해서는 안 되오. 인민이 비록 두려워하여 명령에 따르는 듯 보이지만 속으로는 반역할 마음을 품어 시간이 흐르면 결국 큰 재앙이 일어나게 될 것이오. 덕 있는 자는 힘으로 군주의 자리에 나아가지 않소. 하늘이 비록 자상한 말로 사람을 깨우치지는 않지만, 실제로 보여주는 일들을 처음부터 끝까지 찬찬히 살피면 하늘의 명이 엄하다는 걸 알 수 있소. 무릇 나라는 인민의 것이요, 명은 하늘이 내리는 것이오. 천명이 이미 임금에게서 떠나고 민심이 이미 임금에게서 떠나간다면, 비록 몸을 보전하고자 한들 어찌 보존할 수 있겠소. (〈남염부주지〉)

게다가 한가위 달밤에 술에 취해 대동강 부벽정에 올라가 고국의 흥망을 탄식하는 시를 지어 읊은 홍생이 자신을 은나라 임

금의 후손이며 기씨의 딸이라고 소개한 선녀를 만나 선계의 술과
음식을 대접받고, 그녀가 지은 시를 감상하다 돌아온다는 〈취유
부벽정기〉에서는 기씨녀를 잊지 못한 홍생이 끝내 병이 들어 죽
어 신선이 된다는 결말을 통해 남녀간의 애틋한 사랑을 보여줍니
다. 그리고 평양이라는 역사적 의미를 지닌 공간을 배경으로 우
리 민족사는 시간적으로는 단군에서 기자˚로 이어졌지만 단군은
민족 전체의 비조로, 기자는 문명 개국의 성군으로 묘사함으로써
민족사의 정체성은 단군과 기자에 의해 서로 보완되었음을 환기
시킵니다. 또한 글재주가 뛰어나 조정에까지 알려진 한생이 꿈에
용궁에 초대되어 누각의 상량문을 지어주고 용왕의 호의로 용궁
을 구경한다는 〈용궁부연록〉에서는 자신의 능력을 펼 수 없는 현
실에 대한 불만을 표출하기도 합니다. 이외에도 만복사에서 부처
와 저포 놀이˚˚로 내기를 해 미녀를 점지해달라고 비는 양생과 노
략질하던 왜구의 손에 죽어 귀신이 된 여인과의 사랑을 다룬 〈만
복사저포기〉, 담장 넘어 최씨 여인과 시를 주고받으며 사랑을 나
누다 결혼까지 한 이생이 홍건적의 침략으로 부인을 잃고 슬픔에
젖지만 귀신이 되어 찾아온 최씨녀를 다시 만나 산다는 〈이생규
장전〉은 외적의 침략으로 유린 당한 백성의 삶을 그려내는 동시
에 여인들의 절의를 통해 세조 정권에 지조를 팔지 않겠다는 의

˚ 고조선시대 전설상의 나라인 기자조선의 시조.
˚˚ 나무로 만든 주사위를 던져서 그 사위로 승부를 다투는 놀이.

지를 은연중에 드러내고 있습니다.

이처럼 그는 오랜 방랑과 은둔 속에서 벼슬 생각을 접고 세상에 없던 새로운 책을 썼지만 문득문득 떠오르는 현실의 삶에 울분과 고독에 휩싸여 슬픔 어린 회한에 젖기도 합니다. 게다가 그는 당시의 군자들이 벼슬을 얻으려고 권세 있는 자에게 아부해서 선전하고 추천을 받아 구차하게 벼슬길에 오르는 몸 빠른 이들의 모습을 보며 한탄하기도 하고, 세금과 부역으로 고통 받는 백성들의 참담한 현실을 보며 가슴 아파하기도 합니다.

어허 어허! / 누굴 위해 눈물 흘리나? / 백성들 괴로움 노래하며 / 아득한 하늘 바라보네. / (중략) / 가죽 벗겨 피 빨고 뼈까지 도려내고도 / 가진 자의 욕심은 하늘을 찔러 그칠 줄을 모르누나. / 앞에 가던 수레 엎어진 일 역사에 실렸건만 / 어인 일로 어리석은 짓 멈추지 않나? / 그대들은 보지 못하는가 / 집 하나 지으면 열 집이 이산함을 / 머리에 이고 등에 지고 울며 비틀비틀 쫓겨 가는 저 모습을. (〈오호가嗚呼歌〉)

그는 방랑의 길에서도 젊은 날 세상에 펴고자 했던 뜻과 열정을 저버릴 수가 없었습니다. 비록 혼탁해진 세상을 피해 머리를 깎고 거짓 미치광이가 되었지만 그는 자신이 해야 할 일을 알고 있었지요. 〈고금군자은현론〉에서 군자의 나고 물러남에 대해 "선

비는 진퇴를 결정하기에 앞서 반드시 나의 진퇴가 의리에 부합하
는지, 나의 진퇴로 말미암아 도를 실현하는 것이 가능한지를 헤아
려 보아야 한다. 벼슬에 물러났다고 해서 현명한 것도, 벼슬에 나
아갔다고 해서 의심스러운 것도 아니요, 은거한다고 해서 고상한
것도, 세상에 나와 이름을 떨쳤다고 해서 구차해지는 것도 아니
다"라고 말하였습니다. 마치 세상에 나갈 준비를 하는 숨은 용처
럼 말입니다.

　그리고 기회가 왔습니다. 세조가 죽고 성종이 즉위하자 시습
은 18년간의 방랑을 마치고 서울로 올라와 수락산 근처 폭천暴泉
에 머물면서 과거 친했던 선비들과 교우하며 천거되기를 기다렸
습니다. 시습은 경전을 다시 꺼내 읽으면서 세상으로 나갈 준비를
하고 경세제민經世濟民°의 능력을 갈고 닦았습니다. 그는 〈방본잠邦
本箴〉이라는 시에서 "하늘이 인민을 낳고 / 임금을 세우신 건 / 오
직 인민을 받들어 / 사랑으로 기르라는 뜻. / (중략) / 하나가 여럿
을 편안케 하란 거지 / 여럿이 하나를 받들라는 게 아니었네. / 조
금이라도 원망이 생긴다면 / 임금 그대의 잘못이라 / (중략) / 인민
을 나라의 근본이라 하나니 / 근본이 튼튼해야 그대가 편안한 법.
/ 그대의 밥은 / 인민의 곡식이요 / 그대의 옷은 / 인민의 비단이
요. / 그대의 집과 수레는 / 인민의 힘에서 나온 것"이라고 하면

° 세상을 다스리고 백성을 구제함.

서 나라의 근본과 임금이 해야 할 일이 무엇인지에 대해 말하였습니다. 정치에 대한 그의 확고한 신념은 변함이 없었습니다. 하지만 한번 틀어진 정치 현실은 쉽사리 개선되지 않았지요. 더구나 1482년 궁내 여성들의 알력과 신료들의 갈등에서 비롯된 '폐비윤씨사사 사건'°이 일어나자 시습은 다시 관동으로 발길을 돌려 방랑의 길을 떠났습니다. 그리고 만년에 자신의 삶을 돌아보며 쓴 〈아생我生〉이라는 시에서 자신을 '꿈꾸다 생을 마친 늙은이'라 표현하였지요.

태어나 이미 사람의 꼴을 갖추었거늘 / 어쩌자고 사람의 도리 다 못하였나. / 젊어선 명리를 일삼았지만 / 장년이 되어선 이치가 뒤바뀌어 거꾸로 행하였네. / 고요히 생각하면 크게 부끄러운 것을 / 일찍이 깨닫지 못하였도다. / 후회해도 지난 일을 돌이킬 수 없기에 / 잠 못 이루고 가슴만 방아 찧듯 찧어대네. / 하물며 충도 효도 못 이루었거늘 / 이 밖에 또 무엇을 가려 책망하랴. / 살아서는 하나의 죄인 / 죽어서는 궁귀窮鬼가 되리라만 / 헛된 이름 또 일어나 / 돌아보면 번뇌만 더하는구나. / 나 죽은 뒤 내 무덤에 표할 적에 / 꿈꾸다 생을 마친 늙은이라 써준

° 조선 성종의 계비 윤씨가 부덕한 소치로 폐비가 되고 그 뒤 사약을 받아 죽은 사건.

다면 / 나의 마음 잘 이해했다 할 것이니 / 품은 뜻은 천

년 뒤에 알아주리라. 《아생》

'살아서는 하나의 죄인, 죽어서는 궁귀가 되리라'던 그의 이 괴로운 삶은 아마도 세상과 적당히 타협하지 않고 젊은 시절 꿈꿨던, 아니 그가 평생 공부했던 유가와 불교의 진리를 추구했기 때문일 것입니다. 세상 사람들은 그를 두고 미치광이 중이라고 떠들어댔지만 그는 왕도정치의 이상과 모든 생명이 서로 조화를 이루며 사는 사회를 위해 방랑하고 또 방랑하였습니다. 현재 전하는 김시습의 시는 이처럼 전국 산천을 떠돌며 느낀 소회를 담은 것이 대부분인데, 이는 마치 천년 뒤에 알아 줄 사람을 기다리는 듯합니다. 현실 정치가 아무리 참담하더라도 큰 뜻을 품으면 마침내 때를 만날 것입니다.

서금오신화후이수

書 金 鰲 新 話 後 二 首

나직한 집 푸른 담요에 따스한 기운 넉넉한데 / 矮屋靑氈暖有餘

막 떠오른 달빛에 매화 그림자 가득하다. / 滿窓梅影月明初

긴긴 밤 등불을 돋우며 향을 사르고 앉아 / 挑燈永夜焚香坐

한가히 인간에서 보지 못한 글을 짓는다. / 閑著人閒不見書

옥당에서 붓 놀릴 마음 없기에 / 玉堂揮翰已無心

깊은 밤 소나무 비낀 창 아래 단정히 앉았다. / 端坐松窓夜正深

향로에 향을 꽂고 깨끗한 책상에 앉아 / 香鑪銅瓶烏几靜

풍류 넘치는 진기한 이야기를 낱낱이 찾아본다. / 風流奇話細搜尋

(출전:《매월당집》)

정약용

유배지에서 만민을 위한 공부를 하다

정약용(丁若鏞, 1762~1836) 조선 후기의 학자로 실학을
계승하고 집대성하였다. 자는 '미용(美鏞)'이고, 호는
'다산(茶山)', 시호는 '문도(文度)'이다. 저서로는 《여유당전서》,
《경세유표》, 《목민심서》, 《흠흠신서》 등이 있다.

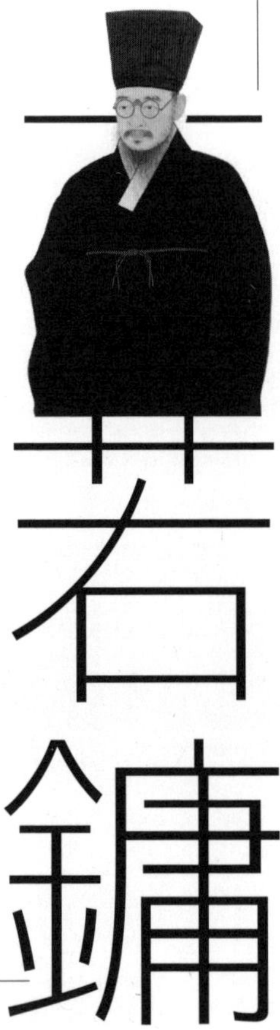

뒤로는 운길산과 앞으로는 팔당호가 눈앞에 펼쳐지는 곳, 경기도 남양주시 조안면 능내리 소내 마을. 그곳에 가면 다산 정약용의 생가와 묘소가 있습니다. 주말이면 나들이객들 때문에 고즈넉이 거닐며 선인을 느끼기 힘들 만큼 사람들로 북적이지만, 평일 특히 비갠 녘에 마재〔馬峴〕 다산 생가는 조선 후기 실학자, 경세가로 알려진 다산의 숨결을 고스란히 느낄 수 있게 해주는 곳입니다. 대문을 열고 집안으로 들어서면 '여유당與猶堂'이라는 현판이 가장 먼저 눈에 들어옵니다. 노자의 말에서 따왔다는 이 당호는 자신을 아껴주던 정조가 죽자 벼슬에서 물러나 고향에 칩거한 그가 "겨울 시내를 건너듯 망설이며, 사방 이웃들의 시선을 꺼리듯 겁내며", 그야말로 삼가고 또 삼가면서 살겠다는 다짐을 담아 지은 것으로 그의 곡절한 삶을 여실히 보여줍니다.

다산은 성호 이익과 녹암 권철신權哲身으로 이어지는 성호좌파 계열의 학자로 남인 경화사족 중에서도 당시 막 유입되기 시작한 서학(천주교)을 통해 새로운 사유를 구축하려던 무리에 속해 있었습니다. 이들 대부분은 당시 권력에서 소외되어 있던 남인계 학자들로 정조의 탕평책°이 아니었다면 정계에 진출하기 힘들었던 부류였지요. 22세에 경의과 진사 시험에 합격해 성균관에

<hr>

° 조선 후기 당쟁을 해소하기 위해 당파간의 정치세력에 균형을 꾀한 정책. 탕평이라는 말은 《서경》, 〈홍범조〉에 나오는 '치우치거나 무리지음이 없으면 왕도가 편하다〔無偏無黨王道蕩蕩, 無黨無偏王道平平〕'라는 글에서 유래하였다.

서 공부하게 된 다산은 이듬해 왕이 내린《중용강의》80여 조목
에 답을 올린 것이 임금의 눈에 띄게 되면서 이후 성균관 우등생
으로 정조의 총애를 받게 됩니다. 그리고 다산은 사회의 개혁을
꿈꾸는 학자이자 군주인 정조와 뜻을 같이 하며 자신이 믿는 바
의 개혁을 실현코자 하였습니다. 하지만 이런 사랑은 기쁨을 주는
만큼 대가를 요구하기 마련이지요. 그 대가는 때로는 가혹할 수도
있고요. 그가 남긴 '국자 직강에 제수되어 성균관에 들어가다(《제
국자직강부관除國子直講赴館》)'라는 제목의 시는 당시 그의 심경을 잘
보여주고 있습니다. "게으른 천성 따라 숨으려 하였더니 / 기대와
는 다르게 선발되었네. / 갈수록 거미줄이 많이 깔리어 / 재갈 물
린 말 신세 면치 못하리. / 벗들은 여기저기 멀어져가고 / 세상길
구불구불 위험하다오. / 날벌레 어울려 천성을 따를 뿐 / 억지로
애를 쓴들 그 무슨 소용이 있으랴." 왕의 사랑이 깊어갈수록 참소
하고 시기하는 사람들이 많아짐에 다산은 서글퍼집니다. 특히 노
론벽파의 서슬 퍼런 시선을 남인 출신의 젊은 학자가 받아내기란
쉽지 않았을 겁니다. 그래서 그는 정조의 총애를 물리치고 관직에
물러나 고향에 와서 낚시나 하며 한가롭게 살기를 바랍니다.

나는 약간의 돈으로 배 한 척을 사련다. 배 안에는 어망
네댓 개와 낚싯대 한두 대를 벌려놓고, 크고 작은 솥, 술
잔과 쟁반 등 여러 가지 부엌 살림을 갖추고, 방 한 칸을
만들어 구들을 놓고 싶다. 집은 두 아이에게 맡기고, 늙

은 처와 어린 아들, 어린 종 하나를 데리고 떠다니는 뱃집을 몰고 수종산과 초천 사이를 오가며, 오늘은 월계의 연못에서 고기를 잡고 내일은 석호의 굽이에서 낚시질하며 또 그 다음 날에는 문암의 여울에서 고기잡이하련다. 《초상연파조수지가기》)

정조가 죽기 바로 직전, 다산은 초천의 농막으로 내려와 뱃집을 마련해 늙은 처와 어린 아들을 데리고 스스로를 '연파조수烟波釣叟°'라 했던 당나라 때 시인 장지화張志和를 좇아 뱃집의 이름을 '초천의 안개 낀 물결 사이에서 낚시하는 늙은이의 집(苕上煙波釣叟之家)'이라 짓고 화가 급박한 상황을 피해 조용히 살길 원했습니다. 하지만 정조는 다산이 떠났다는 말을 듣고 내각에 명하여 다시 그를 불러 일을 맡깁니다. 그리고 얼마 후, 정조는 건강에 탈이 나 보름 새에 운명하고 말지요. 정조의 갑작스런 죽음에 선왕의 아낌을 받던 사람들은 뒤바뀐 벽파 정권 아래서 하나같이 날로 급전직하하는 살얼음 같은 정국을 맞게 됩니다. 하늘이 무너지는 슬픔에 빠진 다산은 위태로운 현실을 간파하고 고향집에 묻혀 살아가면서 '여유당'이라는 당호를 짓고 다음과 같은 글을 남깁니다.

° 안개 낀 물결 사이에서 낚시하는 늙은이.

내 병은 내가 스스로 안다. 용감하되 무모하고, 선을 좋아하되 가릴 줄 모른다. 마음이 내키면 곧장 실천해서 의심을 품거나 두려워하지 않는다. 그만둘 수도 있는 일이지만 진실로 마음에 흔연히 감동되는 바가 있으면 그만두지 않는다. 하고 싶지 않아도 진실로 마음에 꺼림칙하여 상쾌하지 않으면 절대로 그만두지를 못한다. 이런 까닭에 어려서부터 방외로 치달리면서도 의심하지 않았고, 이미 장성하여서는 과거에 빠져 뒤도 돌아보지 않았으며, 삼십 대에는 기왕의 일들을 후회하면서도 두려워하지 않았다. 이 때문에 선을 좋아했어도 비방은 유독 많이 받았다. 아, 이 또한 운명인가? 성격이다. 내 어찌 감히 운명이라 말하겠는가? 노자의 말에 보니, "망설이기를[與] 겨울에 시내를 건너듯, 겁내기를[猶] 사방 이웃을 두려워하듯 한다"라 했다. 아, 이 두 마디 말이 내 병에 약이 아니겠는가? (《여유당기》)

대개 겨울 시내를 건너는 자는 추위가 뼈마디를 쑤시니 매우 부득이하지 않으면 건너지 않는 법이고, 사방의 이웃을 두려워하는 자는 이웃의 시선이 언제나 자기 가까이 있으니 비록 매우 부득이한 경우라도 하지 않는 것이 우리가 살아가는 방식입니다. 그런데 다산은 이렇게 살지 않았나 봅니다. 용감하되 무모하고, 선을 좋아하되 가릴 줄 모르고, 마음 내키면 곧장 실천해서 의심을 품거나 두려워하지 않고, 그만둘 수도 있는 일이지만 마음에 흔연히 감동되는 바가 있으면 그만두지 않았으니 선을 좋아했어도 비방은 유독 많이 받을 수밖에 없었을 것입니다. 젊은 시절 한 점 타협도 없이 단호했던 다산의 이러한 행동들은 아마도 도처에 많은 적을 만들었으리라 짐작됩니다. 18년간 자신을 총애하던 임금의 죽음 앞에 다산은 이제 어떠한 보호막도 없게 되었습니다. 살피고 또 살피며 살겠다는 이 다짐 어린 글을 6~7년 전부터 생각해왔다고 하니 그동안의 삶이 얼마나 고단했는지 짐작됩니다. 하고 싶지 않은 것, 굳이 하지 않아도 되는 것, 남들이 알까 꺼려지는 것, 그 모두를 그만두겠다고요. 하지만 다산은 다시 묻습니다. "이와 같이 살핀다면 천하에 일이 있겠느냐?"고. 삼가고 또 삼가며 살겠다는 그의 다짐 안에는 결국 부득이한 경우라도 꼭 해야 하는 일, 하지 않으면 안 되는 일이 있음을 역설적으로 강조하고 있습니다. 겨울 시내를 건너듯 뼛속까지 시린 일이라도 반드시 해야 할 일이라면 해야 하는 것이 그의 신념이자 삶이었으니까요.

이후 다산은 천주교 박해의 서장을 장식한 신유사옥으로 인해 18년간의 유배 생활을 하게 됩니다. 신유사옥으로 체포된 다산은 유배지에서 예전에 큰 형님 방에 붙어 있던 '나를 지키는 집〔守吾齋〕'이라는 이름의 뜻을 새삼 깨닫습니다. 이른바 '나'라는 것은 그 성질이 달아나길 잘하며 들고남이 무상합니다. 비록 친밀하기 짝이 없이 바싹 붙어 있어서 배반할 수 없을 것 같다가도, 잠깐이라도 살피지 않으면 가지 못하는 곳이 없습니다. 이익과 벼슬,

위세와 재앙 그리고 아름다운 음악 소리와 미인의 아름다운 자태에 끌려 가서 '나'는 돌아올 줄 모릅니다. 그러니 천하에 '나'처럼 잃기 쉬운 것도 없지요. 때문에 굳게 지켜야 하는데 다산은 젊은 시절 그러지 못했나 봅니다. 허술하게 간직하다 결국 '나'를 잃어버렸지요. 어려서는 과거 합격이라는 명예에, 커서는 벼슬자리에 빠져 미친 듯이 달리기만 했습니다. 그리고 처지가 바뀌어 한강을 건너 유배지에서 와서야 한숨 몰아쉬면서 '나'를 발견합니다.

내가 '나'에게 말하길 "자네는 어찌해서 여기에 왔는가? 여우 귀신에게 홀려서 왔는가? 아니면 바다 귀신이 불러서 왔는가? 자네의 가족과 친척들은 모두 초천에 있는데 어찌해서 그 본향으로 돌아가지 않는가?" 하였다. 이른바 '나'는 우두커니 움직이지 않으며 돌아갈 줄을 몰랐다. 그 기색을 보니 마치 구속하는 것이 있어서 돌아가고 싶어도 돌아갈 수 없는 것 같았다. 드디어 그를 붙들어 함께 머무르게 되었다. (《수오재기》)

엄청난 혼란 속에서 다산은 외물에 휩쓸리지 않고 자기 자신의 본성을 지키며 사는 선인들의 삶의 가치를 깨닫습니다. 그리고 이 좌절의 나락에서 그는 자신이 앞으로 해야 할 일을 찾아냅니다. 그것은 바로 '독서'와 '저술'이었습니다. 그는 자신이 쓴 자신의 묘지명(《自撰墓誌銘》)에서 "바닷가로 귀양을 가자 '어린 시절에 학문에 뜻을 두었지만 20년 동안 속세와 벼슬길에 빠져 옛날 어진 임금들이 나라를 다스렸던 대도大道를 알지 못했다. 이제야 겨를을 얻었구나'라는 생각이 들어 그때야 혼연스럽게 스스로 기뻤다"고 말했습니다. 그러고는 아들들에게 편지를 써서 자신의 일로 폐족이 되어 비록 관직의 길은 막혔지만 참다운 독서의 때를 만났으니 독서를 통해 군자가 될 수 있음을 일러줍니다. "독서는 세상에서 최고로 깨끗한 일이다. 비단옷 입은 권세가 자제들은 그 맛을 알 수가 없고, 궁벽한 시골의 수재들도 그 깊은 경지는 알 수가 없다. 반드시 벼슬하는 집의 자제로서 어려서 듣고 본 바가 있고 중년에 화를 만난 너희 같은 자들만 비로소 참다운 독서를 할 수 있다"고 하면서 폐족이 되었다고 스스로 공부를 포기해서는 안 되며, 오직 독서만이 살아나갈 수 있는 길이라고, 엄하지만 애정 어린 아버지의 걱정으로 가르칩니다. 그리고 유배지에서 느낀 공부에 대한 자신의 생각을 적어 아들들에게 전합니다.

공부는 반드시 먼저 경학으로 근본을 다지고 난 후에 앞 시대의 역사를 섭렵하여 그 정치적 득실과 세상이 태평하거나 어지러운 것의 근원이 무엇인지 알아야 한다. 또한 실용의 학문에 유념하여 옛사람들이 세상을 경영하고 백성을 제도하는 것에 대해 적어놓은 서적을 즐겨보고, 항상 만민에게 은택을 베풀고 만물을 잘 육성하려는 마음을 가져야 한다. 그런 뒤에야 비로소 독서한 군자가 되는

것이다. (〈기이아寄二兒〉)

아들들에게 전한 다산의 이 가르침은 공부에 대한 자신과의
다짐이기도 합니다. 18년간의 유배생활 동안 그는 육경과 사서
를 가져다가 골똘히 생각에 잠기고 밑바탕까지 파내었습니다. 한
나라 위나라 이후로부터 명·청에 이르기까지 유학사상으로 경전
에 도움이 될 만한 모든 학설을 광범위하게 수집하고, 넓게 고찰
하여 잘못되고 그릇되었음을 확정해 놓고는 그런 것 중에서 취
사선택하고 나름의 학설을 마련하여 밝혀놓았습니다. 이것이 바
로 500여 권에 이르는 다산의 저작들입니다. 그는 육경과 사서로
써 자기 몸을 닦게 하고, 일표이서—表二書로써 천하 국가를 다스릴
수 있게 하였지요. 자기 몸을 닦게 하는 '수신'의 책으로는 《논어
고금주》, 《맹자요의》, 《중용자잠》, 《대학공의》 등이 있는데, 이 책
들은 경전에 대한 고증학적 해석으로 공자와 맹자가 말했던 실천
중심의 유학 본래 모습을 되찾고자 하는 다산의 생각이 정리되어
있습니다. 그리고 천하 국가를 다스릴 수 있게 하는 '치인'의 책으
로는 일표이서라 불리는 《경세유표》, 《목민심서》, 《흠흠신서》가
있는데, 다산은 《경세유표》를 통해 부강한 나라를 만들기 위한 중
앙 행정 개혁을, 《목민심서》를 통해서는 백성 한 사람이라도 나라
의 혜택을 입을 수 있게 하는 지방 행정 개혁을, 그리고 《흠흠신
서》를 통해서는 억울한 형벌을 없애기 위한 사법 개혁을 요구합
니다. 물론 이상적 개혁론이라 실행되지는 못했습니다.

나이 사십에 떠난 유배지에서 다산은 깨닫습니다. 겨울 시내를 건너듯 뼛속까지 시린 일이라도 반드시 해야 할 일이 무엇인지를요. 그리고 실천에 옮깁니다. 부와 명예를 좇아 일신의 영달만을 구하는 공부가 아닌 '수기치인'하는 성인들의 가르침에 따라 자신을 닦아 만민을 위한 공부를 합니다. 대학 입시나 스펙 쌓기, 취업을 위한 공부만 해오던 오늘날의 우리들에게 다산은 애정 어린 아버지의 가르침으로 말합니다. 부득이한 경우라도 꼭 해야 하는 일, 하지 않으면 안 되는 일이 바로 공부라고 말이죠. 자신을 닦아 만민을 위한, 그래서 세상을 변화시키는 공부를 하라고 강조합니다. 삼가고 또 삼가며 살겠다는 다짐 어린 '여유당'이라는 현판에서 우리는 다산의 이러한 가르침을 배웁니다.

원문
읽기

여유당기

與 猶 堂 記

자기는 하고 싶지 않지만 부득이하게 할 수밖에 없는 것, 이 일은 그만둘 수 없는 것이다. 자기는 하고 싶지만 남이 알지 못하게 하기 위해 하지 않는 것, 이 일은 그만둘 수 있는 것이다. 그만둘 수 없는 일은 항상 그 일을 하고는 있지만, 자기가 하고 싶지

않기 때문에 때로는 그만둔다. 하고 싶은 일은 항상 그 일은 하고
는 있지만, 남이 알지 못하게 하려고 하기 때문에 또한 그만둔다.
이와 같이 살핀다면 천하에 도무지 일이 없을 것이다.

　내 병은 내가 스스로 안다. 용감하되 무모하고, 선을 좋아하
되 가릴 줄 모른다. 마음이 내키면 곧장 실천해서 의심을 품거나
두려워하지 않는다. 그만둘 수도 있는 일이지만 진실로 마음에 흔
연히 감동되는 바가 있으면 그만두지 않는다. 하고 싶지 않아도
진실로 마음에 꺼림칙하여 상쾌하지 않으면 절대로 그만두지를
못한다. 이런 까닭에 어려서부터 방외로 치달리면서도 의심하지
않았고, 이미 장성하여서는 과거에 빠져 뒤도 돌아보지 않았으며,
삼십 대에는 기왕의 일들을 후회하면서도 두려워하지 않았다. 이
때문에 선을 좋아했어도 비방은 유독 많이 받았다. 아, 이 또한 운
명인가? 성격이다. 내 어찌 감히 운명이라 말하겠는가? 노자의 말
에 보니, "망설이기를 겨울에 시내를 건너듯, 겁내기를 사방 이웃
을 두려워하듯 한다"라 했다. 아, 이 두 마디 말이 내 병에 약이 아
니겠는가? 대개 겨울에 시내를 건너는 자는 추위가 뼈마디를 쑤
시니 매우 부득이하지 않으면 건너지 않으며, 사방의 이웃을 두려
워하는 자는 이웃의 시선이 자기 가까이 있으니 비록 매우 부득
이한 경우라도 하지 않는다.

　남에게 편지를 써서 경전과 예법의 같고 다름을 논하려는
가? 생각해보니 하지 않더라도 해될 것이 없다. 하지 않더라도 해
될 것이 없다는 것은 부득이한 것이 아니다. 부득이한 것이 아니

니 또한 그만둔다. 남을 논하는 상소를 단단히 봉해 올려서 조정
신하들의 옳고 그름을 말하려는가? 생각해보니 이것은 남들이 알
지 못하게 하려는 것이라. 남들이 알지 못하게 하려는 것은 마음
에 크게 두려운 것이 있음이다. 마음에 크게 두려운 것이 있으면
또한 그만둔다. 널리 진기한 물건을 모으고 옛 그릇들을 감상하려
는가? 또한 그만둔다. 관직에 있으면서 공공의 재물을 농간하여
그 나머지를 훔치고 싶은가? 또한 그만둔다. 마음에서 일어나고
뜻에서 싹트는 것은 매우 부득이하지 않으면 또한 그만둔다. 비록
매우 부득이하더라도 남들이 알지 못하게 하고 싶은 것은 또한
그만둔다. 이와 같이 살핀다면 천하에 일이 있겠는가?

　　내가 이 생각을 한 지가 거의 6~7년이 되었다. 이것을 내 집
에 현판으로 붙이려다 생각해보고는 또한 그만두었다. 초천에 돌
아와서야 비로소 문설주에 써 붙이고, 이렇게 이름 붙인 까닭을
적어서 아이들에게 보인다.

　　　欲己不爲, 不得已而令己爲之者, 此事之不可已者也. 欲己

　　　爲之, 欲人勿知而令己不爲者, 此事之可已者也. 事之不可

　　　已者常爲之, 然旣已不欲, 故有時乎已之. 事之欲爲者常

　　　爲之, 然旣欲人勿知, 故亦有時乎已之. 審如是也, 天下都

　　　無事矣.

　　　余病余自知之. 勇而無謀, 樂善而不知擇. 任情直行, 弗疑

　　　弗懼. 事可以已, 而苟於心有欣動也, 則不已之. 無可欲而

苟於心有礙滯不快也, 則必不得已之. 是故方幼眇時, 嘗
馳騖方外而不疑也, 旣壯陷於科擧而不顧也, 旣立深陳旣
往之悔而不懼也. 是故樂善無厭而負謗獨多. 嗟呼, 其亦命
也? 有性焉. 余又何敢言命哉? 余觀老子之言曰, “與兮若
冬涉川, 猶兮若畏四鄰.” 嗟乎, 之二語, 非所以藥吾病乎?
夫冬涉川者, 寒螫切骨, 非甚不得已, 弗爲也. 畏四鄰者,
候察逼身, 雖甚不得已, 弗爲也.

欲以書與人論經禮之異同乎? 旣而思之, 雖不爲無傷也.
雖不爲無傷者, 非不得已也. 非不得已者, 且已之. 欲議人
封章言朝臣之是非乎? 旣而思之, 是欲人不知也. 是欲人
不知者, 是有大畏於心也. 有大畏於心者, 且已之. 欲廣聚
珍賞古器乎? 且已之. 欲居官變弄公貨而竊其羨乎? 且已
之. 凡有作於心萌於志者, 非甚不得已, 且已之. 雖甚不得
已, 欲人勿知, 且已之. 審如是也, 天下其有事哉?

余之得斯義且六七年. 欲以顔其堂, 旣而思之, 且已之. 及
歸苕川, 始爲書貼于楣, 竝記其所以名, 以示兒輩.

(출전:《여유당전서》)

다산과 노자의 《도덕경》

다산 정약용이 노자의 말에서 따왔다는 '여유당與猶堂'이라는 당호는 노자의 《도덕경》 15장에 나오는 말입니다. 노자는 이 장에서 도를 체득한 사람에 대해서 이렇게 말합니다.

옛날에 도를 체득한 훌륭한 사람은 현묘함을 통달하였기 때문에 그 깊이를 알 수 없다. 깊이를 알 수 없으니, 굳이 그 모습을 형용한다면 망설이기를 겨울에 시내를 건너듯 하고, 겁내기를 사방 이웃을 두려워하듯 하고, 조심성 있기를 손님처럼 하고, 의심이 풀리기를 녹는 얼음처럼 하고, 소박하기를 다듬지 않은 통나무처럼 하고, 확 트이기를 계곡처럼 하고, 뒤섞이기를 흙탕물처럼 한다. 누가 능히 탁한 것을 고요히 하여 점점 맑아지게 할 수 있겠으며, 누가 능히 가만히 있던 것을 움직여 점점 생동하게 할 수 있겠는가? 도를 체득한 사람은 채우려하지 않고, 채우려 하지 않기 때문에 새로 만들지 않고도 능히 이룰 수 있다.

《도덕경》 15장

다산은 자신을 총애하던 군주가 죽자 '겨울 시내를 건너듯 망설이며, 사방 이웃들의 시선을 꺼리듯 겁내며' 삼가고 또 삼가면서 살겠다고 다짐합니다. 이 모습은 노자의 말처럼 현묘함을 통달한 사람의 모습입니다. 다산이 벼슬에서 물러나 생각했던 것은 노자가 형용했던 도를 체득한 훌륭한 사람처럼 살려고 했던 것은 아닐까요?

무위자연의 통치학

"도道라 말할 수 있는 도는 언제나 변함없는 도가 아니고, 이름 부를 수 있는 이름은 언제나 변함없는 이름이 아니다〔道可道, 非常道, 名可名, 非常名〕"라는 말로 유명한 노자《도덕경》1장은 노자 철학의 형이상학적 세계를 담는 표현으로, 언어로는 설명할 수 없는 '도'의 이상적 모습을 그리고 있습니다. 이 말에 대해 위魏나라 학자 왕필王弼(226~249)은 "말할 수 있는 도와 이름 부를 수 있는 이름은 구체적인 사물을 가리키니 언제나 변함없는 것이 아니다. 그러므로 도는 말할 수 없고 이름 붙일 수 없다"고 풀이하였습니다. 이처럼《도덕경》이라는 책은 말할 수도 이름 붙일 수도 없는 '도'에 대한 이야기로부터 '없음〔無〕'과 '있음〔有〕' 그리고 '만물의 생성'에 이르기까지 잡힐 듯 잡히지 않는 이야기들로 가득합니다. 전체가 81장으로 되어 있으며 상편 37장을 '도경道經', 하편 44장을 '덕경德經'이라 부릅니다. 오랫동안 이 책을 접한 많은 사람들

은 말할 수도 없고, 이름 붙일 수도 없는 '도'의 실현이 무위자연
無爲自然이라는 동양적 유토피아를 가져다줄 것이라고 생각했습니다. 그도 그럴 것이 노자는 태어날 때 이미 어머니 뱃속에서 81년을 있다가 출생하여 백발이 성성한 채로 태어났다고 하니 이러한 유토피아를 꿈꾸게 하는 것도 무리는 아닐 겁니다.

노자는 공자와 같은 시대 인물로 주周나라가 망하고 전국이 분열되어 혼란한 시기를 살았던 사상가입니다. 그는 《도덕경》 75장에서 "백성이 굶주리는 것은 그 위에서 세금을 많이 받아먹기 때문이요, 백성을 다스리기 어려운 것은 그 위에서 일을 벌이기 때문이며, 백성이 죽음을 가볍게 여기는 것은 그 위에서 너무 잘 살려고 하기 때문이다"라고 하면서 당시 혼란한 시대 상황을 묘사하고 있습니다. 이러한 삶이 비단 노자가 살던 춘추시대뿐이겠습니까? 공자가 그랬듯이 노자 또한 이러한 시대를 어떻게 살아갈 것인가를 궁리했던 사람입니다. 사마천의 《사기》, 〈노자한비열전〉를 보면, 그는 주나라 황실의 도서를 관리하는 사관史官이었다고 합니다. 공자가 주나라에 갔을 때, 노자에게 예禮에 관해서 묻자, 노자는 "그대가 말하는 성현들은 그 육신과 뼈가 모두 이미 썩어버리고 단지 그 말만 남아 있을 뿐이오. 하물며 군자도 그 때를 만나면 관직에 나아가지만, 때를 만나지 못하면 이리저리 날아다니는 다북쑥처럼 떠돌아다니는 유랑의 신세가 될 것이오. (중략) 그대는 교만과 탐욕, 허세와 지나친 욕망을 버리도록 하시오. 이러한 것들 모두가 그대에게는 아무런 도움이 되지 않을 것이오"

라고 말했습니다. 이처럼 노자는 언어로 획일화되는 인위人爲의
세계를 부정하고, 스스로 그렇게 되는 자연自然 그대로의 삶을 추
구하였습니다.

> 학문을 하는 것은 날마다 더하는 것이요, 도道를 행하는
> 것은 날마다 덜어내는 것이다. 덜어내고 또 덜어내어 행하
> 지 않음(無爲)에 이르면, 행하지 않되 하지 못하는 것이 없
> 게 된다. 천하를 다스리는 것은 억지로 일을 만들지 않을
> 때 가능하니, 일을 만들어내면 천하를 다스릴 수가 없다.
>
> 《도덕경》 48장）

노자는 경험을 통한 배움보다는 보편적 관점을 갖는 도를 중
시했습니다. 그렇게 되면 경험이 주는 유한성과 개별성을 날마
다 덜어낼 수 있어 무위에 이르게 되고, 무위하게 되면 못하는 것
이 없게 된다고 생각했지요. 따라서 노자가 말하는 무위無爲란 행
하지 않는 것이 아니라 행하지 않고도 저절로 행해지는 것을 의
미합니다. 그런데 이렇게 되면 일을 만들지 않고도 천하를 다스
릴 수 있다고 하니 이 말은 우리가 꿈꾸는 무위자연의 이상적 세
계가 아닌 무위자연으로 통치되는 지배적 세계를 묘사하는 것이
라 할 수 있습니다. 그것이 비록 언어로는 표현할 수 없는 도를 행
해야 이루어지는 것이라고는 하지만 이 '도道' 또한 공자가 말하
는 '인仁'과 같은 지배의 이념일 뿐입니다. 공자가 인을 한마디로

규정하지 않은 것처럼, 노자 또한 도를 한마디로 규정하지 않습니다. 아니 어쩌면 규정해서는 안 되는 것일지도 모릅니다. 왜냐하면 규정되는 순간 그 밖의 것에 대한 통치가 불가능하기 때문입니다. 노자는 《도덕경》 32장에서 "도는 본래 이름이 없으며, 질박해서 별게 아닌 듯 여기지만 천하가 도를 신하로 부리지는 못한다. 제후나 왕이 도를 지킬 수 있다면 모든 것은 저절로 찾아올 것이다. 하늘과 땅이 서로 만나서 단비를 내리듯, 백성들은 시키지 않아도 저절로 고르게 될 것이다"라고 하였습니다. 이처럼 통치자가 도를 지키면 백성들은 시키지 않아도 저절로 다스려질 수 있다고 합니다. 이른바 도를 통한 통치 즉, 행하지 않고도 스스로 그렇게 되는 무위자연의 통치를 말하고 있습니다. 때문에 노자는 "가장 훌륭한 지도자는 사람들이 그가 있음을 알지 못하고, 그 다음은 사람들이 그를 가까이하고 자랑스럽게 여기고, 그 다음은 사람들이 그를 두려워하고, 그 다음은 사람들이 그를 업신여기는 것이다. 윗사람에게 신의가 부족하면, 아랫사람들은 불신이 생긴다. 훌륭한 지도자는 말을 삼가고 아끼니, 공이 이루어지고 일이 잘되면, 백성들은 모두가 '내가 스스로 그렇게 한 것이다'라고 말한다"(《도덕경》 17장)라고 하였습니다.

혼란한 시대에, 지배자는 모든 것을 가지려고 하고, 피지배자는 목숨을 걸고 저항을 합니다. 국가는 통치라는 이름으로 거두려 하고, 백성은 빼앗기기 싫어 이를 거부하지요. 이러한 시대에 노자는 "장차 축소시키려고 하면 반드시 먼저 펴주어야 하고, 약하게 하고자 하면 강하게 해주어야 하고, 쓰러뜨리려고 하면 먼저 일으켜주어야 하며, 장차 빼앗으려고 하면 먼저 주어야 하니, 이 것을 일러 은미한 밝음이라(《도덕경》 36장)"고 했습니다. 빼앗기 위해 은미하게 주는 것, 노자 철학의 핵심은 바로 여기에 있습니다. 국가가 있어 어쩔 수 없이 통치를 해야 한다면 통치자는 가능한 백성들이 눈치 못 채게 거두고 이를 다시 분배해주어야 합니다. 이때 통치자는 최대한 자신의 욕심을 없애고 백성을 위해야 하는 것이죠. 마치 하늘의 도가 활을 당기는 것처럼 말입니다.

> 하늘의 도道는 활을 당기는 것 같다. 높은 것은 누르고 낮은 것은 들어 올리며, 남으면 덜고 부족하면 보태준다. 하늘의 도는 남는 것을 덜어내어 부족한 것을 보태주지만 사람의 도는 그렇지 않으니 부족한 것을 덜어 남는 것을 봉양한다. 누가 남는 것으로 천하를 봉양할 수 있겠는가? 오직 도를 가진 사람일 뿐이다. 그래서 성인은 일을 하되 뽐내지 않고, 공을 이루어도 처하지 않으며, 현명함을 드러내려고도 하지 않는다. (《도덕경》 77장)

자연의 법칙은 언제나 그렇듯이 높은 것은 누르고 낮은 것은 들어 올리며, 남으면 덜고 부족하면 보태줍니다. 그러나 인간 사회는 그렇지 않습니다. 가진 자는 오히려 없는 자의 것을 빼앗아 욕심을 채우지요. 국가도 마찬가지입니다. 빼앗기 위해 주는 것은 고사하고 빼앗기 위해 빼앗을 뿐입니다. 그것도 은미하게는 고사하고 대놓고 말입니다. 노자는 가장 훌륭한 지도자는 사람들이 그가 있음을 알지 못한다고 했습니다. 이상적인 지도자는 일을 하되 드러내지 않고, 공을 이루어도 자랑하지 않으며, 현명함을 뽐내지도 않습니다. 그렇기 때문에 백성들은 공이 이루어지고 일이 잘되는 것을 모두 자기가 스스로 그렇게 한 것이라고 믿게 되는 것입니다. 이것이 바로 노자가 말하는 무위자연의 통치학이며, 다산이 추구하려던 통치학일 것입니다.

반시대적 글쓰기

문장

반시대적 글쓰기

文章

김만중

우리말로 된 문학으로
학문 권력에 도전하다

김만중(金萬重, 1637~1692) 조선 후기의 문신이자 문인으로
한글로 쓴 문학이라야 진정한 국문학이라는 국문학관을
피력했다. 자는 '중숙(重叔)'이고, 호는 '서포(西浦)',
시호는 '문효(文孝)'이다. 저서로는 《구운몽》, 《사씨남정기》,
《서포만필》 등이 있다.

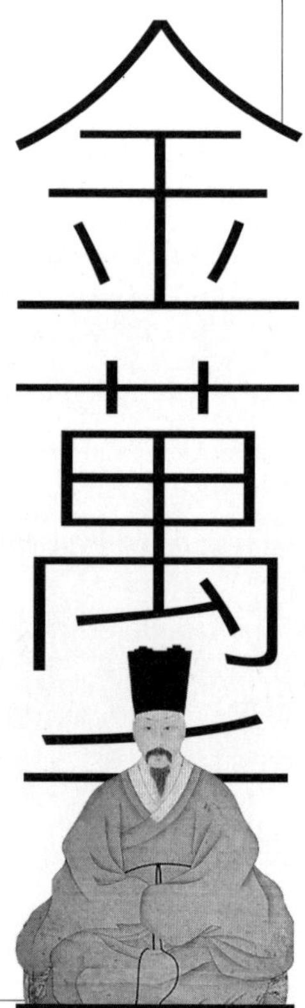

《구운몽》과 《사씨남정기》의 작가로 알려진 서포 김만중은 청나라 태종이 10만 대군을 거느리고 조선을 침략하던 병자호란 때 강화도 피란지에서 태어났습니다. 당시 할아버지 김반은 임금을 모시고 남한산성에 가 있었고, 아버지 김익겸은 할머니 서부인을 모시고 강화도에 들어가 성 안에 거처하고 있었지요. 그리고 어머니 윤부인은 만중을 배어 다섯 살 난 맏아들 만기를 데리고 선조의 부마인 친정 할아버지 윤신지가 거처하는 성 바깥 마을에 있었습니다. 오랑캐가 강을 건너 침입하자 아버지는 선비들을 규합하여 관군을 도와 죽음으로 지킬 것을 꾀하였습니다. 하지만 성이 함락되려 하자 빈궁嬪宮과 원손元孫을 수행하던 김상용이 남문루南門樓에서 화약에 불을 질러 자결하였고, 아버지도 그를 좇아 스스로 산화하였습니다. 윤부인은 바깥 마을에 있어서 이 소식을 듣지 못하고 군사를 피해 달아나는 여인들을 보고 갯가로 가 배를 얻어 타 화를 면했습니다. 만중은 당시 피란 가는 배에서 태어났기 때문에 어릴 적 이름을 '선생船生'이라 불렀습니다. 그는 예학의 대가인 김장생의 증손으로 숙종 때 정권을 독점한 노론 벌열층°의 일원이었지만 나면서부터 아버지의 얼굴을 알지 못함을 종신토록 지극한 아픔으로 여겼습니다.

난이 수습된 후 윤부인은 갓난아이 만중과 다섯 살짜리 만기

° 나라에 공로가 크고 벼슬 경력이 많은 집안.

를 데리고 서울로 돌아와 친정살이를 하며 '왼손엔 미음 그릇, 오른 손엔 회초리'를 들고 젖먹이였던 만중에게 글을 가르쳤다고 합니다. 난리가 막 끝난 뒤라 주위가 모두 궁핍하고 만중이 네 살 되던 해 친정아버지마저 돌아가셔서 집안은 더욱 곤궁해져 부인은 몸소 길쌈을 하고 수를 놓아 조석을 대었습니다. 때문에 어머니는 바깥 스승 없이 손수 《소학》, 《사략》, 《당시》 등을 가르쳤으며, 집에 없는 서책은 짜던 명주를 베어 구해주기도 하고, 책을 빌려 손수 베껴주시기도 하였지요. 자식을 사랑함이 남다르셨으나 글 읽기를 부과하고 감독함에 있어서는 지극히 엄하셨고, 항상 말씀하시기를 "너희들은 다른 사람과 비교해서는 안 되며, 반드시 다른 날에 재주와 학식이 남보다 한 등급은 뛰어나야 겨우 남과 나란히 설 수 있을 것이다. 사람들이 행실 없는 이를 꾸짖을 적에 반드시 '과부의 자식'이라 하니, 너희들은 마땅히 이 말을 뼈에 새겨야 할 것이다"라고 당부하셨습니다.

이처럼 어머니로부터 훈도를 받은 김만중은 14세에 진사초시°에 합격했고, 이어 16세에는 진사에 일등으로 합격합니다. 그리고 29세에 정시문과°°에 장원으로 급제해 임금에게 간언하는 일을 맡는 사간원의 정언, 정치에 관해 논의하는 사헌부의 지평

° 대과에 응시할 자격을 얻는 소과 중 하나로 이 시험에 합격하면 진사가 될 수 있다.
°° 문과, 무과 시험 중 3년마다 정기적으로 시행하는 식년시 외에 임시로 시행하던 과거시험이다. 왕실에 경사가 있을 때와 특정 지역의 유생이나 관료를 대상으로 실시하였다.

을 거쳐 암행어사는 물론 왕세자에게 글을 가르치는 겸문학을 역임하고 동부승지°°°가 됩니다. 하지만 인선왕후가 죽자 자의대비의 복상 문제로 서인이 패하고 관직을 삭탈당합니다. 그 후 서인이 정권을 잡자 다시 등용되어 예조참의, 공조판서, 홍문관대제학 등을 지냅니다. 그러나 임금과 국정을 협의하는 지경연사로 있던 51세 때, 숙종이 이조판서 조사석趙師錫을 우의정으로 승진시키려 들자 김만중은 조사석이 희빈 장씨의 어머니와 오랜 연문이 있던 사이라 직언해 왕의 노여움을 삽니다. 그리고 의금부에서 추국을 받고 하옥되었다가 평북 선천으로 유배를 당하고, 다시 경남 남해에 위리안치°°°°됩니다. 이러한 와중에 어머니는 아들의 안위를 걱정하다가 병으로 죽고, 효성이 지극했던 김만중 또한 어머니 장례에도 참석하지 못한 채 남해의 적소에서 56세를 일기로 숨을 거둡니다. 일체의 부귀영화가 모두 꿈만 같다는 내용의 《구운몽》은 바로 이때 유배지에서 어머니의 근심을 풀어드리기 위해 지었다고 합니다.

소설은 정사正史를 흐리게 하고 가치관의 혼동을 초래한다고 배격했던 시대, 김만중은 멀리 아들을 그리며 눈물을 흘리실 어머니를 위해 소설을 씁니다. 아마도 밤낮으로 역사서는 물론 패

<hr>

°°° 조선 시대에 승정원에 속한 정삼품 벼슬.
°°°° 유배된 죄인이 거처하는 집 둘레에 가시로 울타리를 치고 그 안에 가두어 두던 일.

사 잡기의 책들을 가지고 이야기하며 한바탕 어머니의 웃음을 도
왔던 일들이 기억나 홀로 적적해 하실 어머니를 생각하며 소설을
썼을 것입니다. 유복자로 태어난 것을 평생의 한으로 여긴 김만중
에게 있어 어머니는 아버지이자 스승이자 어머니 그 이상이었을
것입니다. 게다가 소설에 대한 생각도 기존의 유자들과는 사뭇 달
랐습니다. 학문을 통해 관직에 오를 선비들이라면 마땅히 성리학
적 이념인 도가 실린 경서를 읽어야 하겠지만 그렇지 않은 사람
들은 소설을 통해서라도 이러한 이념을 익힐 수 있기 때문에 소
설을 굳이 배격할 필요가 없었습니다. 예컨대, 임란 이후 부녀자
나 어린애들까지 다 같이 외워 말할 수 있을 정도로 성행한《삼
국지연의》에 대해, 그는 다른 유자들과 마찬가지로 공부하는 선
비들마저 역사서는 읽지 않고 소설을 통해 역사를 배우고 있다고
비난하면서도 다른 한편으로는 다음과 같이 말해 소설의 효용성
을 강조합니다.

> 《동파지림》에 이르기를 "골목집에서 아이들이 천박하고
> 용렬하여 그 집이 골치가 아프면 돈을 주어 모여서 옛날
> 이야기를 듣게 한다. 삼국의 일을 이야기할 때 유현덕이
> 패한다는 말을 들으면 아이들은 찡그리며 눈물을 흘리기
> 도 하고 조조가 패한다고 하면 기뻐서 즐겁다고 소리치기
> 도 한다"고 하였다. 이것이 나관중이 쓴 《삼국지연의》의
> 시원일 것이다. 이제 진수의 《삼국지》나 사마광의 《자치

통감》을 가지고 여러 사람을 모아 놓고 이야기를 하여도
반드시 눈물을 흘리는 사람은 없을 것이다. 이것이 통속
소설을 짓는 까닭이다. 《서포만필》

　역사적 사실을 논증하거나, 불교와 주자학 및 주희의 학문
태도에 관해 비판적으로 검토하며, 문학 등을 논하는 내용이 들
어 있는《서포만필》에서 그는 진수의 《삼국지》나 사마광의《자치
통감》과 같은 역사서를 읽고 감동 받는 사람은 없겠지만 나관중
이 쓴《삼국지연의》와 같은 소설을 읽고 눈물 흘리는 사람은 있
을 것이라고 말합니다. 이것이 바로 문학이 갖는 생명력이며, 통
속소설을 짓는 이유겠지요.《삼국지연의》와 같은 소설이 비록 역
사를 부연하고 재미를 더하기 위해 허황된 이야기를 첨가하긴 했
어도 그 안에 성리학적 정통론이 들어있고, 이를 통해 국가 이데
올로기를 배울 수 있다면 굳이 배격할 이유는 없을 것입니다. 여
항의 사람들에게까지 어려운 역사서를 읽혀 억지로 국가 이념을
주입하기보다는 재미와 감동은 물론 교화까지 베풀 수 있는 소설
을 통해 자연스레 습득할 수 있게 하는 편이 훨씬 낫다고 그는 생
각했습니다. 다만, 글 하는 선비들마저 역사서는 내팽개친 채 소
설의 재미만을 일삼는다면 문제가 되겠지요. 그가 어머니의 시름
을 위로하기 위해 지은《구운몽》또한 이러한 관점에서 창작되었
습니다.
　그가 살던 시대는 주자학이 문화는 물론 의식까지 장악하고

있었으며 화이론에 입각한 소중화의식小中華意識이 호란 이후 북벌로까지 치닫는 상황이었습니다. 하지만 이러한 분위기는 주자학을 교조화시켜 학문 권력이 형성되면서 일의 옳고 그름은 따지지 않고 뜻을 같이 하는 무리끼리는 서로 돕고 그렇지 않은 무리는 배척하는 당동벌이黨同伐異의 부정적 풍조를 낳았습니다. 김만중은 바로 이런 시대에 문학에 도를 싣는 재도론적 문학관을 거부하고 감동을 주는 문학을 주장합니다. 이러한 그의 생각은 주자학의 절대적 권위를 부정하고 자신만의 생각으로 세상을 바라보는 주체적 사상에서 비롯된 것입니다.《서포만필》의 서序를 쓴 김춘택은 세상 사람들이 "만필은 정말 훌륭합니다. 다만 의심스러운 것은 그 강론의 말이 때론 옛 선비들과 같지 않고, 또한 불교의 설이 범람한 듯한데 어째서입니까?"라고 묻는 말에 다음과 같이 대답합니다.

옳은 것은 옳고, 그른 것은 그르다고 함입니다. 정자나 주자도 경전 해석에 서로 같지 않았고, 주자는 제자인 연평에게 친히 배웠는데도 서로 논란하여 해결하지 못한 것도 있었으며, 주자는 더욱이 초기와 만년의 차이가 있습니다. 만약에 옛날 순자나 명의 왕양명 그리고 요즘 윤휴와 같이 사리에 위배되고 터무니없으며 사사로이 마음대로 하여 싸움에 이기려고만 힘쓴다면 진실로 죄를 물어 물리쳐야 할 것입니다. 하지만 그렇지 않고 혹 다름이 있다는

것은 옛 선비들도 면할 수 없었던 일인데 선생을 어찌 의

심할 수 있겠습니까? 《서포만필서》)

　　김만중의 학문은 "옳은 것은 옳고, 그른 것을 그르다"고 하는 데 있습니다. 이 말은《논어》, 〈위정〉편에서 공자가 자로에게 "아는 것을 안다고 하고, 모르는 것을 모른다고 하는 것, 이것이 아는 것이다"라고 한 말과 비슷합니다. 본디 앎에 대한 가르침이지만 무뢰한이었던 자로에게 있어 이 말은 용기에 대한 가르침이기도 했습니다. 주자학만이 학문의 기준이었던 시대에 책 따위나 뒤적이며 만들어진 지식이 아닌 자신이 실제 경험한 바에 따라 옳은 것은 옳고, 그른 것은 그르다고 거침없이 말하는 것이야말로 진정한 용기입니다. 김만중은 사리에 위배되고 터무니없으며, 사사로운 마음으로 싸움에 이기려고만 하는 학문이 아닌 자신의 경험을 만필에 담아냅니다. 게다가 그는 이처럼 실제 경험에 의해 터득한 학문을 '본래면목本來面目'이라는 불교 용어를 끌어다 설명합니다. 본디부터 지니고 있는 천연 그대로의 심성을 설명한 본래면목이야말로 진짜 학문인 것이지요. 금강산에는 가보지도 않고 그림이나 보고, 책이나 뒤지면서 금강산을 말하는 학문은 '지상면목紙上面目'이며 거짓입니다. 교조화되어 자신들이 신봉하는 학문만이 참이라고 말하는 유자들과 달리 그는 기존 학문 사상의 절대적 권위를 인정하지 않고 비교적 객관적이고 합리적인 태도로 학문을 재구성합니다.

김만중이 문학에서 도가 아닌 감동을 강조하는 것 또한 이러한 이유에서입니다. 주희는 《중용》의 서序에서 "인심은 도심의 명령을 듣는다"고 했는데 김만중은 이 말을 이해할 수 없다고 합니다. 왜냐하면 "마음의 허령지각虛靈知覺은 하나뿐이라고 하면서 어찌 인심과 도심이 두 마음일 수 있겠느냐?"는 것이지요. 마음을 인심과 도심으로 나눈 것은 본래면목에서 오는 실상이 아니라 지상면목에서 오는 허상인 것입니다. 게다가 이것은 도라는 형이상의 관념으로 사람을 구속하기 위한 것이지요. 유자들의 문학은 인심으로 하여금 도심의 명령을 받게 하는 것이겠지만 그는 어떤 것도 명령하거나 명령받을 수 없는 것이 마음이며, 문학은 바로 이 마음을 울리는 것이라고 강조합니다. 때문에 그것이 굳이 도심일 필요도 인심일 필요도 없는 것이지요. 물론 사람의 한 몸 안에는 사욕의 유무에 따라 마치 두 가지 마음이 있는 것 같을 때가 있는데, 그때는 "인심이 도심의 명령을 듣는다"라고 하기보다는 "마음으로 마음을 살핀다"라는 불교의 주장이 타당하다고 말합니다. 이렇듯 그는 자신의 경험에 의해 주자학이든 불학이든 그 타당함을 찾는 것이 학문이며, 그 어떤 것도 권력이 되어서는 안 된다고 주장합니다. 문학 또한 중국만을 높이는 화이론적 사고방식에서 벗어나야 된다고 주장하면서 우리말로 된 문학을 강조합니다.

지금 우리나라의 시와 문학은 자기 말을 버려두고 다른

나라 말을 배워서 표현한 것이니, 설사 아주 비슷하다 하
더라도 이는 단지 앵무새가 사람의 말을 하는 것이다. 여
항에서 나무하는 아이나 물 긷는 아낙네가 '에야디야'하며
서로 주고받는 노래가 비록 천박하다고 하여도 만일 그
진위를 따진다면 참으로 학사 대부들의 이른바 시詩니, 부
賦니 하는 것과는 함께 논할 바가 아니다. 《서포만필》

사람의 마음이 입에서 나오면 말이 되고, 말이 가락을 가지면
노래도 되고, 시도 됩니다. 천하의 말이 비록 같지는 않지만 말을
할 줄 아는 사람이 각기 그 말을 가지고 가락을 맞춘다면 모두가
천지를 감동시키고 귀신과 통할 수가 있는 것이지요. 그런데 유자
들은 이를 모르고 오직 중국어만 그렇게 된다고 생각합니다. 이것
이 바로 권력이지요. 그래서 여항의 사람들이 '에야디야'하며 서
로 주고받는 노래를 천박하다고 말합니다. 하지만 그 진위를 따
진다면 학사 대부들의 시니, 부니 하는 것과는 비교도 안 될 것입
니다. 왜냐하면 그것이 우리말로 된 문학이기 때문입니다. 중국어
로 번역하면 뜻은 통할 수 있을지 모르겠지만 그 말씨가 주는 감
동은 사라질 것입니다. 이처럼 우리 문학은 우리말로 해야 한다는
김만중의 주장은 문학 사상뿐만 아니라 학문 권력에 도전하는 혁
명과 같은 선언입니다. 절대 권력에 굴하지 않고 옳은 것은 옳고
그른 것은 그르다고 할 수 있는 용기, 그것이 진짜 학문임을 그는
문학을 통해 우리에게 보여주고 있습니다.

서포만필

西浦漫筆

송강의 《관동별곡》, 《전후사미인가》는 우리나라의 《이소》인데, 그것은 문자로 옮길 수가 없기 때문에 오직 노래하는 사람들이 구전하여 서로 이어받아 전하거나 혹은 한글로 써서 전해질 뿐이었다. 어떤 사람이 칠언시로 관동별곡을 번역하였지만, 원래 노래처럼 아름답지는 않았다. 혹은 택당이 어렸을 적에 지은 작품이라고 하지만, 아니다.

구마라습이 말하기를 "천축의 풍속은 글을 최고로 숭상하여 그 찬불가는 지극히 아름답다. 그런데 이제 이를 중국어로 번역을 하니 그 뜻은 알 수 있어도 그 말씨는 알 수가 없다"고 하였다. 이치가 정녕 그렇다. 사람의 마음이 입에서 나오면 말이 되고, 말이 가락을 가지면 노래도 되고, 시도 되고, 문학도 된다. 천하의 말이 비록 같지는 않지만 진실로 말을 할 줄 아는 사람이 각기 그 말을 가지고 가락을 맞춘다면 모두가 천지를 감동시키고 귀신과 통할 수가 있는 것은 유독 중국어만이 그런 것은 아니다. 지금 우리나라의 시와 문학은 자기 말을 버려두고 다른 나라 말을 배워서 표현한 것이니, 설사 아주 비슷하다 하더라도 이는 단지 앵무새가 사람의 말을 하는 것이다. 여항에서 나무하는 아이나 물 긷는

아낙네가 '에야디야' 하며 서로 주고받는 노래가 비록 천박하다고
하여도 만일 그 진위를 따진다면 참으로 학사 대부들의 이른바
시詩니, 부賦니 하는 것과는 함께 논할 바가 아니다. 하물며 이 세
별곡은 천기를 스스로 발하고 있는데도 이속夷俗의 천박함이 없
으니, 자고로 우리나라의 참 문장은 이 세 편뿐이다. 그러나 이 세
편을 가지고 논한다면 《후미인곡》이 더욱 높다. 《관동별곡》과 《전
미인곡》은 한문의 어구를 빌어서 그 모양을 꾸몄을 뿐이다.

松江關東別曲, 前後思美人歌, 及我東之離騷, 而以其不
可以文字寫之, 故惟樂人輩, 口相授受, 或傳以國書而已.
人有以七言詩飜關東曲而不能佳. 或謂澤堂少時作非也.
鳩摩羅什有言曰 天竺俗最尙文, 其讚佛之詞, 極其華美.
今以譯奏語, 只得其意, 不得其辭. 理固然矣.
人心之發於口者, 爲言. 言之有節奏者, 爲歌詩文賦. 四方
之言雖不同, 苟有能言者, 各因其言而節奏之, 則皆足以動
天地通鬼神, 不獨中華也. 今我國詩文, 捨其言而學他國
之言, 設令十分相似, 只是鸚鵡之人言, 而閭巷間樵童汲
婦咿啞而相和者, 雖曰鄙俚, 若論眞贗, 則固不可與學士
大夫所謂詩賦者, 同日而論.
況此三別曲者, 有天機之自發, 而無夷俗之鄙俚, 自古左海
眞文章, 只此三篇. 然又就三篇而論之, 則後美人尤高. 關
東前美人, 猶借文字語, 以飾其色耳.

(출전: 《서포만필》)

이용휴

진정한 나로 돌아가
살아 숨 쉬는 문장을 짓다

이용휴(李用休, 1708~1782) 조선 후기의 문인으로
성호학파의 대표적 인물이었다. 자는 '경명(景命)'이고, 호는
'혜환(惠寰)'이다. 저서로는 《탄만집》, 《혜환잡저》 등이 있다.

18세기 조선의 문단은 중국의 최신 서적들이 수입되면서 명말청초의 새로운 사조들이 유행하게 되었고, 이를 접한 문인들은 익숙함과 전범에서 벗어나기 위해 다양한 시도를 하게 됩니다. 혜환 이용휴는 이러한 변화의 중심에서 주자성리학에 바탕을 둔 사유 체계를 내던지고 인간성의 본래적 측면에 관심을 두는 개성적인 글쓰기를 통해 당대 권력으로부터 벗어나고자 했습니다. 그의 집안은 '정릉 이씨'로 불리는 남인의 명문가로 대대로 이름난 관료와 학자들이 많았지요. 그러나 남인이 정권에서 축출되는 경신대출척(숙종 6년) 때 할아버지인 매산 이하진이 평안도 운산으로 유배를 당하고, 숙종 32년에는 세자 책봉 문제로 상소를 올린 매산의 아들 이잠이 장살 당하면서 정치적으로 몰락합니다. 그럼에도 이들은 자신들의 역량을 학문에 쏟아 부어, 실학의 토대를 마련한 성호 이익과 같은 학자는 물론《택리지》의 저자인 이중환과 같은 뛰어난 문인들을 끊임없이 배출하였습니다. 다만 이용휴는 아들 이가환이 신유사옥 때 역적으로 몰려 죽으면서 자신과 아들의 저작이 불온한 글로 낙인찍혀 간행은커녕 오랫동안 빛을 보지 못하는 불운을 겪습니다. 같은 남인가에 있던 정약용은 이가환의 묘지명에서 혜환에 대해 다음과 같이 언급합니다.

이용휴는 진사가 된 이후 다시는 과장에 들어가지 않은 채, 오로지 문장 공부에 마음을 기울였다. 그는 우리나라의 속됨을 씻어내고 힘써 중국을 쫓으니 그의 글은 기굴

奇崛하고 신교新巧하여 요컨대 전겸익과 원굉도의 아래에
있지 않았다. 자호를 혜환거사라 했으니 원릉 말년에 명
성이 당대에 으뜸이었다. 무릇 글을 새롭게 바꾸고자 하
는 사람들은 모두 문장을 배우려고 찾아왔다. 몸은 포의
布衣의 반열에 있으면서 손으로는 문원文苑의 권력을 30여
년 동안 쥐었으니, 예로부터 있지 않았던 일이다. 그러나
우리나라 선배들의 글에 있는 흠을 도려냄이 너무 심했기
때문에 그를 원망하는 시속의 무리가 많았다. (정약용, 〈정헌
묘지명〉)

그는 진사가 된 이후 출사出仕를 포기한 채 재야에 머물면서
평생을 글쓰기에만 전념한 일종의 전업 작가였습니다. 그런데 다
산의 표현처럼 선배들의 글에 있는 흠을 도려냄이 심했기 때문에
글을 원망하는 무리가 많았습니다. 동시대 문인인 유만주 또한 이
용휴의 글에 대해 시내암과 김성탄의 현묘함을 모방해서 당송팔
가의 법도를 존중하는 자들에게 공격을 받았다고 하니 그의 문장
이 어떠했는지 짐작이 됩니다. 게다가 그는 지배 이데올로기인 성
리학적 사유 체계를 거부하고 인간성 본래의 측면에 관심을 가지
며 진정한 '나'를 찾는 글을 주로 썼기 때문에 더더욱 비판의 대상
이 되었습니다.

그의 이러한 글쓰기의 특징을 잘 보여주는 〈차거기〉라는 기
문은, 문체는 물론 그 안에 있는 내용 또한 매우 특이해 주류적 글

쓰기와는 완전히 변별됩니다.

> 이 집은 이 사람이 사는 이곳이다. 이곳은 바로 이 나라 이 고을 이 마을이고, 이 사람은 나이 젊고 식견이 높으며 옛글을 좋아하는 기이한 선비다. 만약 그를 찾으려거든 이 기문記文으로 들어오라! 그렇지 않으면 비록 무쇠 신발이 다 닳도록 대지를 두루 돌아다녀도 끝내 찾지 못할 것이다.
> 此居, 此人居此所也. 此所卽此國此州此里, 此人年少識高耆古文奇士也. 如欲求之, 當於此記. 不然, 雖穿盡鐵鞋, 踏遍大地, 終亦不得也. 《차거기》

어떤 사람의 정자나 서재, 누대를 짓거나 명승을 관람하고서 건물을 짓게 된 과정이나 연혁 및 주인의 성향과 지향을 서술하는 이 같은 원정기園亭記는 비교적 자유스럽게 서사하기는 하지만 품격과 격식을 갖추는 것이 보통이기 때문에 일정한 분량을 가져야 합니다. 그런데 이 글의 원문은 53자에 불과할 뿐만 아니라 전체 기문의 6분의 1에 해당하는 '차此'자의 사용이 매우 특이합니다. 한문 글쓰기는 물론 지금의 글쓰기에서도 같은 글자나 단어의 중복을 피하는 것은 글쓰기의 기본인데, 이용휴는 이 글에서 '차此'자를 무려 9번이나 쓰고 있습니다. 그가 이렇게 '차'자를 많이 쓴 이유는 '차'가 지시하는 주체성을 강조하기 위해서입니다. '나'

는 내 나라, 내 마을, 내 집에서 사는 사람입니다. 그런데도 사람들은 이런 나를 찾기 위해 저곳, 저 사람을 기웃거리고 있으니, 무쇠 신발이 다 닳도록 대지를 돌아다녀도 찾을 수가 없는 것이지요. '차'에 반대되는 '피彼'는 참인 이것과 반대되는 허위에 찬 저것을 가리킵니다. 다시 말해, '피'는 관직이나 문벌 따위를 말하며, 글쓰기에 있어서는 전범을 지칭합니다. 당시 사람들은 진정한 '나'는 찾지 않고, 외피인 관직이나 문벌 따위에 집착했으며 그것만이 '나'를 규정해줄 것이라 믿었습니다. 때문에 남의 시문집에 서문을 쓰려 해도 먼저 그 사람의 관직과 문벌이 어떠한지를 물었고, 그래서 드높고 혁혁한 사람이면 양한兩漢의 문장이요, 삼당三唐의 시라는 말로 받들어 헌납했습니다. 만약 그렇지 않으면 매미나 풀벌레의 울음소리 같은 하찮은 것으로 간주하여 취급했지요.

　　이용휴는 이성중李聖中이라는 여항인°의 시집인 《장와집》 서문에서 재능이 아닌 신분에 따른 평가를 비판합니다. 그러면서 글이든 사람이든 공정한 평가를 하려면 "마치 대궐문을 봉쇄하고 시험을 치르듯 해야 한다"고 주장하지요. 설령 내 안목이 미치지 못하는 경우는 있을지언정, 가슴속에 미리 선입견이 있어 나의 감식안을 현혹시키는 일은 없어야 한다는 것이 그의 생각이었습니다.

° 조선 후기 서울을 중심으로 양반사대부가 아닌 중인 이하 계층이 주도한 한문학 활동을 한 사람들을 지칭하는 말로 위항인委巷人이라고도 하며, 이들의 문학을 여항문학 또는 위항문학이라고 한다.

지금 이 원고를 보니 자기 뜻대로 창작하고 스스로의 생각을 귀하게 여긴 작가로서 옛 대가에 빌붙어 모의하지 않았다. 그러므로 진실한 소리가 있고, 진실한 색채가 있으며, 진실한 맛이 있다. 비유하자면 좋은 향은 용사향龍麝香을 섞지 않지만 저절로 진실한 향기가 풍기는 것과 같다. 아! 조물주가 이 사람을 이런 처지로 만든 것은 적지 않게 신경을 쓴 결과로구나! (《장와집서》)

좋은 향은 특별히 더 좋은 냄새를 첨가하지 않아도 저절로 진실한 향기가 납니다. 이처럼 좋은 글과 좋은 사람도 자기 뜻과 생각을 귀히 여길 때만 진실한 소리와 색채 그리고 맛이 있는 것이지요. 그런데도 사람들은 언제나 틀에 박힌 소리와 색채, 맛을 정해놓고 그렇지 않은 것에 대해 비난을 일삼습니다. 게다가 관직과 문벌에 따라 그 진실함이 달라지니 이보다 더 억울한 일이 어디 있겠습니까? 그는 여항인 김숙金肅의 문집인《평와집》서문에서도 사람을 재능보다는 지위만으로 평가하는 세태에 대해 "이는 피고와 원고가 뒤바뀐 것과 같은 송사에서 벌어지는 억울함보다도 심한 것이다"라고 꼬집으면서 다음과 같은 말로 당시 허위에 찬 학문 풍토를 비판합니다.

벼슬이 높고 귀한 자는 겨우 시를 읊조리고 글을 짓는 법을 알 정도임에도 대개는 문집이 있어 세상에 돌아다닌다. 하지만 가난하고 지위가 낮은 자는 예술이 아무리 《시경》이나 《이소》의 수준이 되고 문명을 숭상하는 시대를 만났다 해도 숨겨진 채 세상에 드러나지 못한다. 심하지 않는가! 세상의 권력 행사가 이렇게도 공정하지 않다. 그러나 그러한 작가를 세상에 드러내고자 한다면 세력과 지위가 필요치 않다. 다만 문장가가 가진 붓의 힘, 그 한 가지만 있으면 된다. 《평와집서》

이용휴가 살던 시대, 세상의 권력 행사는 이렇게도 공정치가 않았으니 지위가 낮은 자는 제아무리 뛰어난 능력을 지녔어도 세상에 드러날 수가 없었습니다. 하지만 그는 세상에 드러나는데 세력과 지위가 뭐 필요하냐고 반문합니다. 문장가가 가진 붓의 힘, 그 한 가지만 있으면 된다는 것이죠. 이처럼 그는 세력이나 지위가 아닌 개인의 능력을 중시했습니다. 때문에 그의 문집에는 귀하고 현달한 인물보다는 세속적 명예나 지위를 한 번도 누려보지 못한 시정의 사람들이 많았지요. 세상에 드러날 만큼 혁혁한 인생을 살지는 않았지만 자신의 삶을 누구보다도 사랑한 그들의 삶에서 이용휴는 세속적 명예를 가진 인간과는 다르게 진정한 삶의 가치를 보여준 점을 높이 평가하고, 그러한 삶이 진정한 인간의 가치라 여겼습니다.

그렇지만 사회가 개인의 능력이나 성품을 알아주는 것은 예나 지금이나 쉽지는 않은 일이지요. 세상의 편견과 선입견, 게다가 이미 정해진 무언가가 있다고 생각하는 시대에 나만의 생각을 펼치며 주체적으로 살아간다는 것은 가히 혁명에 가까웠을 것입니다. 더욱이 고문 위주의 글쓰기를 통해 내용보다는 형식을 중시하고, 고인들의 케케묵은 사유에 더 익숙한 사람들에게 스스로의 생각을 글로 쓰고, 이를 실천한다는 것은 결코 쉬운 일이 아니었습니다. 내가 나의 삶의 주인임에도 불구하고 남과 외물에 속박당하고, 자기로부터 소외된 삶을 살아가면서도 이를 당연시 여기고 있으니 한심할 따름이지요. 이에 이용휴는 친구인 이처사가 동산에서 목재를 가져다가 자그마한 초가 한 채를 짓고 '나의 집[我菴]'이란 편액을 달자 이 집에 기문을 쓰면서 이렇게 말합니다.

> 나와 남을 마주 놓고 보면, 나는 친하고 남은 소원하다. 나와 사물을 마주 놓고 보면 나는 귀하고 사물은 천하다. 그런데도 세상에서는 도리어 친한 것이 소원한 것의 명령을 듣고, 귀한 것이 천한 것에게 부림을 당하는 것은 어째서인가? 욕망이 그 밝은 것을 가리고, 습관이 참됨을 어지럽히기 때문이다. 이에 좋아하고 미워하며 기뻐하고 성냄과 행하고 멈추며 굽어보고 우러러봄이 모두 남을 따라만 하고 스스로 주체적으로 하지 못하는 바가 있다. 《아암기》

분명 내가 내 삶의 주인인데도 우리는 이것을 망각하고 있습니다. 심한 경우 말하고 웃는 것은 물론 얼굴 표정까지도 남의 노리갯감으로 바치며, 정신과 의사, 땀구멍과 뼈마디 하나도 나에게 속한 것이 없게 되니 부끄러운 일이지요. 어린 시절 순수했던 인간 본연의 모습은 욕망이 그 밝은 것을 가리고, 습관이 참됨을 어지럽혀 제 모습을 잃어버리게 되었습니다. 그리고 내가 아닌 남을 위해 살면서 본래의 나는 사라졌지요. 사회적 규범과 법, 국가에 복종하는 방식 이외에는 결코 '자기'를 구성할 수 없는 오늘날의 우리들 또한 이용휴가 비판하는 부끄러운 나와 다르지 않습니다. 나라는 존재를 표현하기 위해 끊임없이 자기를 포기해야 하는 현대의 삶 속에서는 진실한 나는커녕 천리를 따르던 순수했던 옛날의 나도 찾을 수 없습니다. 그렇다면 진정한 나로 돌아가기 위해서는 어떻게 해야 할까요? 이용휴는 '따라 사는 집〔隨廬〕'이라는 기문에서 다음과 같이 말합니다.

그렇다고 하여 오로지 남들 하는 대로 따를 것인가? 아니다! 마땅히 이치를 따라야 한다. 이치는 어디에 있는가? 마음에 있다. 모든 일은 반드시 마음에 물어야 한다. 마음이 편안하면 이치가 허락하는 것이니 이것을 행하고, 불안하면 허락하지 않는 것이니 이것을 그만두어야 한다. 이와 같이 하면 따른 것이 바르게 되어, 스스로 하늘의 법칙과 합치될 것이니 한결같이 마음을 따르면 운수와 귀신 모두가 나를 따르게 될 것이다. 《수려기》

어쩔 수 없이 세상의 추이를 따라야 하지만 나를 버리고 맹목적으로 따라갈 수 없기에 이치를 따라야 한다고 그는 말합니다. 이치란 다른 것이 아니라 마음이 하고자 하는 것을 행하는 것입니다. 마음이 편안하면 이치가 허락한 것이고, 불안하면 허락하지 않은 것이지요. 세상 이목에 따라 사는 삶이 아닌 내 마음이 가는 대로 사는 삶, 이것이 이용휴가 바라던 삶이며 그가 쓰고자 했던 글의 핵심이었습니다. 좀벌레와 쥐 오줌으로 더러워진 종이 쪼가리에서 썩은 구절이나 긁어모아 쓴 글이 아닌 자신의 삶을 주체적으로 살아갈 때 만들어지는 살아 있는 글, 이것이야말로 세상을 울릴 수 있는 글임을 그는 잘 알고 있었습니다. 하지만 이러한 글을 쓰고, 이 같은 삶을 살기 위해서는 세상의 추이를 거부할 수 있는 엄청난 용기가 필요합니다. 진정한 나로 돌아간다는 것은 결코 쉬운 일이 아닙니다. 하지만 그동안 세상 이목 때문에 포기했던 나의 주체적 마음을 회복하는 일은 이 세상을 살아가는 데 꼭 필요한 일이지요. 남이 아닌 나를 배려하는 마음에서 진정한 삶도 글도 만들어지는 것입니다.

수려기

隨 廬 記

　　바람이 동쪽으로 불면 더불어 동으로 향하고, 바람이 서쪽으로 불면 더불어 서로 향하니 세상에 휩쓸리듯 한다. 이를 싫어하여 피하려고 할진대 거닐면 그림자가 따르고 부르짖으면 메아리가 따르니 이것 또한 나에게 있는 것이니 무슨 수로 피할 수 있겠는가? 그렇다고 하여 장차 묵묵히 앉아서 자신의 한평생을 마칠 것인가? 그렇게 할 수 없는 노릇이다.

　　또 어찌 까마득히 먼 옛날의 옷과 관을 갖추어 입고서 중국의 언어를 쓰지 않는 것인가? 당시의 제도를 따르고 나라의 풍속을 따라서인가? 이것은 수많은 별들이 하늘의 운행을 따르고, 온갖 냇물이 땅을 따라 흐르는 이치와 같은 것이다.

　　비록 그러나 또한 조화를 따르지 않고 스스로 성명性命을 세우는 자도 있다. 천하 모든 사람이 주나라를 높이는데도 백이와 숙제는 부끄럽게 여겼고, 모든 풀이 가을이면 시들어 떨어지는데도 소나무와 잣나무가 푸르른 것이 이것이다.

　　아! 우 임금도 풍속을 따라 치마를 벗어야 했고, 공자도 다른 사람을 따라 사냥을 해야 했으니, 대동大同하는 마당에 시세를 거스를 수는 없는 것이다. 그렇다고 하여 오로지 남들 하는 대로 따를 것인가? 아니다! 마땅히 이치를 따라야 한다. 이치는 어디에 있는가? 마음에 있다. 모든 일은 반드시 마음에 물어야 한다. 마음이 편안하면 이치가 허락하는 것이니 이것을 행하고, 불안하면 허락하지 않는 것이니 이것을 그만두어야 한다. 이와 같이 하면 따른 것이 바르게 되어, 스스로 하늘의 법칙과 합치될 것이니 한결같이 마음을 따르면 운수와 귀신 모두가 나를 따를 것이다.

風東與東, 風西與西, 世靡然矣. 惡而欲避之, 行而影隨, 呼而響隨, 是又在我, 何以得避? 其將黙坐以終己耶? 无是理焉.

且何不上古衣冠中華言語? 隨時制也, 隨國俗耶? 此衆星隨天, 萬川隨地之義.

雖然, 亦有不隨造化, 自立性命者. 天下宗周而夷齊恥, 百卉零秋而松柏靑, 是也.

噫! 禹解下裳, 孔從獵校, 大同處不可違也. 然則惟從衆歟? 否! 當從理. 理何在? 在心. 凡事必問之心. 心安則理所許也, 爲之. 不安則所不許也, 已之. 如是, 則所隨者正而自合天則, 壹隨心而氣數鬼神皆隨之矣.

(출전:《혜환잡저》)

혜환과 이탁오의 《분서》

이용휴는 〈아암기〉에서 내가 내 삶의 주인인데도 불구하고 이것을 망각하며, 심한 경우 말하고 웃는 것은 물론 얼굴 표정까지도 남의 노리갯감으로 바치며 살고 있는 당시의 사람들을 보며 부끄러운 일이라 비판하였습니다. 그러면서 제자인 신득령申得寧을 위해 지은 '나를 돌려다오〔還我〕'라는 제목의 잠언에서 우리가 왜 이렇게 나를 버리고 부끄러운 삶을 살게 되었는지 말합니다.

처음 태어난 그 옛날에는 / 천리를 순수하게 따르던 내게, / 지각이 생기면서부터는 / 해치는 것이 분분히 일어났다. / 지식과 견문이 나를 해치고 / 재주와 능력이 나를 해쳤으나, / 타성에 젖고 세상사에 닳고 닳아 / 나를 얽어맨 굴레에서 벗어나지 못했다. / 성공한 사람들 받들어 / 어른이니 귀인이니 모시며, / 그들을 끌어대고 이용하여 / 어리석은 자를 놀라게도 했다. / 옛날의 나를 잃게 되자 / 진실한 나도 숨어버렸다. 〈〈환아잠〉〉

어린 시절 순수했던 인간 본연의 모습은 지각이 밝은 것을 가리고, 습관이 참됨을 어지럽혀 제 모습을 잃어버렸습니다. 그리고 내가 아닌 남을 위해 살면서 본래의 나는 사라져버렸지요. 이용휴는 이 사실을 깨닫고 나서 진실한 나를 찾는 방법으로 "수많은 성인은 지나는 그림자일 뿐 / 나는 나를 찾아 나에게로 돌아가리. / 적자赤子와 대인은 / 그 마음이 한 가지인 걸"이라면서 처음 태어난 그 옛날 순수했던 적자 즉, 어린아이의 마음으로 돌아갈 것을 주장합니다. 그런데 그의 이러한 주장은 명나라 말기의 사상가인 이탁오가 쓴 〈동심설〉을 떠올리게 합니다. 이용휴가 주자학의 전범을 벗어 던지고 인간성 본래적 측면에 관심을 두는 개성적인 글쓰기를 하게 된 이유 또한 이와 무관하다고는 할 수 없겠지요. 그러나 이탁오 사상의 이단성 때문인지 이용휴는 다른 조선의 선비들처럼 이탁오의 저술을 보았어도 자신의 글 속에 드러내놓지는 못했습니다. 주자학을 신봉하던 조선에서 이탁오의 저술은 '불온' 그 자체였으니까요.

나는 한 마리 개와 같았노라

이탁오(1527~1602)는 자신이 활동하던 당대에도 이단으로 몰렸을 뿐만 아니라 스스로도 자신의 책은 '불태워 버릴 책(焚書)'이라 이름 하고는 하나도 남기지 않고 없애버려야 한다고 했습니다. 그도 그럴 것이 책의 내용은 주로 친구들에게 답장한 편지를 모은 것인데 거기에서 논한 것들이 당시 학자들의 학문적 병폐를 깊숙이 파고들어 까발리는 것이 많았기 때문에 주류 학자들의 반감을 사기에 충분했습니다. 그는 '성인의 가르침'에 대한 글에서 자신의 생에 대해 자책하면서 다음과 같이 말합니다.

> 나는 어릴 때부터 '성인의 가르침'이 담긴 책을 읽었지만 '성인의 가르침'이 무엇인지 몰랐고, 공자를 존중했지만 공자에게 무슨 존중할 만한 것이 있는지 몰랐다. 속담에 이른바 난쟁이가 굿거리를 구경하는 것과 같아, 남들이 좋다고 소리치면 그저 따라서 좋다고 소리치는 격이었다. 나이 오십 이전까지 나는 정말 한 마리 개와 같았다. 앞의 개가 그림자를 보고 짖어대자 나도 따라 짖어댄 것일 뿐, 왜 그렇게 짖어댔는지 까닭을 묻는다면, 그저 벙어리처럼 아무 말 없이 웃을 뿐이었다. 《성교소인聖敎小引》

공자는 성인이고 노자와 부처는 이단이라는 당시의 인식은 자신의 사유가 내린 판단이 아님에도 불구하고 무조건적으로 따를 수밖에 없었습니다. 부모나 선생, 나아가 국가가 만들어 놓은 틀 속에서 살던 이탁오는 과거 자신의 삶을 돌이키며 말합니다. "나는 앞의 개가 그림자를 보고 짖어대면 뭣도 모르고 따라 짖는 한 마리 개와 같았노라"고. 하지만 50세 이후 큰 병을 앓아 죽을 지경에 처했을 때, 친구의 권유로 읽은 불경을 통해 생사의 근원을 조금이나마 엿볼 수 있게 되면서 이제는 더 이상 예전처럼 무턱대고 짖는 개가 아님을 선언합니다. 그리고 모든 진리의 원천인 경전과 성인을 회의하면서 이를 깨닫지 못하고 입만 열면 '자왈子曰' 운운하는 사람들을 비판합니다. 그가 비판하는 것은 춘추 시기의 공자가 아니라 백가를 배척하고 오로지 유가의 학술만 존중한 후대의 공자, 즉 허위에 찬 도학이었습니다. 도학자들은 단지 말만 잘하려고 할 뿐, 자신의 행실이 그에 도달하는지는 상관하지 않았지요. 그들은 스스로도 인간의 본성에는 선하지 않은 것이 있어 악한 생각이 마음에서 싹튼다는 것을 알면서, 그럴수록 더욱 목청을 돋우어 자기를 가리기에 급급했습니다. 이탁오는 이런 그들이 싫었습니다. 그래서 그는 기성의 윤리와 질서를 부정하고 자신만의 사상으로 세상을 바라보았지요. 하지만 그의 이러한 행동은 명말의 부패한 권력자들에게는 눈에 든 가시와도 같았습니다. 때문에 이탁오는 이른바 '혹세무민'의 죄명으로 탄핵되어 76세의 나이로 관에 압송되어 가는 도중 자신의 죽음을 예견하는 글을 남기고 잠시 머문 감옥에서 스스로 목숨을 끊었습니다.

　　이탁오의 집안은 대대로 해상무역을 하는 상인 집안으로 오랜 기간 거상의 칭호를 받으며 풍족한 삶을 살았다고 합니다. 그러나 명나라 태조 주원장의 엄격한 해금정책海禁政策°으로 인해 무역의 길이 막히자 급속히 몰락해 이탁오 대代에 와서는 극심한 가

° 해상 교통·무역·어업 등에 대한 제한 정책. 왜구에 대한 방어책으로서 외국과의 교역 및 해외 도항을 금한 데에서 시작되었다.

난으로 가까스로 입에 풀칠을 하며 살아갑니다. 때문에 그는 일곱 살 때부터 아버지를 따라 이리저리 전전하며 갖은 고생을 다했지요. 장남인 그가 할 수 있는 일이라고는 공부로 입신해 하루빨리 아버지의 짐을 덜어드리는 것이었습니다. 때문에 어쩔 수 없이 독서를 해도 사색을 해서는 안 되었고, 글을 써도 오로지 주희의 주석만을 따라야 했지요. 정말이지 사서와 오경을 아궁이에 던져 넣고 싶은 심정이었지만 집안을 이끌어야 하기에 남들 하는 대로 낡은 학설과 케케묵은 문장을 신선해 보이는 말로 포장하여 암송한 다음 과거시험장에 들어갔습니다. 그리고 26세에 나이에 지방에서 실시하던 초시에 합격해 관직을 얻었습니다.

하지만 관직 생활이라 해도 그야말로 가장 낮은 미관말직이었기 때문에 근근이 추위와 굶주림만을 면할 수 있었지요. 조부의 부음을 전해 듣고도 고향에 갈 여비가 없어 막막했다고 하니 그의 곤궁함이 어림짐작됩니다. 그러니 공자가 《논어》, 〈옹야〉에서 "현명하구나. 안회여! 한 소쿠리의 밥과 한 표주박의 물로 누추한 뒷골목에서 사는 것을 다른 사람들 같으면 걱정과 불만이 끝이 없을 텐데, 너는 늘 즐거운 마음을 변치 않는구나!"라고 한 구절이 눈에 들어올 리 만무했습니다. 그는 이 조목에 대해 "정말이지 악취가 코를 찌르는구나! 가난을 즐거워한 자가 현명하다면, 가난을 근심하는 자는 어리석단 말인가?〈〈사서평〉〉"라고 평하였습니다. 실생활의 체험을 통해 고통을 경험한 그에게 아픔과 가려움을 모르고 내뱉는 번듯하고 고상한 말은 악취가 진동하는 쓸모없는 것에 불과했습니다. 옷 입고 밥 먹는 것이 바로 인륜이요, 만물의 이치입니다. 옷 입고 밥 먹는 것을 제외하면 인륜도 만물의 이치도 없는 것이거늘 어찌 이것을 버리고 살아갈 수 있겠습니까! 하지만 당시 부패한 지식인들은 천리를 이용해 굶주린 백성의 욕망을 빼앗아 자신들의 배를 채웠습니다. 이탁오는 묻습니다. 세상을 등지고 살지 않을 바에 유학에서 말하는 '천리를 보존하고, 인욕을 억누른다'는 것이 도대체 무엇을 위한 것이냐고 말입니다.

어느 해 겨울은 큰 눈이 사흘 동안 내려 길은 끊기고 문은 닫혀 일가족이 일주일 동안 한 끼도 먹지 못하고 차가운 방구석에 죽은 듯이 누운 채 가물가물 죽기만을 기다리고 있었다고 합니다. 다행히 집주인이 그 가련한 꼴을 보고 기장을 끓여 갖다 주어 일가족이 허겁지겁 배를 채운 적이 있었는데, 그때의 깨달음에 대해 '소자유의 《노자해》의 서문'에서 다음과 같이 말합니다.

밥상을 물리고 나서 나는 '제가 먹은 것이 아마 쌀밥인가 보군요! 어쩌면 이렇게 맛이 있는지요!'라고 물었다. 주인은 웃으며 말했다. '이것은 기장일세. 쌀하고는 다른지. 또한 지금의 기장은 옛날의 기장과 다를 것이 없다네. 다만 배가 아주 고프니 아주 맛있는 것이요, 아주 맛있게 먹으니 배가 아주 부른 것이라네. 자네는 이제부터 쌀이라고 생각하지도 말고 기장이라고 생각하지도 말게.' 나는 주인의 그 말을 듣고 문득 탄식하며 '만약 내가 도를 추구하는 것이 지금 먹

을 것을 추구하는 것과 같다면, 공자든 노자든 가릴 겨를
이 있는가!'라는 생각이 들었다. (〈자유해노서子由解老序〉)

도를 추구한다는 것이 마치 극도의 배고픔에서 느끼는 간절
한 것이라면 공자든 노자든 가릴 것이 뭐 있겠는가! 이탁오는 이
경험을 통해 지금까지 모든 사람들이 믿고 따랐던 진리가 사실은
진정한 의미도 모른 채 부화뇌동한 것임을 깨닫습니다. 그리고 그
들이 신봉하던 학문 또한 결국 오랜 시간 많은 사람들에 의해 윤
색되고 덧씌워져 만들어진 허상이라는 것을 알게 됩니다. 극도의
배고픔은 결국 타자에 의해 만들어진 허위에 찬 자신을 발견하는
계기가 되었고, 이후 이탁오는 기존의 해석의 틀이나 선입관에서
벗어난 원래의 나를 찾는 데 심혈을 기울입니다. 그리고 참된 마
음이자 마음의 처음인 동심으로 돌아갈 것을 주장합니다. 동심이
란 거짓 없고 순수하고 참된 것으로, 최초 일념一念의 본심입니다.
동심을 잃으면 참된 마음을 잃는 것이며, 참된 마음을 잃으면 '참
된 사람'을 잃는 것입니다. 사람이 참되지 않으면 최초의 본심은
더 이상 있지 않게 됩니다. 아이는 사람의 처음이요, 동심은 마음
의 처음입니다. 마음의 처음을 어찌 잃을 수 있겠습니까! 그런데
사람들은 이런 마음의 처음을 잃고 다른 사람의 마음 즉, 사회가
요구하는 통념으로 살아가고 있으니 답답한 노릇이지요. 이탁오
는 마음의 처음인 동심이 어떻게 사라지게 되는지에 대해 다음과
같이 말합니다.

처음에는 듣고 보는 것이 귀와 눈을 통해 들어오고, 그것
이 마음의 주인이 됨으로써 동심을 잃게 된다. 자라면서
도리라는 것이 듣고 보는 것을 통해 들어오고, 그것이 마
음의 주인이 됨으로써 동심을 잃게 된다. 오래되면 도리
와 견문이 나날이 더욱 많아지고, 그러면 지식과 지각의
범위가 나날이 더욱 넓어진다. 그리하여 훌륭한 이름을
떨치는 것이 좋다는 것을 알아 이를 떨치는 데 힘쓰려고
하는 과정에서 동심을 잃게 되고, 좋지 않은 명성이 추하
다는 것을 알아 이를 감추는 데 힘쓰려고 하는 과정에서
동심을 잃게 된다. 《동심설》

동심이란 사람이 처음 태어날 때 가진, 거짓 없고 순수하고 참
된 마음입니다. 그런데 도리와 견문 즉, 사회적 규범이나 법 등의
외적 요인들이 나를 내쫓고 마음의 주인이 되면서부터 동심을 잃
게 됩니다. 그리고 이때부터 나는 나 아닌 외적인 것에 조정을 받
으며 거짓 삶을 살게 되었지요. 말도 행동도 내가 쓴 글도 모두 거
짓이었습니다. 마치 군중에 떠밀려 맨 뒤에서 판을 구경하는 난쟁
이처럼 남이 웃으면 따라 웃고, 남이 울면 따라 울지요. 앞의 판이
궁금했지만 어쩔 수가 없었습니다. 이탁오는 당시의 이 같은 학문
풍토에 염증을 느끼고, 자유로운 존재가 되기 위해 동심을 회복하
라고 주장합니다. 그리고 우리에게 묻습니다. 앞의 개가 짖으면 따
라 짖는 개로 살 것인지, 아니면 자유로운 존재로 살 것인지를요.

이옥

시대를 거스르는 글을 쓰다

이옥(李鈺, 1760~1815) 조선 후기의 문인으로 당시에 유행하던 소품문을 써 문체반정에 연루된 이후 벼슬길에 오르지 못했다. 자는 '기상(其相)'이고, 호는 '문무자(文無子)'이다. 저서로는 시화집인 《예림잡패》가 있고, 친구인 김려가 펴낸《담정총서》와《담정유고》에 다수의 산문이 들어 있다.

'문장은 반드시 선진양한을 본받고, 시는 반드시 성당을 본
받아야 한다〔文必秦漢, 詩必盛唐〕'는 말은 이옥이 살던 시대에는 불변
의 진리에 가까웠습니다. 때문에 이 시대 문인들은 한나라 때 사
마천이 지은 《사기》의 문장이라든가 당나라 때 이백과 두보가 지
은 시를 본받는 것을 당연시 여겼고, 이러한 고문만이 참 문장이
라 믿었지요. 때문에 이를 어기는 것은 이단 사설을 배우는 것보
다 심각한 일이라 생각해 국왕이 직접 나서 순정한 문체로의 회
복을 주장하였습니다. 하지만 이옥은 자신은 요즘 사람이기 때문
에 지금 여기에서의 글이 중요하지 과거에 얽매여 자신의 마음을
옭아매는 것은 탐탁지 않다고 생각했습니다. 그는 젊은 시절부터
의고문의 대안으로 등장한 새로운 글쓰기에 관심이 많았습니다.
지금 여기서의 글쓰기를 강조한 새로운 글이란 소품문으로 사회
적 소외 현상이나 그러한 소재의 인물을 글에 담아내기를 좋아하
고, 개인의 내면세계를 섬세한 필치로 묘사하여 독특하고 개성적
인 면모를 드러내는 이른바 소설식 문체를 말합니다. 그는 성균관
유생으로 있던 시절 왕의 명에 의해 치러진 특별 시험에서 소설
식 문체로 글을 써 정조의 문체반정에 연루되어 고초를 겪습니다.
그도 그럴 것이 정조는 "소품문은 문체가 가냘프고 경박함은 물
론 명·청 시대의 괴이한 투식만을 숭상하고 있으니, 인심을 무너
뜨리고 문풍을 병들게 하여 세도世道를 해칠 것이다"라고 생각했
습니다. 이른바 글에는 우주·자연의 이치와 유교적 덕목 등의 거
대담론인 도道가 실려 있어야 하는데 이옥의 글에는 이러한 도가

없다는 것이 문제였습니다. 아래 글은 이옥이 성균관 유생으로 있던 시절 과거시험 준비 과정에서 오는 무료함과 스트레스를 풀기 위해 지은 희곡《동상기》에 붙인 글입니다.

> 종놈이 장터에서 돌아와 들은 것을 이야기해주는데, 전혀 새로운 것이었다. 나는 그것을 듣고, "기이하도다. 거룩하도다! 그리고 나의 한가로움을 물리칠 수 있겠다"라고 하고, 몸을 일으켜 붓을 놀려 한 편의 희곡을 지으니, 손이 조금 풀리고 눈이 조금 맑아짐을 느꼈다. 무릇 각구에 알맞은 글자를 채워 넣는 데 하루, 다른 것과 비교하여 교정하는 데 하루, 베끼어 기록하는 데 하루, 모두 삼 일 동안의 한가함을 해소시킬 수 있었다. 이 삼 일 동안은 비도 더위도 파리 떼도 문제가 되지 않았으니, 내가 얻은 바가 또한 많았다. (《김신사혼기제사金申賜婚記題辭》)

희곡은 그 비속함과 염정성으로 인해 당시 문인들에게는 짓는 것은 물론 읽는 것조차 금기시되었던 장르입니다. 그런데 이옥은 자신의 무료함을 달래기 위해 희곡을 지었다고 밝힙니다. 그것도 종놈이 장터에서 주워들은 이야기를 가지고 말이죠. 이옥의 글이 왕을 비롯한 당시 문인들에게 비난의 대상이 된 이유는 희곡 같은 비속한 글을 짓는 것도 문제였지만 이처럼 소일거리로 글을 쓰는 태도도 문제였습니다. 정조는 1792년(정조 16) 10월 19일, 동지정사冬至正使 박종악朴宗岳과 대사성大司成 김방행金方行을 불러들여 접견하며 전교를 내립니다. 종악에게는 당시의 문풍이 날로 비속해지고 과문에까지 패관소품의 문체를 모방하고 있음을 우려해 이러한 폐단의 근원을 뽑기 위해서는 중국 서적의 수입을 금지해야 한다는 명을 내렸고, 방행에게는 성균관 시험의 답안 중 조금이라도 패관잡기에 관련된 글이 있으면 그 사람의 이름을 확인해 과거시험을 보지 못하도록 해야 한다는 명을 내렸습니다. 이것이 이른바 문체반정이지요. 그런데 이 과정에서 이옥의 문체가 거론된 것입니다. 정조는 전교를 내리기 며칠 전 성균관 유생들에게 특별 시험을 보게 했는데, 거기서 이옥은 소설식 문체로 글을 썼고, 이것이 정조에게 발각되었습니다. 정조는 동지성균관사에게 명하여 일과로 사륙문四六文°50수를 채우도록 시켜 그가 옛 문체를 완전히 바꾼 뒤에 과거에 응시할 수 있도록 하였습니다. 하지만 이옥은 왕의 이러한 견책에도 불구하고 계속해서 새로운 문체로 글을 썼고, 정조는 이에 얼마동안 과거시험에 응시할 자격을 정지하는 정거停擧의 벌을 내렸습니다. 그리고 곧바로 정거 대신 군역에 복무하는 충군充軍의 벌로 바꾸어 휴가 중 과거시험을 볼 수 있게 해주었지요. 그런데 이 시험에서도 정조는 그의 문체

° 사륙문은 4자·6자로 된 구를 배열한 글을 말하며, '변려문'이라고도 한다. 위진 남북조 시대 이래로 통용되던 한문의 문체로, 문장 전편이 대구로 구성되어 읽는 이에게 아름다운 느낌을 주는 화려한 글이다.

를 거론하며 음조가 낮고 구슬프다는 이유를 들어 더욱 먼 곳으로 충군하게 하였습니다. 심지어 이옥은 그 다음 과시에서 수석으로 합격했음에도 불구하고 책문의 격식을 어겼다는 이유로 꼴찌로 강등되는 등 계속해서 불운을 겪어야 했습니다. 충군에서 풀려나온 뒤 이옥은 더 이상 과거시험을 보지 않고 바닷가 남양에 칩거하면서 오로지 문학 창작에 매달리다 53세를 일기로 불우한 삶을 마감합니다.

이옥은 군적이 있던 삼가현에서 가게에 딸린 작은 방을 얻어 살면서 그곳의 풍물과 인물, 방언과 풍속을 관찰하여 필기류 산문집인 《봉성문여》를 엮었습니다. 그는 당시의 심정에 대해 이 책 〈소서〉에서 친구 중 근심이 있어 술을 많이 마신다는 사람의 입을 빌려 자신 또한 이러한 이유로 글을 쓴다고 토로합니다.

근심이란, 마음이 처하는 곳에 있으면 처하는 곳을 근심하고, 마음이 때를 만남에 있으면 때를 만남을 근심하니 마음이 있는 곳이 근심이 있는 곳입니다. 그러므로 그 마음을 이동하여 다른 곳으로 가면 근심이 따라올 수 없습니다. 지금 내가 술을 마시면서 술병을 잡고 흔들어 보면 마음이 술병에 있게 되고, 잔을 잡아 술이 넘치는 것을 걱정하면 마음이 술잔에 있게 되고, 안주를 잡고 입으로 넘기면 마음이 안주에 있게 되고, 손님에게 잔을 돌리면서 나이를 따지면 마음이 손님에게 있어 손을 펴서 입술을 닦는 사이에 잠시 근심이 없어집니다. 신변에 근심이 없어지고 처한 곳에 근심이 없어지고 때를 잘못 만난 것에 대한 근심이 없어지니, 이것이 내가 술을 마시면서 근심을 잊는 방법이요, 술을 많이 마시는 까닭입니다. (《봉성문여》, 〈소서〉)

마음이 있는 곳에 근심이 있습니다. 그러므로 마음을 옮기면 근심이 따라올 수 없어 근심을 잊을 수가 있는 것이지요. 그렇기 때문에 친구는 술을 마시는 것에 마음을 옮겨 근심을 잊으려 했고, 이옥은 술 대신 글을 쓰는 것에 마음을 옮겨 자신이 처한 불우한 현실을 잊으려 했습니다. 당대 주류적 글쓰기의 목적은 성리학적 도를 글에 실어 전달하여 세도와 치교를 바로잡는 데 있었습니다. 그런데 이옥의 글쓰기는 자신의 근심을 잊기 위한 수단이었지요. 그의 글에는 우주와 인간에 내재한 절대 불변의 고정된 이치 따위는 없었습니다. 그에게 있어서 도란 어쩌면 고정된 이치가 아니라 끊임없이 변화하는 세상 그 자체였을 것입니다.

친구인 김려는 이옥이 죽고 난 뒤 이옥의 문집인 《문무자문초》를 베껴 쓰면서, "세상 사람들이 '이기상은 고문에 능하지 못하다'고 한다. 이는 기상 스스로가 한 말이기도 하다. 기상이 스스로 생각하기에 '고문을 배우면서 허위에 빠지는 것은 금문을 배워 오히려 유용함만 같지 못하다'고 여긴 것이다"라고 하였습니다. 지금도, 여기도, 나도 없이 그저 지나간 과거에서 썩어 빠진 남의 찌꺼기나 주워 모으는 고문 위주의 글쓰기에 이옥은 일침을 가합니다. 이렇듯 그는 자신의 글쓰기를 통해 틀에 박힌 당시의 문체에 반기를 들며 새로운 글쓰기를 끊임없이 시도했습니다. "시대와 장소가 변하면 그에 맞는 것을 해야 한다"는 박지원의 말처럼 이옥은 과거에 얽매이지 않고 지금 여기에서의 문장을 추구합니다. 왜냐하면 만물이란 만 가지 물건이니 진실로 하나로 할 수 없거니와, 하나의 하늘이라 해도 하루도 서로 같은 하늘이 없으며, 하나의 땅이라 해도 한 곳도 서로 같은 땅이 없습니다. 마치 천만 사람이 각자 천만 가지의 성명을 가졌고, 삼백 일에는 또한 스스로 삼백 가지의 하는 일이 있음과 같은 것이지요. 때문에 과거의 글과 사람들이 만들어낸 불변의 이치를 따르는 것은 참이 될 수가 없습니다. 천지만물은 끊임없이 변해 매일매일 새로운 것을 만들어내는데 어찌하여 글쓰기는 그 변화의 이치를 따르지 않는 것일까요? 이옥은 주자의 글을 읽고 쓴 〈독주문讀朱文〉이라는 후기에서 천하의 글에 대해 이렇게 말합니다.

대개 주문공의 문장은 그 말이 길다. 길기 때문에 자세하다. 그 이치가 참되다. 참되기 때문에 순수하다. 그 기가 곧다. 곧기 때문에 이겨낸다. 그 맛이 담박하다. 담박하기 때문에 싫증이 나지 않는다. 그 성격이 조화롭다. 조화롭기 때문에 사악함이 없다. 그 힘이 두텁다. 두텁기 때문에 오래간다. 주자에 앞서서 주자만한 이가 없었고, 주자

의 뒤에 또한 주자가 없을 수 없다. (중략) 주자의 글은 이
학가理學家가 읽으면 담론을 잘할 수 있고, 벼슬아치가 읽
으면 상소에 능할 수 있고, 과거시험 보는 자가 읽으면 대
책에 뛰어날 수 있고, 시골 마을 사람이 읽으면 편지를 잘
쓸 수 있고, 서리가 읽으면 장부 정리에 익숙할 수 있다.
천하의 글은 이것으로 족하다. (《독주문》)

이옥은 주자의 글에 담긴 성性 혹은 이理 등의 알기 힘든 형이
상의 세계가 아니라 자세하고, 순수하고, 담박하고, 조화로운 그
래서 사악함이 없는 글을 추구합니다. 이옥이 주자의 글에서 보고
자 한 것은 주자 글에 담긴 도道 어쩌고저쩌고하는 철학이 아니라
그것을 전달하는 글 자체였습니다. 이학가, 벼슬아치, 유생은 물
론 시골 마을 사람과 서리에 이르기까지 누구나 읽을 수 있고, 읽
으면 곧 효용이 되는 글. 읽고 또 읽으면 눈에서는 꽃이 피고, 입
에서는 향기가 풍겨 나오고, 위장 속의 나쁜 피는 맑게 하고, 마음
속에 쌓인 때는 씻어내어 사람의 정신을 즐겁게 하고 몸을 편안
하게 하는 글. 이옥은 이러한 글을 쓰고자 했습니다. 특히 그는 당
시 사람들은 화사하며 섬세하고 교묘하여 경박스럽다고 해서 높
이 치지 않는 한시의 격식인 시여詩餘를 좋아했는데, 명나라 반유
룡潘遊龍이 편집한 《시여취》를 읽고 다음과 같은 글을 썼습니다.

이상하다! 먹은 누룩으로 빚은 술이 아니고, 책에는 술그

릇이 담겨 있지 않는데 글이 어찌하여 나를 취하게 할 수 있겠는가? 책이란 장차 항아리 덮개로 쓰이고 말 것 아닌 가! 그런데 글을 읽고 또 다시 읽어, 읽기를 삼 일 동안 오래 했더니, 눈에서 꽃이 피어나고 입에서 향기가 풍겨 나와, 위장 속에 있는 비릿한 피를 맑게 하고 마음속에 쌓인 때를 씻어내어 사람으로 하여금 정신을 기쁘게 하고 몸을 편안하게 하여, 자신도 모르게 아무 작위도 없는 자 연의 세계에 들어가게 한다. 아! 이것이 바로 술지게미 언 덕 위에서 노니는 즐거움이니 절묘한 시어에 깃들어 살아 감이 마땅하도다. (《묵취향서》)

사람을 취하게 하는 것은 취하게 하는 무언가에 달려 있지, 굳이 술을 마셔야 취하는 것은 아닙니다. 붉고 푸른 것이 현란하 게 아롱져 있다면 눈은 꽃과 버들에 취할 것이고, 연지분과 눈썹 그림이 흥겹게 노닐면 마음은 요염한 여자에 취할 것입니다. 때 문에 술이 아니라도 세상에는 취할 것이 얼마든지 있습니다. 그 중 책에 취해, 취함이 극에 달해 토하듯 글을 지을 수 있다면 글쟁 이에게 이것보다 행복한 일이 어디에 있겠습니까? 이옥이 국왕의 계속되는 핍박에도 불구하고 자신의 글쓰기를 굽히지 않았던 이 유 또한 여기에 있을 것입니다.

세상 사람들은 시여가 대부분 꽃을 읊조리고 달을 노래하고 규방의 아녀자에 관한 말들이 많아 대장부가 짓지 않는 것이라 말합니다. 하지만 이옥은 "시라는 것이 장차 사람의 정감을 노래하는 것인데, 사람의 정감 중 부녀들의 그것만큼 절박함이 또 어디에 있겠는가? 그러니 이것이 《시경》의 〈국풍〉에 부녀들에 관한 말이 많은 까닭이요, 또한 시여도 그러한 것이다"라고 하면서 글을 씀에 있어 인정물태의 핍진한 묘사가 얼마나 중요한지 강조합니다. 아래는 여성들의 애환과 세태를 노래한 《이언》 중 한 난봉꾼의 아내가 겪은 온갖 설움과 원망이 담겨있는 '비조悲調'의 마지막 부분입니다.

밤에 느티나무 밑 우물물 긷다가 / 문득 스스로 섧고도
고달픈 생각나네. / 헤어져 혼자 살면 내 한 몸 편하지만
/ 당상에 아직 시부모님 계시네. 《이언》

하루 종일 집안일로 동동거렸을 아낙이 밤늦게 물 길러 갔다가 울컥 밀려드는 설움에 차라리 도망쳐 혼자 살까 생각합니다. 그러다 자기만을 기다리는 늙은 시부모님 생각에 흔들리는 심사를 다잡고 돌아온다는 이 시에는 절행이니 효행이니 하는 성리학적 도 따위는 없습니다. 그저 고달픈 아낙의 일상과 심경을 섬세하게 그려냈을 뿐이지요. 어떤 사람이 여성의 다채로운 삶을 그린 이러한 글을 두고 "그대는 어찌하여 분바르고 연지 찍고 치마 입고 비녀 꽂은 여자의 일만을 언급하는가?"라고 묻습니다. 이에 이옥은 "대저 천지만물에 대한 관찰은 사람을 관찰하는 것보다 더

큰 것이 없고, 사람에 대한 관찰은 정情을 살펴보는 것보다 더 묘한 것이 없고, 정에 대한 관찰은 남녀의 정을 살펴보는 것보다 더 진실된 것이 없다"고 말합니다. 천지만물의 이치를 이해하는 데 남녀의 정을 살펴보는 것보다 더 진실된 것이 없다는 이 말 속에는 이옥이 추구하는 참된 글쓰기가 들어있습니다. 성리학적 본성이 어쩌고 해도 결국 사람들은 이념이 아닌 감정으로 살아갑니다. 그리고 그것을 핍진히 묘사하는 것만으로도 사람들의 마음은 움직이지요. 글이란 어떤 형식에 얽매여 자신의 감정을 숨기는 것이 아니라 자신의 마음을 자유롭게, 있는 그대로 표현하는 것입니다. 이옥은 비록 자신의 이러한 문체 때문에 불운한 삶을 살았을지 모르지만 후대의 사람들은 이 글을 통해 울고 웃으며 당시를 회상합니다.

묵취향서

墨 醉 香 序

나는 책을 좋아하고, 또 술을 좋아한다. 그렇지만 사는 곳이 외지고 올해는 흉년이 들어 돈을 빌려 사려고 해도 사올 곳이 없다. 바야흐로 따스한 봄기운이 사람을 취하게 하니 그저 빈 방에서 술도 없이 취할 뿐이다. 어떤 사람이 나에게 술 단지에《시여취》한 질을 넣어 빌려주었다. 이 글은《화간집》과《초당시여》였고, 이를 편집한 사람은 명나라 반유룡이다.

이상하다! 먹은 누룩으로 빚은 술이 아니고, 책에는 술그릇이 담겨 있지 않는데 글이 어찌하여 나를 취하게 할 수 있겠는가? 책이란 장차 항아리 덮개로 쓰이고 말 것 아닌가! 그런데 글을 읽고 또 다시 읽어, 읽기를 삼 일 동안 오래 했더니, 눈에서 꽃이 피어나고 입에서 향기가 풍겨 나와, 위장 속에 있는 비릿한 피를 맑게 하고 마음속의 쌓인 때를 씻어내어 사람으로 하여금 정신을 기쁘게 하고 몸을 편안하게 하여, 자신도 모르게 아무 작위도 없는 자연의 세계에 들어가게 한다. 아! 이것이 바로 술지게미 언덕 위에서 노니는 즐거움이니 절묘한 시어에 깃들어 살아감이 마땅하도다.

무릇 사람을 취하는 것은 취하게 하는 무언가에 달려 있지, 굳이 술을 마셔야 취하는 것은 아니다. 붉고 푸른 것이 현란하게 아롱져 있다면 눈은 혹 꽃과 버들에 취할 것이고, 연지분과 눈썹 그림이 흥겹게 노닐면 마음은 혹 요염한 여자에 취할 것이다. 그렇다면 이 책이 거나하게 취기를 돌게 하여 사람을 미혹하는 것이, 어찌 술 한 섬과 닷 되보다 못하겠는가?

시여의 장조와 단결은 곧 달 아래서 석 잔 술로 헌수하는 것과 같다. 구양수·안수·신기질·유영은 또한 꽃나무 사이에서 함께 노니는 여덟 신선의 벗이었다. 책을 읽어서 묘처를 터득하는 것은

그 맛의 깊음을 사랑하는 것이고, 읊조리고 영탄하며 차마 그만두
지 못하는 것은 취하여 머리를 적시는 데까지 이른 것이다. 때때
로 혹 운자를 밟아서 곡조에 맞추어 짓는 것은 취함이 극에 달해
게워내는 것이고, 깨끗하게 잘 베껴서 상자에 담아두는 것은 도연
명이 관청 밭에 수수를 심는 것과 같은 것이다. 나는 모르겠다. 이
것이 책인지? 술인지? 지금 세상에 또한 누가 능히 이것을 아는
지? 모르는지?

余嗜書 亦嗜酒. 顧地僻歲儉, 借沽無所取者. 方春煦醺人,
只白醉空牖矣. 有惠我以瓻借詩餘醉一部者. 其文則花間
草堂, 輯之者, 鱗長潘曳也.

異哉. 墨非酉某麴, 卷無彛卣, 則書安能醉也. 將無以覆瓿
耶. 及讀而又讀, 讀三日以久, 花生於目, 香出於口, 蕩胃中
之葷血, 滌心上之積垢, 使人神怡體和, 不自知入於無何
有焉. 噫. 此糟邱之樂, 宜其寓於麰臼也.

夫人之醉, 在所醉之如何, 不必待飲酒而後矣. 紅綠眩暉,
則目或醉於花柳矣, 粉黛駘蕩, 則心或醉於艶婦矣. 然則是
書之酣暢而迷人者, 何渠不若一石而五斗也耶.

長調短闋, 卽月下三爵之壽也. 歐晏辛柳, 亦花間八仙之友
也. 讀之而能得妙處者, 愛其味之厚也, 吟哦咏嘆而不忍
絶者, 醉而至於濡首也. 有時或步韻而依闋者, 醉極而嘔
也, 繕寫而藏之巾衍者, 將以爲淵明之秫畝也. 吾不知是書

耶是酒耶. 今之世又誰能知也否耶.

(출전:《이옥전집》)

자연과 일상에서 찾은 스승

독서

讀書

이덕무

/

책 속에서 천지를 유람하고
그 속에서 벗을 찾다

이덕무(李德懋, 1741~1793) 조선 후기의 문장가로 규장각 검서관에 등용되어 여러 서적의 편찬 교감에 참여하였다. 자는 '무관(懋官)'이고, 호는 '형암(炯庵)'이다. 저서로는《영처고》, 《이목구심서》,《사소절》,《청장관고》등이 있다.

남산 아래 멍청한 사람이 사는데, 말은 어눌하고 성품은 게으르고 졸렬한 데다, 시무時務도 알지 못하고 바둑이나 장기는 더욱 알지 못한 사람이 있었습니다. 남들이 이를 욕해도 따지지 않았고, 이를 칭찬해도 뽐내지 않으며 오로지 책 보는 것만 즐거움으로 여겨 춥거나 덥거나 주리거나 병들거나 전연 알지 못했습니다. 때문에 사람들이 그를 가리켜 '간서치看書痴', 즉 '책만 보는 바보'라 놀렸지만 그는 웃으며 받아들였습니다. 그의 전기를 짓는 이가 아무도 없자 그는 스스로 붓을 잡고 그 일을 기록해 〈간서치전〉을 지었습니다. 전傳에는 이름과 성은 밝히지 않는다고 했지만 그는 조선 후기 북학파 실학자인 박지원을 비롯한 홍대용, 박제가, 유득공 등과 함께 백탑의 모임을 가지며 교우한 형암 이덕무입니다. 조선 최고의 문장가인 박지원이 수도 없이 인용한 명문장을 썼던 그는 서얼이라는 신분 때문에 출세의 길이 막혀 가난한 삶을 살아야 했습니다. 겨우내 작은 초가가 너무 추워《한서》를 이불 삼아 덮고,《논어》를 병풍 삼아 찬바람을 막으며, 먹을 것이 없어《맹자》를 팔아 밥을 지어 먹었다는 그의 삶에는 눈물이 배어 있습니다.

내 집에 좋은 물건이라곤 단지《맹자》 7책뿐인데, 오랜 굶주림을 견딜 수 없어 200전에 팔아 밥을 잔뜩 해먹고 희희낙락하며 영재에게 달려가 크게 자랑하였소. 그런데 영재의 굶주림 또한 오래된 터라, 내 말을 듣고는 즉시《좌

씨전》을 팔아 그 돈으로 술을 받아 나를 마시게 하지 뭐
요. 이것은 맹자가 친히 밥을 지어 나를 먹이고, 좌 씨가
손수 술을 따라 나에게 권하는 것과 무엇이 다르겠소. 그
리하여 맹씨와 좌씨를 한없이 찬송하였으니 우리가 1년
내내 이 두 책을 읽기만 하였던들 어떻게 조금이나마 굶
주림을 구제할 수 있었겠소. 책을 읽어 부귀를 구하는 것
이 요행을 바라는 술책일 뿐이니, 당장에 팔아치워 한번
거나히 취하고 배불리 먹기를 도모하는 것이 보다 솔직하
고 가식이 없는 것이라는 것을 비로소 알았으니 서글픈
일이오. 족하는 어떻게 생각하시오? 〈〈여이낙서서與李洛瑞書〉〉

낙서 이서구에게 보낸 위의 편지에서 그는《맹자》를 팔아 밥
을 지어 먹고,《좌씨전》을 팔아 술을 받아 마셨다는 이야기를 꺼
내며 이 일에 대해 "맹자가 친히 나에게 밥을 지어 먹이고, 좌씨
가 손수 술을 따라 나에게 권하는 것과 무엇이 다르겠소"라며 자
신의 가난한 삶을 호기 있게 표현합니다. 하지만 자신과 같은 처
지에서 글을 읽어 부귀를 구하는 것은 요행을 바라는 술책일 뿐,
차라리 책을 팔아 한때의 취포醉飽를 도모하는 것이 보다 솔직하
고 가식이 없는 것이라는 것을 깨닫고는 서글퍼합니다. 가난한 삶
속에서도 책을 놓지 않았던 그는 눈병에 걸려 눈을 뜰 수 없는 중
에도 실눈을 뜨고 책을 읽었고, 열 손가락이 다 동상에 걸려 물집
이 잡혀 피가 터질 지경 속에서도 책을 빌려달라는 편지를 써 보

냈다고 합니다. 서얼이라는 신분에서 그가 할 수 있는 일이라곤 읽고 또 읽는 일이었습니다. 그는 단지 공명에만 정신을 쏟고, 마음으로 환하게 비추어보지도 않으면서, 장차 소요하여 노니는 여유도 갖지 않는 독서는 저잣거리의 거간꾼이나 하는 독서라며 자신은 이런 책읽기는 하지 않겠다고 다짐합니다. 신분은 비록 미천했지만 공부에 있어서만은 누구보다도 철저했습니다.

유난히 호號에 욕심이 많았던 것 또한 이러한 철저함에 대한 표현이었을 것입니다. 그는 마음을 물처럼 잔잔하고 거울처럼 맑게 하고자 한다는 의미에서 호를 '형암炯庵'이라 하고, 빈한하여 집은 말(斗)처럼 작았지만 또한 즐거워하여 이에 매미의 껍질(玄蟬之殼)과 이수의 귤(二豎之橘)에 구부려 있다 하여 호를 '선귤헌蟬橘軒'이라고도 하였습니다. 이외에도 어린아이와도 같은 거짓 없는 마음을 썼으되 처녀의 수줍음을 지니겠다는 뜻으로 '영처嬰處'라는 호를 짓기도 하고, 강호에 살면서 아무 영위함 없이 그저 제 앞을 지나가는 고기만 먹고 사는 청장靑莊의 삶을 부러워하여 호를 '청장관靑莊館'이라 부르기도 했습니다. 이처럼 많은 호를 가진 그에게 연암은 이름이라는 것이 얼마나 무용한 것인지 〈선귤당기〉를 통해 그를 꾸짖지만, 그에게 있어 호는 단순히 이름 불러지는 데서 그치는 것이 아니라 관직에 나갈 수 없는 신분 때문에 빈한하게 살 수밖에 없었던 자신의 삶에 대한 의지의 표명이자 목표였습니다. 씩씩하고 공경하며 날로 강해지는(莊敬日强) 공부에 뜻이 있으면 '경재敬齋'라는 호를 짓고, 지표가 있으니 여기에 이르고자 하면 '팔분당八分堂'이라는 호를 짓고, 그리고 은둔을 편히 여긴다는 의미로 '을엄乙广'이라는 호를 지으면서 그는 자신의 의지를 호를 통해 표현하고, 삶의 자세를 다잡았습니다. 얼핏 보면 애처롭게 여겨질 수도 있는 삶이지만 그는 한 번도 자신의 삶을 부끄러워하지 않았습니다. 말똥구리가 여룡의 여의주를 부러워하지 않는 것처럼 말입니다.

그리고 때를 만납니다. 마흔이 다 된 나이에 정조가 왕권 강화책의 일환으로 세운 규장각에 벗들의 추천을 받아 초대 검서관°에 임명되면서 그동안 해왔던 공부의 빛을 발휘하게 됩니다. 형암의 〈행장〉을 쓴 박지원에 따르면 그는 평생 동안 읽은 책이 거의 2만 권이 넘었고, 파리 대가리만한 작은 글씨로 베낀 책만 수백 권으로 자획이 방정하며 아무리 바빠도 속자 하나 쓰지 않았다고 합니다. 검서관이 되어서는 홍문관과 예문관 그리고 규장각에서 편찬한 거전鉅典°°에 참여하지 않은 것이 없었으니《국조보감》,《갱장록》,《문원보불》,《대전통편》등을 교감한 공로가 있고, 또《무예도보》,《규장전운》등을 편찬함에 있어 고증을 바로하고 형태와 격식이 상세하게 갖추어져 있어 임금의 뜻에 맞아 6품의 승직을 명받습니다. 서얼 출신의 가난한 선비로서 주상으

° 정조 때 규장각에 두었던 실무 관직으로 규장각의 관료들을 보좌하여 서적을 검토하고 필사하는 일을 하였으며, 주로 명망 있는 서얼 출신의 학자들이 임용되었다.
°° 조정에서 편찬하는 주요 서적.

로부터 특별한 총애를 받아 융숭한 포상과 두터운 은택은 당세에 으뜸이었습니다. 그가 죽자 정조는 임금이 개인적으로 쓰는 돈인 내탕전 500냥을 하사해 그의 문집을 간행하게 하고, 그 아들에게는 아버지의 벼슬을 그대로 내립니다. 그가 지은 책의 서명을 보면 10여 종이나 되는데, 젊은 시절에 지은 시와 산문을 모은《영처고》와《청장관고》를 비롯해 귀로 들은 것과 눈으로 본 것, 입으로 말한 것과 마음으로 생각한 것을 적은《이목구심서》, 옛날의 어진 이들이 남긴 교훈을 인용하여 훈계의 말씀으로 삼고, 지금 사람들의 일들을 기록하여 보고 느끼는 바가 있도록 한《사소절》, 옛날과 지금 사람들의 시화를 실은《청비록》, 상고부터 시작하여 명·청 및 춘추시대의 작은 나라들에 이르기까지의 역사를 기록한《기년아람》, 일본 풍토지라 할《청정국지》, 옛날부터 지금까지의 일에 대해 고증하고 변증한 말들을 모은《앙엽기》, 경상도에서 역승으로 재직할 때에 듣고 본 것을 기록한《한죽당섭필》 등 이루 다 말할 수 없을 정도의 방대한 저술을 남겼습니다. 박지원은 〈행장〉에서 "지금 그 시문을 영원한 내세에 유포하려 하거니, 후세에 형암을 알고자 하는 자는 또한 여기에서 구하리라. 그러나 그 곧고 깨끗하며 굳센 태도와 행실, 그 분명하고 투철한 지식, 그 익숙하고 해박한 문견, 그리고 그 온순하고 단아하고 소탈하고 시원스러운 용모와 말씨는 이미 천고에 멀어졌다"며 탄식하였습니다.

　　살아생전 누구보다도 책과 벗을 좋아했던 그는 자신의 삶 속에서 자신을 부끄러워하지 않으면서도, 뽐내고 교만하지 않았기 때문에 그의 곁에는 언제나 벗들로 넘쳐났습니다. 혹 벗이 없어도 그는 한탄하지 않았지요. 그것이 비록 사람이 아니더라도 마음만 나눌 수 있다면 그에게는 책도, 구름도, 노을도, 갈매기도, 나무도, 귀뚜라미도 모두가 벗이 될 수 있었습니다.《논어》,〈안연〉편에서 증자가 말하지 않았던가요? "글로써 벗을 만나고, 벗으로써 어진 덕성을 배양한다〔以文會友, 以友輔仁〕"고요. 사람들이 그를 책만 보는 바보라 욕해도 웃으면서 받아들일 수 있는 이유는 이 때문일 것입니다. 스승과 벗은 현재의 경서이고, 경서는 과거의 스승과 벗이니 오직 나의 마음으로 더불어 살면서 이 두 가지 것에 의지한다면 처음 지녔던 마음을 회복할 수 있을 것이라고 그는 생각했습니다. 책 속에서 천지를 유람할 수 있고, 그 속에서 벗과 스승을 만날 수 있는데 무엇 때문에 여룡의 여의주를 부러워하겠습니까? 그는《선귤당농소》에서 벗에 대해 다음과 같이 말합니다.

만약 한 사람의 지기를 얻게 된다면 나는 마땅히 10년간 뽕나무를 심고, 1년간 누에를 쳐서 손수 오색실로 물을 들이리라. 열흘에 한 빛깔씩 물들인다면, 50일 만에 다섯 가지 빛깔을 이루게 될 것이다. 이를 따뜻한 봄볕에 쬐어 말린 뒤, 여린 아내를 시켜 백 번 단련한 금침을 가지고서 내 지기의 얼굴을 수놓게 하여 귀한 비단으로 장식하고 고옥으로 축을 만들어 가마득히 높은 산과 양양히 흘러가는 강물, 그 사이에다 이를 펼쳐놓고 서로 마주보며 말없이 있다가, 날이 뉘엿해지면 품에 안고서 돌아오리라.

《선귤당농소》

당대 최고의 문장가들과 교우했던 그에게 있어 벗이란 바로 10년간 뽕나무를 심고, 1년간 누에를 쳐서 손수 오색실을 만들어 여린 아내를 시켜 지기知己의 얼굴을 수놓게 한 뒤, 지기의 얼굴이 수놓아진 족자를 들고 가마득히 높은 산과 양양히 흘러가는 강물 사이에 펼쳐놓고 말없이 마주하다 날이 저물면 품에 안고서 돌아오고 싶은, 그런 애틋함일 것입니다. 그저 오랜 친함〔親舊〕을 넘어, 진정 나의 삶의 알아주는 사람〔知己〕. 오랜 사귐만을 맺은 친구는 추억을 공유할 수는 있어도 삶을 공유하기는 힘듭니다. 살아가는 삶이 다르면 더욱더 그렇지요. 때문에 나의 삶을 송두리째 알아주는 벗을 만나기는 예나 지금이나 쉽지 않습니다. 게다가 나의 학문이나 재능을 알아주는 사람을 만나기란 더더욱 어렵지요. 《논어》, 〈학이〉편에서 공자가 말한 "벗이 먼 곳에서 찾아온다면 또한 즐겁지 않겠는가?〔有朋自遠方來, 不亦樂乎〕"라는 구절에 절로 고개가 숙여집니다. 나를 알아주는 사람이 천 리를 멀다 않고 찾아온다면 어찌 즐겁지 않겠습니까? 벗이란 오랜 친함이 아닌 나와 뜻을 같이 하는 동지同志를 말합니다. 때문에 벗은 시간도 공간도 모두 초월하지요. 형암의 둘도 없는 지기였던 초정은 형암보다 9살 아래였으며, 형암의 〈행장〉을 써준 벗이자 스승이었던 연암은 형암보다 5살 위였습니다. 오늘날 친구관계에서는 상상도 할 수 없는 일이지요. 사우師友라 하지 않았던가요. 스승과 벗은 원래 하나였습니다.《분서》라는 책을 쓴 명말의 이탁오는 〈황안의 두 스님을 위해 쓴 글〉에서 스승과 벗에 대해 다음과 같이 말했습니다.

나는 스승과 벗은 원래 마찬가지라고 생각한다. 둘이 다르단 말인가? 그러나 세상 사람들은 벗이 곧 스승임을 모르고, 절을 올리고 학업을 전수받은 사람만이 스승이라고 여긴다. 또한 스승이 곧 벗임을 모르고, 그저 함께 사귀어 친밀한 관계를 맺은 사람만이 벗이라고 여긴다. 만약 벗이라서 절을 올리고 학업을 전수받을 수 없다면, 필시 그와 함께 벗이 될 수 없다. 스승이라서 마음속에 있는 말을 털어놓지 못한다면 또한 그를 스승으로 섬길 수 없다. 옛날 사람들은 벗이 얼마나 중요한지 알았기 때문에 '벗 우友' 앞에 '스승 사師'를 붙여서, 사귀는 벗을 스승으로 모시지 못할 것도 없으며 만약 스승으로 모실 수 없다면 벗도 될 수 없음을 보여주었다. (이탁오,《분서》,〈위황안이상인삼수〉)

벗이 될 수 있는 스승, 스승이 될 수 있는 벗. 요즘 우리에게 필요한 사람은 바로 이런 사람입니다. 오랜 사귐으로 치부를 드러내 놓을 정도로 친하긴 해도 정작 나의 학문이나 재능을 시기하고 업신여긴다면 남보다도 못한 존재일 것입니다. 때문에 오랜 친함보다 중요한 것은 나의 능력을 알아주고 이를 북돋아주는 사람이지요. 증자의 말처럼 어진 덕성을 기르는 데 보탬은 아니더라도 나와 뜻을 같이 할 수 있는 사람이라면 그 사람이 남자든 여자든, 나이가 많든 적든, 심지어 이 세상 사람이 아니어도 사우가 될 수 있을 것입니다. 형암이 말한 '스승과 벗은 현재의 경서이고, 경서는 과거의 스승과 벗'이라는 말 또한 이런 생각에서 나왔을 것입니다. 형암의 백탑에서의 사귐이 부러운 것은 벗이자 스승인 사우가 한 자리에 모여 시와 문학 그리고 철학을 공유하며 셀 수 없이 많은 날을 함께 했기 때문이겠지요. 마음에 맞는 시절에 마음에 맞는 벗과 만나 마음에 맞는 말을 하며 마음에 맞는 시문을 읽는 것이야말로 최고의 즐거움임을 그는 알고 있었습니다. 그러나 이런 기회가 일생에 몇 번이나 있겠습니까? 나 또한 이런 사람이 있다면 형암처럼 지기의 얼굴이 수놓아진 족자를 들고 높은 산과 강물이 있는 곳에 펼쳐놓고 말없이 마주하다 날이 저물면 품에 안고서 돌아오고 싶습니다. 벗이란 보고만 있어도 마음이 따뜻해지는, 그러면서도 나의 삶의 든든한 버팀목이 되어주는 사람입니다. 그런 벗이 먼 곳에서 찾아온다면 어찌 즐겁지 않겠습니까?

선귤당농소

蟬 橘 堂 濃 笑

말똥구리는 스스로 말똥을 아껴 여룡의 여의주를 부러워
하지 않는다. 여룡 또한 여의주를 가지고 스스로 뽐내고
교만하여 저 말똥을 비웃지 않는다.

蟷琅(蜋)自愛滾丸, 不羨驪龍之如意珠. 驪龍亦不以如意珠,
自矜驕而笑彼蜋丸.

좋은 벗이 마음에 있어도 오래 머물 수 없는 것은 마치 꽃
가루를 묻힌 나비가 올 때는 즐겁고 잠깐 머물면 마음이
바쁘다가 가버리고 나면 애틋해지는 것과 같다.

佳朋之有情而不能久留者, 如接藥之粉翅蝶, 其來也欵欵,
少留也忽忽, 其去也戀戀.

약한 아내는 길쌈을 잘하고, 어린 아들은 글을 잘 읽고,
여윈 황소는 묵은 밭을 잘 갈아서 집안이 비로소 살아가기
가 편안해지면 글을 저술해서 이름난 산에 동굴을 파고 보
관하려 한다.

可能妻弱而善紡績, 子而善讀書, 黃犢瘦而善耕畬田, 自家

始安養閒寂之涯, 著書鑿名山藏之.

글을 읽으면서 단지 공명에만 정신을 쏟고, 마음으로 환
하게 비추어보지도 않으면서, 장차 소요하여 노닐지도 않
는다면, 어찌하여 진작 저잣거리 가운데로 가서 거간꾼이
되지 않는가?
讀書只留意功名, 不以性靈炯然投照, 且不逍遙遊, 何不
早去市中, 作駔儈?

마음에 맞는 시절에 마음에 맞는 벗과 만나 마음에 맞는
말을 하며 마음에 맞는 시문을 읽으면 이것이야말로 지극
한 즐거움이라 하겠으나 어찌 이다지도 그런 기회가 오기
드물단 말인가? 일생에 무릇 몇 번일 것이다.
值會心時節, 逢會心友生, 作會心言語, 讀會心詩文, 此至
樂而何其至稀也? 一生凡幾許番.

모름지기 벗 없음을 한탄하지 말고, 책과 더불어 노닐면
된다. 책이 없으면 구름과 노을이 내 벗이요, 구름과 노을
이 없으면 허공 밖으로 날아가는 갈매기에 내 마음을 의
탁하면 된다. 나는 갈매기조차 없으면 남쪽 마을의 느티
나무를 벗 삼아 바라보아도 되고, 원추리 잎새 사이의 귀
뚜라미도 구경하며 즐길 수 있다. 무릇 내가 사랑해도 상

대가 시기하거나 의심하지 않는다면 모두가 나의 좋은 벗이 될 수 있다.

不須歎無友, 書帙堪與(與)遊. 無書帙, 雲霞吾友也, 無雲霞, 空外飛鷗, 可托吾心. 無飛鷗, 南里槐樹, 可望而親也, 萱葉間促織, 可玩而悅也. 凡吾所愛之而渠不猜疑者, 皆吾佳朋也.

어린아이가 거울을 보다가 깔깔대며 웃는다. 뒤쪽까지 터져서 그런 줄로만 알고 급히 거울 뒤쪽을 보지만 뒤쪽은 검을 뿐이다. 그러다가 또 깔깔 웃는다. 그러면서도 어째서 밝아지고 어째서 어두워지는지는 묻지 않는다. 묘하구나, 구애됨이 없으니, 스승으로 삼을 만하다.

小孩兒窺鏡, 啞然而笑. 明知透底, 而然急看鏡背, 背黝矣. 又啞然而笑. 不問其何明何暗. 妙哉無礙, 堪爲師.

옛날과 지금도 따지고 보면 잠깐일 수 있고, 잠깐도 따지고 보면 작은 옛날과 지금이 될 수 있다. 잠깐이 쌓여 어느새 고금이 되기 때문이다. 또 어제와 오늘과 내일은 쳇바퀴 돌 듯 수없이 교체되어도 늘 새롭다. 이 가운데 나서 이 속에서 늙으니 군자는 어제·오늘·내일, 이 삼 일을 염두에 두어야 한다.

一古一今, 大瞬大息, 一瞬一息, 小古小今. 瞬息之積, 居

然爲古今. 又昨日今日明日, 輪遞萬億, 新新不已. 生於此
中, 老於此中, 故君子着念此三日.

(출전:《청장관전서》)

홍길주

세상 모든 것을 책으로 삼다

홍길주(洪吉周, 1786~1841) 조선 후기의 문장가이자
경학자였다. 자는 '헌중(憲仲)'이고, 호는 '항해자(沆瀣子)'이다.
저서로는 《항해병함》, 《현수갑고》, 《표롱을첨》 등이 있다.

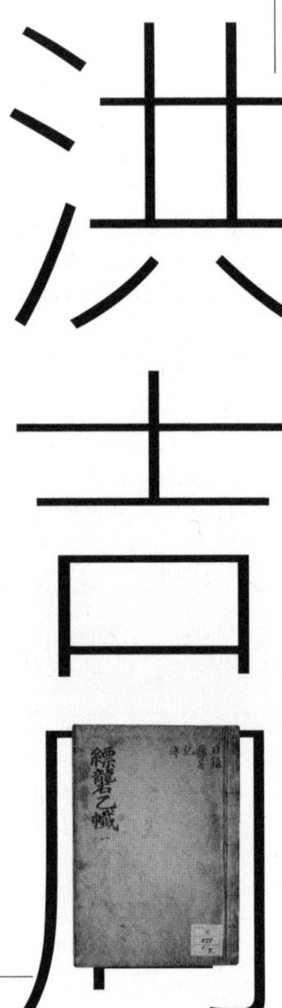

18세기 말, 정조는 점점 더 비속해지는 문체를 순정하게 되돌리겠다는 의지로 시중에 떠도는 소설, 소품문 등의 패관잡기는 물론 누워서 보기 편하게 만들어진 경전과 역사서에 이르기까지 모든 책의 수입을 금하는 특단의 조치를 내렸습니다. 그리고 이러한 문체의 진앙에는 연암 박지원의 《열하일기》도 있으니 마땅히 결자가 해지해야 한다고 하면서 연암의 문체를 직접 거론하며 예스럽지 못한 당시의 문풍을 비난하였지요. 때문에 항해 홍길주가 살던 19세기 초반, 조선의 문단은 이러한 문체반정의 여파로 보수화 국면을 보였습니다. 그는 풍산 홍씨 문한가의 자손으로 태어나, 일찍부터 가학의 전통 속에서 당송고문을 중심으로 한 문학 교육과 어머니를 비롯한 외가의 영향으로 산술학을 비롯한 다양한 학문을 수학하였습니다. 형은 좌의정을 지낸 홍석주이고, 동생은 정조의 사위인 홍현주입니다. 특별한 사승관계는 없었지만 시 짓기를 좋아한 아버지의 기호 덕분에 부모와 형제자매가 모두 참여하는 가족시회를 통해 자연스럽게 학문과 문학을 익혔습니다. 16세에 초시에 합격했고, 22세에 진사와 생원 양과에 합격하였으나, 집안이 지나치게 번성하는 것을 염려한 어머니의 만류와 과거를 통한 입신에 대한 회의 때문에 26세에 나이에 과거를 포기한 채 글쓰기에만 몰두하였습니다.

그의 이러한 생각 저변에는 직접적인 교유는 없었지만 전시대 문체반정의 중심에 있었던 박지원의 영향도 한몫했던 것으로 보입니다. 그는 젊은 시절 《연암집》을 읽으며 "이제 나는 거울을 가져다 지금의 나를 비춰보고, 책을 펼쳐 그 분의 글을 읽으면 그 분의 문장이 바로 지금의 내가 된다. 내일 또 거울을 가져다 비춰보고, 책을 펼쳐 읽으면 그 분의 문장은 바로 내일의 내가 될 것이다. 내년에 또 거울을 가져다 비춰보고, 책을 펼쳐 읽으면 그 글은 바로 내년의 내가 될 것이다(〈독연암집〉)"라고 하면서 그와 닮아지기를 바랐습니다. 모두가 틀에 박힌 생각을 하고 그것만이 전부라고 믿던 시대, 홍길주는 연암 박지원이 그랬던 것처럼 고정된 틀을 거부하며 산과 시내, 구름과 새나 짐승, 풀나무 등의 볼거리 및 일상의 자질구레한 일들이 모두 독서라 여기며, 이를 배워 문장으로 남기고자 하였습니다. 그는 어려서부터 함께 공부하던 김성원 金性原이 강동에 현감縣監으로 떠나자 "이제부터는 누구와 더불어 책을 읽을 것인가?"라고 탄식하다 천하에는 함께 독서할 만한 사람도 없고, 함께 독서하지 못할 사람도 없음을 깨닫습니다. 그러고는 함께 독서하지 못할 사람도 없음에 대해 다음과 같이 말해 세상 모든 일이 문장이며, 독서임을 강조합니다.

저 산속의 꼴 베는 아이와 들의 농부 및 저자의 장사치와 거간꾼 등 혹 일자무식이거나 평소에 나와 한마디 말도 주고받은 적이 없는 자일지라도 만나서 그가 하는 행동을 보면, 그의 눈길이 가는 곳과 발길이 닿는 곳과 손에 들고 있는 것과 입으로 말하는 것들 속에 천하의 일용과 인륜, 인정의 선악, 별들과 산천과 늪, 안개와 조수의 변화가 어

지러이 오고 간다. 그러니 그 목소리와 모습이 바로 천하
의 지극한 문장이어서 우리들이 모두 얻어 읽을 수 있다.
《송김성원재강동현서》

　　홍길주에게 있어 독서란 문자로 된 텍스트만이 아니라 눈앞
에 펼쳐져 있는 세상 모든 것이 다 문자요, 책이었습니다. 그는 이
평범한 삶 속에서 고인이 남겨 놓은 책에서는 볼 수 없는 살아 있
는 텍스트를 만납니다. 그렇기 때문에 그는 책을 불태워 없애려고
했던 진시황이야말로 천고에 가장 어리석은 사람이라고 생각했
지요. 글자를 만들었다는 창힐과 주양이 태어나기 전부터 천지의
사이에는 책이 없었던 적이 없었습니다. 책이란 진실로 천지와 더
불어 나서 장차 천지와 함께 없어지는 것인데, 어찌 불태워 없앨
수 있겠습니까? 시험 삼아 일찍이 동틀 무렵 구름과 바다 사이를
살펴보면 언제나 수억만 권의 문자가 거기에 있었습니다. 하지만
진시황은 이를 깨닫지 못하고 죽간으로 엮은 것만 책이라 생각해
없애려 했던 것이지요. 이는 홍길주가 살던 시대의 사람들도 마
찬가지였습니다. 자연과 일상의 독서는 고사하고 당시의 사람들
은 책의 의미도 터득하지 않은 채 그저 자구만 수만 번 반복해서
읽으며 썩은 문자만을 외우기에 바빴습니다. 성현들의 책을 읽는
것은 덕과 행실을 닦고 자신의 부족한 부분을 채우기 위해서인데
그들은 고인들의 글을 보면 단지 겉으로 드러나는 광채와 기세만
보고도 이미 눈이 휘둥그레졌습니다. 그러고는 스스로 거기에 미

치지 못한다고 생각하고서 그저 찌꺼기만 주워 공령문 쓰는 자료
로만 사용하였습니다.

　　집이 가난한 탓에 의식을 해결하느라 학업을 마치지 못한 것
을 한으로 여겨왔던 이헌명李憲明이라는 친구가 책을 짓자, 홍길
주는 그의 책 서문에 공명선公明宣의 일화를 예로 들며 “이 글에는
평상시 그의 귀와 눈, 그리고 몸으로 직접 경험했던 것, 모두가 들
어 있다”고 칭찬했습니다.《소학》, 〈계고〉편에 보면 공명선은 증
자의 문하에 있은 지 3년 동안 책을 한 줄도 읽지 않았다고 합니
다. 증자가 그 까닭을 묻자 공명선은 “제가 선생님께서 가정에서
생활하시는 것을 보니 부모님이 집에 계시면 개나 말 같은 짐승
에게조차 꾸짖는 소리를 내지 않으셨으며, 선생님께서 손님을 접
대하시는 것을 보니 공검하고 거만하지 않으셨으며, 선생님께서
조정에 나가 일하시는 것을 보니 아랫사람들에게는 엄하셨지만
그들을 헐뜯거나 다치게 하지 않으셨습니다. 이런 것들을 모두 배
웠지만 아직 능히 하지는 못합니다. 제가 어찌 감히 배우지도 않
으면서 선생님의 문하에 있겠습니까?”라고 대답했습니다. 공명선
은 비록 책은 읽지는 않았지만 공부를 하지 않은 것은 아니었지
요. 그러면서 홍길주는 다음과 같은 말로 당시의 틀에 박힌 독서
에 대해 비판합니다.

　　사람이 날마다 살아가는 데 있어 보고 듣고 하는 일이 진
　　실로 천하의 지극한 문장이 아닌 것이 없다. 그런데도 사

람들은 스스로 글이라 여기지 아니하고 반드시 책을 펼쳐 몇 줄을 빽빽하게 목구멍과 이빨로 소리를 낸 뒤에야 비로소 책을 읽었다고 말한다. 이런 식으로야 비록 백만 번을 읽는다 하더라도 무슨 보람이 있겠는가? (《이생문고서》)

살아가는 모든 행위가 공부이자 독서인데도 불구하고 사람들은 이를 깨닫지 못하고서 책을 펼쳐 글을 읽고, 글자 몇 개를 외운 뒤에야 비로소 독서를 했다고 말합니다. 하지만 막상 어떤 일이 닥쳐서는 책 속의 내용은 생각지도 않을 뿐더러 읽은 책과 정반대로 행동한다면 과연 독서를 했다고 말할 수 있겠습니까? 때문에 독서에 있어 "재주는 부지런한 것만 못하고, 부지런함은 깨닫는 것만 못하니 이 깨달음이야말로 도덕을 얻는 큰 관건이다"라고 홍길주는 말합니다. 고인의 책을 수만 번 반복해 읽는 일보다 중요한 것은 자연과 일상을 통해 자신을 발견하고 나를 보여주는 것입니다. 글은 곧 그 사람을 드러내는 일인데 이처럼 평범한 일상을 읽어내지도 못하면서 고문의 자구만을 읽는 독서는 마치 혈기왕성한 젊은이가 오래 산 노인처럼 살고자 스스로 보양하면서 앉거나 누울 때 사람을 시켜 부축이게 하고, 고기를 다져 먹고 죽을 마시는 것과 같습니다. 맞지도 않은 고인의 옷을 입고 내가 마치 고인인 양 행동하는 것처럼 볼품없는 일도 없을 것입니다.

홍길주는 '문장의 근원'에 대해 논하는 글에서 "마음에 서 있는 것을 뜻이라 하고, 뜻이 가득 찬 것을 기라하며, 기를 발산한

것을 말이라 하고, 말 중에 가려 뽑은 것을 문장이라고 한다"고
하면서 학문에 있어서 문장의 중요성을 강조하였습니다. 그런데
세상의 배우는 자들은 그 근본을 헤아리지 않고 옛사람의 목소리
나 기세만을 더듬어 찾아서 스스로 문장이라 떠벌리니 참으로 한
심할 따름이지요. 세상은 끊임없이 변하는데 그 변화가 두려워 썩
은 문자에 밑줄이나 그으며 그것만이 참이라고 믿는 사람들을 그
는 내버려둘 수가 없었습니다. 때문에 다음과 같은 말로 살아 있
는 문장이란 어떤 것인지 설명합니다.

> 기는 바람과 같고, 말은 소리와 같다. 지금 바람이 천지
> 사이에 쌩하고 불며 일어날 때, 처음엔 한 가지 기운이지
> 만, 초목에 부딪치면 그 소리는 우수수 솔솔 하는 바람
> 소리로 나고, 낭떠러지나 골짜기에 부딪치면 그 소리는 그
> 윽하게 메아리치는 것 같다. 동굴에 부딪치면 휘-익, 후-
> 하는 소리가 나고, 허공을 가로지르면 떠돌다 흩어진다.
> 숲을 돌아 골짜기에 서렸다가 큰 못 속으로 들어가면 그
> 소리는 쏴와-쏴아-, 졸졸졸, 퐁퐁퐁 방향이 따로 없다.
> 바람의 기는 하나지만 어디에 부딪쳤는지가 달랐을 뿐이
> 다. 《원문》

바람이 무엇과 부딪치느냐에 따라 소리가 달라지듯, 말 또한
마음에 뜻이 가득 차 만들어진 기가 발산될 때 무엇과 만나느냐

에 따라 그 형상이 달라집니다. 때문에 사람마다 문장이 다른 것은 그 기가 발산될 때 만난 바가 다르기 때문이지 마음에 서 있는 뜻이 달라 그런 것은 아닙니다. 그런데도 사람들은 겉으로 드러난 문장의 법도만 익히고 그것만을 따라 써야 참된 문장이라고 주장하니 답답할 노릇입니다. 정작 따라 써야 하는 뜻은 저버린 채 말입니다. 정해진 법도란 없습니다. 아니 있어서는 안 됩니다. 법도란 만나는 곳에 따라 생겨날 뿐, 처음부터 이것은 이렇게 해야 하고, 저것은 저렇게 해야 한다고 정해 놓을 수 있는 것이 아니니까요. 법도를 정해 놓는 순간 자연스러움이 사라져 생기를 잃게 됩니다. 이런데도 그들은 자신들이 정해 놓은 법도의 문장 외에는 거들떠보지도 않고 배격하니 한심하기 그지없는 것이지요. 이에 홍길주는 죽계 김소행이 쓴 〈삼한의열녀전〉이란 소설에 서를 쓰면서 다음과 같은 말로 그들의 한심함에 일침을 가합니다.

좌구명이 초나라 회왕 때에 태어나 근심을 만나 쫓겨났다면 그의 글은 분명 《이소》와 같았을 것이며, 장주가 한나라 무제 때 태어나 금궤석실의 책을 맡아 역사를 기술했다면 그 글은 분명 《사기》와 같았을 것이다. (중략) 저들이 원·명 교체기에 태어나 소설을 쓰고, 사를 지었다면 분명 나관중이나 왕실보 같았을 것이고, 저들이 또한 오늘날에 태어나 향낭의 의로운 행적을 부연했다면 반드시 죽계와 같았을 것이다. (〈삼한의열녀전서〉)

마음에 서 있는 뜻에 있어서는 《사기》를 쓴 사마천이나 《삼국지연의》를 쓴 나관중이나 다를 바가 없습니다. 바람이 초목에 부딪치면 우수수 술술 하는 소리가 나고, 동굴에 불면 휘-익, 후- 하는 소리가 나듯이 어떤 시대에 태어났느냐에 따라 문장이 달라지는 것이지, 그 뜻은 하나일 뿐입니다. 다시 말해 그것을 둘러싼 외피만 다를 뿐 그 안에 담긴 알맹이는 같은 것이지요. 그런데도 사람들은 그것을 둘러싼 외피만을 가지고 이단이니 사설이니 말이 많습니다. 홍길주는 이러한 당대의 문사들을 보며 화려한 겉모습에만 힘쓰는 자는 옛 사람들의 진부한 말을 가져다 그 뜻을 그대로 두고 글자만 바꾸고, 미려한 수식으로 글을 꾸미니 이는 썩은 가죽에 무늬를 입히고 마른 뼈에 채색하는 것과 같아 얼핏 보면 눈이 휘둥그레질지 모르나 가까이 가서 살펴보면 진부하기 그지없다고 비난합니다. 그러고 나서 진정한 문장이란 오직 내면에서 뜻이 움직여 문장으로써 밖에 표출되고, 법도는 옛것을 취하지만 자신이 만들며, 평탄하게 구차하거나 어려운 글을 짓지 않았으면서도 그 기상이 드높아 절로 가까이 쉽게 여길 수 없는 것이라고 강조하였지요. 이처럼 그는 변화무쌍한 자연과 일상을 텍스트로 삼는 깨달음의 독서를 통해 세상과 소통할 수 있는 문장을 지었습니다. 틀에 박힌 격식이 아닌 시대와 장소에 따라 살아 숨 쉬는 글, 이것이야말로 세상을 변화시키는 근간이 될 것입니다. 나는 없고 타자가 만들어 놓은 정답만을 삶의 지표로 삼는 요즘, 홍길주는 우리들에게 '나'를 통해 세상을 읽어 낼 수 있는 깨달음의 독서가 무엇인지 알려 주고 있습니다.

원 문

原 文

마음을 세우는 것을 뜻이라고 하고, 뜻을 채우는 것을 기라고 하며, 기를 발산하는 것을 말이라 하고, 말 중에서 가려 뽑은 것을 문장이라고 한다. 학문에 있어서 문장이 어찌 중요하지 않겠는가? 그런데 세상의 배우는 자들은 그 근본을 헤아리지 않고 옛사람의 목소리나 기세만을 더듬어 찾아서 스스로 문장이라고 떠벌리니, 어찌 잘못이 아니겠는가?

기는 바람과 같고, 말은 소리와 같다. 지금 바람이 천지 사이에 쌩하고 불며 일어날 때, 처음엔 한 가지 기운이지만, 초목에 부딪치면 그 소리는 우수수 솔솔 하는 바람 소리로 나고, 낭떠러지나 골짜기에 부딪치면 그 소리는 그윽하게 메아리치는 것 같다. 동굴에 부딪치면 휘-익, 후- 하는 소리가 나고, 허공을 가로지르면 떠돌다 흩어진다. 숲을 돌아 골짜기에 서렸다가 큰 못 속으로 들어가면 그 소리는 쏴와-쏴아-, 졸졸졸, 퐁퐁퐁 방향이 따로 없다. 바람의 기는 하나지만 어디에 부딪쳤는지가 달랐을 뿐이다.

내가 일찍이 옛사람의 책을 읽고 문장을 배운 지 여러 해가 되었다. 굴원의 《초사》나 《이소》를 읽으면 나도 문체를 처연하면서도 아름답게 쓰고 싶어졌고, 《장자》를 읽으면 나도 말을 호방하게 하고 싶어졌다. 좌구명과 사마천의 책을 읽으면 곧 사건을 기술하고 싶어졌고, 순자와 양웅, 왕통과 한유의 글을 읽으면 곧 도를 논하고 싶어졌다. 읽은 것이 산천과 누대의 기록일 때는 나도 문장을 질탕하면서도 초탈하게 쓰고자 하였고, 읽은 것이 잠箴·송頌·비碑·뇌誄 등을 실은 문집일 때는 나도 문장을 바르고 오묘하며 간결하고 무게 있게 쓰고자 하였다. 이 때문에 자주 글 쓰는 법을 바꾸었으며, 오직 옛사람을 따라가 같아지지 않는 것을 병으로 여겼다.

이윽고 깨달아 말하길, "문체는 본디 하나일 뿐이다. 그런데 지금 나는 한 사람 한 사람을 다 배우고, 말 한마디 한마디를 다 본받고자 하니, 이는 바람이 하나의 기운이라는 것을 알지 못하고, 풀과 나무, 절벽과 계곡, 산과 못에 부딪쳐 소리가 변할 때마다 그 소리를 다 얻고자 하는 것과 같다. 그러니 비록 종신토록 글쓰기에 힘쓴다 하더라도 반드시 이루는 바가 없을 것임을 알 수 있다. 다만 책을 읽어 내 마음을 보존하고, 도를 구하여 내 뜻을 높이며, 용기를 길러 내 기상을 배양하고, 이치를 밝혀 내 말을 엮으며, 육경의 법칙에 근본을 두고, 제자諸子의 방식을 참고한다면, 그 지향하여 따르는 바가 넓고도 끝이 없을 것이다. 이를 입과 붓으로 내어 자유자재로 할 수 있다면, 온갖 변화가 그 무엇에도 맞지 않음이 없을 것이다. 그러니 한 사람 한 사람을 다 배우고, 말 한마디 한마디를 다 본받을 필요가 뭐 있겠는가!" 내가 이미 이것으로 내 병을 치료하였고, 또 세상의 글 짓는 자들이 대부분 모방하는 데 얽매어 있는 것이 안타까워 이 글을 짓는다.

立乎心之謂志, 充乎志之謂氣, 發乎氣之謂言, 擇乎言之謂文. 文章之於學, 豈不大矣哉. 世之學者, 不揣其本, 而摸索古人之聲氣, 以自號爲文章, 豈不謬哉.

氣猶風也, 言猶聲也. 今夫風嘈嘈然起於大塊之間, 其始則一氣也, 草木得之, 則其聲摵以颼, 崖谷得之, 則其聲遼而嗚. 遇窾則寿以噫, 橫空則蓬以散. 旋乎林, 盤乎壑, 入于大澤之中, 則其爲聲也飂飅瀄汩潝汤而無方. 風之氣一也, 其所遇者殊耳.

余嘗讀古人之書, 學爲文章者, 有年矣. 讀楚騷, 則其辭欲悽婉, 讀莊氏, 則其言欲浩放. 讀左馬之書, 則便欲紀事, 讀荀揚王韓之言, 則便欲論道. 所讀者山川樓觀之記, 則其文欲跌宕而瀟灑, 所讀者箴頌碑誄之集, 則其文欲典奧而簡重. 是以屢易其規, 唯步趨之不類古人是病.

旣而悟曰 文之體, 固一也. 今我欲人人而學之, 言言而倣之, 是猶不知風之一氣, 而從草木崖谷山澤之變, 欲盡得其聲也. 雖終身役役於觚墨之中, 必知其無所就也. 讀書以存吾心, 求道以尙吾志, 養勇以配吾氣, 明理以纘吾言,

本之以六經之則, 參之以諸子之方, 則隨其所指, 浩乎其
不窮. 出之於口筆, 以從之放之, 萬變無適而不中. 又奚必
人人而學之, 言言而傚之哉. 余旣以是藥余病, 又傷世之
爲文者多困於摸擬也, 故有是言.

(출전:《현수갑고》)

인물

-( )는 해당 인물의 호이다.

ㄱ

고동교顧東橋 132
공명선公明宣 330
공자 33, 60, 61, 83, 85~89, 98~102,
　　109, 145, 155~163, 173, 175, 180,
　　181, 183, 184, 195, 204, 230,
　　235, 250, 257, 258, 271, 286,
　　290~292, 294, 319
굴원屈原 189, 336
김려 118, 296, 301
김만중(서포) 264~275
김방행金方行 299
김부식 16~31, 34, 216
김성원金性原 328
김숙金鷫 281
김시습 229~241

김원행金元行 93
김춘택 270
김택영 24

ㄴ

나관중 268, 269, 333, 334
노자 95, 107, 243, 246, 252, 255~261,
　　290, 294

ㄷ

두보 194, 195, 297

ㅁ

맹자 52, 107, 157, 172, 178~186, 208,
　　209, 250, 314